·供应链管理与运营系列·

SCMP

供应链管理专家认证教材

物流管理
流程一体化和物流数字化

中国物流与采购联合会◎主编

人民邮电出版社

北　京

图书在版编目（CIP）数据

物流管理：流程一体化和物流数字化 / 中国物流与
采购联合会主编. -- 北京：人民邮电出版社，2023.9
（供应链管理与运营系列）
ISBN 978-7-115-60907-6

Ⅰ. ①物… Ⅱ. ①中… Ⅲ. ①物流管理 Ⅳ.
①F252.1

中国国家版本馆CIP数据核字(2023)第013435号

内 容 提 要

    21世纪是信息化的时代，供应链管理者已经抛弃原来单纯物流运输的理念，开始承担整合多项职能，根据相对准确的预估需求，合理管控仓储、生产调配物资，并快速准确配送到全球消费者手中。原有单一的系统正在不断被打破边界重新组合，从运输方式、仓储管理、路径规划到绩效评定，更低的成本、更高的效率、更佳的服务正在更精准的信息管理系统的帮助下成为一个可以达成的现实目标。

    《物流管理》关注近年来物流管理方向一些主要成果与实践案例，从流程一体化和信息变革化的角度出发，归纳了运输方式的种类、选择原则和保险事项，总结了仓储管理的流程与基本关键节点，探讨了物流服务与逆向服务的发展与创新，分享了物流技术与设备、常见信息系统在物流管理中的作用与技术更新，介绍了物流网络规划的相应工具与基本运用，提出了一体化物流绩效管理的想法与变革。

    本书试图给予更多的供应链从业者尤其是在物流领域的业务管理人员更多的思考角度、操作工具和实践模板，在供应链一体化运作、企业全供应链竞争的背景下，为相应领域产业的发展提供一些切实可行的路径与建议。

◆ 主　　编　中国物流与采购联合会
    责任编辑　马　霞
    责任印制　周昇亮

◆ 人民邮电出版社出版发行　北京市丰台区成寿寺路 11 号
    邮编　100164　电子邮件　315@ptpress.com.cn
    网址　https://www.ptpress.com.cn
    固安县铭成印刷有限公司印刷

◆ 开本：787×1092　1/16
    印张：20.75　　　　　　　　2023 年 9 月第 1 版
    字数：414 千字　　　　　　2025 年 5 月河北第 7 次印刷

定价：99.00 元

读者服务热线：(010)81055296　印装质量热线：(010)81055316
反盗版热线：(010)81055315

供应链管理专家（SCMP）认证丛书
编写委员会

本书编写组

组　长：

胡　伟　上海师范大学天华学院副教授

撰稿人：

胡　伟　上海师范大学天华学院副教授；负责第 1、2、8 章

白光利　上海创滩物流管理有限公司 CEO；负责第 3、4、6 章

刘　彬　上海诚华智造智能科技有限公司首席专家；负责第 5 章

胡　珉　中物联采购与供应链专家委员会副主任委员；负责第 7 章

特约审稿人：

杜丽敬　武汉理工大学副教授

王海燕　东南大学教授、博导

（宋玉卿、葛夫财对本书写作提供了宝贵意见）

总 序

自供应链概念在20世纪80年代提出后，随着全球经济一体化的发展和技术的进步，供应链已从企业的管理科学逐步转化为产业和经济的组织形态，并从产业供应链扩展到了跨产业的平台供应链，甚至发展到了跨产业、跨区域的供应链生态圈。《国务院办公厅关于积极推进供应链创新与应用的指导意见》（国办发〔2017〕84号）指出："供应链是以客户需求为导向，以提高质量和效率为目标，以整合资源为手段，实现产品设计、采购、生产、销售、服务等全过程高效协同的组织形态。随着信息技术的发展，供应链已发展到与互联网、物联网深度融合的智慧供应链新阶段"。

在全球经济实践中，现代市场竞争已不再简单地体现为产品与产品、企业与企业之间的竞争，而是深刻地体现为供应链与供应链之间的竞争。供应链的整合能力和效率已成为企业、产业甚至国家的核心竞争力。中国供应链的创新发展经历了几个阶段：第一阶段是供应链产业链的初步形成，不同企业的供应链创新重点多样化；《国务院办公厅关于积极推进供应链创新与应用的指导意见》发布后，中国供应链创新进入第二阶段，即供应链产业链的优化协同阶段，通过供应链上下游全流程的优化协同，形成了更高效、稳定、安全的产业链；到现在，中国供应链创新发展已进入数字化供应链阶段，这是产业链供应链现代化发展的必然趋势。作为世界第二大经济体，中国不仅成为引领世界经济发展的重要力量，也在全球供应链中发挥着"稳定器"和"压舱石"作用，并继欧美国家之后逐渐成为供应链管理研究与实践的前沿阵地。

当前，世界面临百年未有之大变局并持续加速演变，各种不稳定性因素明显增加。面对复杂严峻的发展环境和风险挑战，如何确保我国供应链的整体安全稳定，不断提升我国在全球供应链中的竞争优势，成为展现我国实力和大国担当的重要任务。

习近平总书记在2016年4月19日网络安全和信息化工作座谈会上曾说："供应链的'命门'掌握在别人手里，那就好比在别人的墙基上砌房子，再大再漂亮也可能经不起风雨，甚至会不堪一击。"随着供应链战略逐渐成为我国国家层面的重要议题，紧密关注并促进各方面、各环节和全链条的有机融合，以推动供应链发展，是至关重要的。在这一过程中，供应链领域的专业人才培养则成为其中必不可少的关键一环。

近年来，美国供应管理协会（Institute for Supply Management，ISM）和英国皇家采购与供应学会（Chartered Institute of Purchasing and Supply，CIPS）等国际知名行业组织，已建立了相对成熟和完善的供应链知识体系和认证品牌。作为我国物流、采购与供应链领域的综合性社团组织，中国物流与采购联合会（以下简称"中物联"）牵头建立一套具有中国自主知识产权、符合中国供应链管理发展实际的本土供应链知识体系，是义不容辞的责任与使命。自2013年起，中物联组织了20多位业内知名专家，集聚了全行业的智慧与力量，耗时5年精心打磨，建立了一套涵盖供应链管理运作、规划、环境、战略等核心内容的"供应链管理专家（Supply Chain Management Professionals，SCMP）"知识体系。2018年，中物联将该知识体系推向市场，并基于此进行了"供应链管理专家（SCMP）"考试与认证，广受社会各界的欢迎和好评，为我国培养了一大批优秀的供应链专业人才。

今天，呈现在读者面前的这套丛书，是中物联根据近年来供应链理论体系的完善与供应链管理实践的发展，组织近40人专家团队耗时两年多，对2018版"供应链管理专家（SCMP）"知识体系的修订与完善。该套丛书共有7册，包括关于供应链基础知识的《供应链运作》《供应链规划》《供应链领导力》和关于供应链专业知识的《物流管理》《计划管理》《采购管理》，以及1本工具书《供应链术语》。本套丛书基于中物联供应链管理SCOP模型和"3+X"认证思路，更聚焦物流管理、计划管理和采购管理这三个主要供应链管理专业。丛书的每册既可单独使用，又可组合成一套由浅入深、相互衔接、结构性强的系列教材。

人才是国家强盛之基，创新是民族进步之魂。相信这套新版"供应链管理专家（SCMP）"知识体系能对培育供应链专业高端人才，完善我国供应链管理学科体系，推动供应链"产、学、研、用"协调发展，打造供应链创新发展新高地，提升我国供应链的"硬核"竞争力，实现我国供应链自主可控、安全稳定和高质量发展贡献智慧与力量。

中国物流与采购联合会会长

何黎明

如今，供应链管理已成为一个日臻成熟的专业领域。供应链管理从几十年前的模糊概念，到逐渐成为组织制定战略、规划或开展交流时的高频词，其重要性已上升到国家战略层面。没有任何两条供应链是相同的，只有全面了解供应链管理的内涵、过程及架构等，组织才更有能力应对多变的内外部环境带来的挑战。

ISM 在《ISM 术语 2016》中提出，供应链是供应网络，即一个组织往下游延伸到顾客的顾客，往上游延伸到供应商的供应商的网络。《国务院办公厅关于积极推进供应链创新与应用的指导意见》（国办发〔2017〕84 号）对供应链的定义是以客户需求为导向，以提高质量和效率为目标，以整合资源为手段，实现产品设计、采购、生产、销售、服务等全过程高效协同的组织形态。中物联给出的供应链最新定义是生产及流通过程中，围绕核心企业的核心产品或服务，由所涉及的原材料供应商、制造商、分销商、零售商直到最终用户等形成的网链结构，该定义旨在统一国内供应链管理行业对供应链的认识。

在本套丛书中，中物联创造性地提出了"供应链运营与规划框架"，即 SCOP 模型（见图 0-1）。该框架由 3 个层面构成，即战略层、运作层和基础层。从战略层来看，供应链规划是企业战略规划的重要组成部分，它指导和制约所有与供应链管理相关的活动；从运作层来看，供应链管理侧重五大领域，包括计划、采购、生产、交付和物流；从基础层来看，供应链管理主要涉及每个企业在运营过程中不可回避的大环境和逐渐成熟的供应链治理理念和最佳实践，包括内外部利益相关者协同，以及环境、社会和公司治理。在 SCOP 模型中，供应链管理活动可分为 8 个主要管理领域，包括供应链规划、计划管理、采购管理、生产管理、交付管理、物流管理、内外部利益相关者协同、环境 / 社会 / 公司治理。

供应链运营与规划框架 SCOP

战略层	供应链规划
	计划
运作层	采购　生产　交付
	物流
基础层	内外部利益相关者协同
	ESG（环境、社会、公司治理）

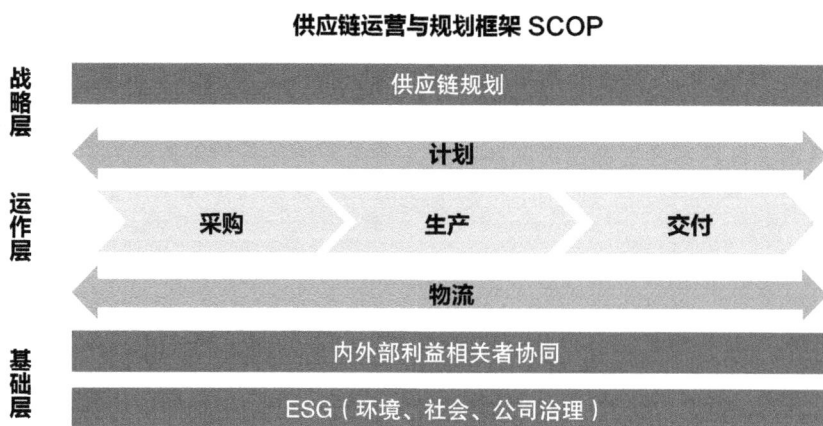

图 0-1　SCOP 模型

这套新版教材由原来 4 册扩展为 6 册，同时提供《供应链术语》作为工具书。认证模式由 3 门基础课加 1 门选修课组成，即"3+X"，其中包括 3 册基础教材，即必选教材《供应链运作》《供应链规划》《供应链领导力》；另外 3 册为选修教材，学员可根据职业方向或兴趣选择 1 门课程，参加对应专业方向的认证，包括《物流管理》《计划管理》《采购管理》，当然也可多选并参加多个专业方向的认证。

本书为 SCMP 知识体系的选修模块之一，在物流管理传统理论基础上结合最新的数据、案例和企业运行实践进行了展开论述，并提出实践性较强的操作建议与意见。尤其是尝试总结归纳了逆向物流、物流服务和物流信息等相对前沿的理论和实践操作，对读者在实际工作中的技能完善与提高将起到一定积极作用。本书第 1 章、第 2 章、第 8 章由胡伟编撰；第 3 章、第 4 章、第 6 章由白光利编撰；第 5 章由刘彬编撰；第 7 章由胡珉编撰。全书也得到了杜丽敬副教授、王海燕教授、宋玉卿老师、葛夫财老师等专家学者的指导，使其内容更系统、更专业。书中难免有错误或不当之处，恳请读者批评指正。

目 | 录

3 第 3 章　逆向物流

4 第 4 章　物流服务

5　第 5 章　物流设施与设备

6　第6章　物流信息技术与系统

7 第 7 章 物流网络规划

8 第8章　物流绩效管理

第 1 章

运输管理

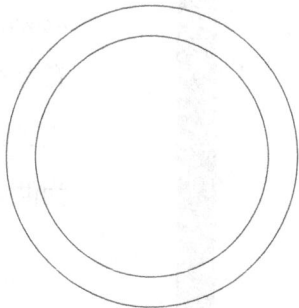

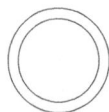

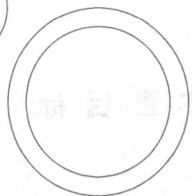

对于企业的供应链管理人员而言，运输管理的意义表现在能够对市场和顾客迅速做出反应、运送过程中对运输质量的保证以及降低误差。而运输时间的稳定和缩短，能使得企业降低库存水平。如今辅助供应链物流运作的运输方法有很多种，基本的方法就是采取租赁方式运送或者企业自营方式运送。物流管理通常要求在时间、成本、服务和资产这 4 个维度进行平衡。近几年，我国的社会物流外包的比例维持在 70%~71% 的水平，运输外包所占的比重则更大。

企业的运输管理人员在开展配送业务时，可能需要同时进行各种各样的物流运输，如对商品进行分级、排序、改装，即时或保证交货等。通过商品的快速运输可以简化供应链职能中其他各种管理，和以往只能单纯地把商品从某个地点配送到另一地点相比，如何正确看待供应链体系的运输成本就显得更为重要。由于信息技术的不断发展，成功的企业开始逐渐意识到，一旦不能进行有效的管理控制，企业所有有关部门的经营行为都将无法实现预定的目标。这方面管理甚至涵盖了运输方式的比较和货运保险的相关业务。总之，运输管理已经成为供应链活动的重要组成与支持部分。

本 章 目 标

1. 掌握运输作业的基本知识。

2. 掌握国际货运的基本知识。

3. 掌握海上货物运输保险的基本知识。

| 第1节 | 运输作业

在企业中，运输管理人员的主要任务包括运输方式的选择、承运人 / 运输代理的选择、运输线路的计划、运费管理、效率管理和短途配送。其中，运费管理涉及运输审计、招投标和谈判等环节。运输管理要充分利用运载能力，如车载的重量和体积，以及进行车辆返程管理。即使在高速公路货运非常兴盛的美国，全美货运汽车返程的空驶量也达到了 25%，同时运输承运人需要在运输管理系统（Transportation Management System，TMS）中登录、记载、更改有关商品的规格、重量以及车载的数量。事先规划的相对完善的物流装车配载计划不但可以提高运输实载率，而且可以促进货物运输企业提早选用合适车型，从而提升总体物流效率，节省运输成本。

1. 运输方式分类

国际上，货物运输方式一般可以分为以下 5 类：公路运输、铁路运输、水路运输、航空运输和管道运输。在一些发展中国家，甚至还存在人力等形式。公路运输是最容易实现"门到门"的方式，即不受车站、码头、航空港的位置限制，还能作为其他 4 种运输方式的接驳。受到世界物流运输规模的影响，公路运输的单位货物运输价格相对较高，更适用于中短途运输。而水路运输能够承担更大量的国际货物运输需求，单位货物运输价格相对最低，且更适合完成跨大洲货运；但运输速度较慢，易受河流流速、海洋气候的限制，运输时效不稳定。铁路运输也可运载大批量货物，在中长距离运输中能体现时间和成本优势；但需要在车站进行装卸，同时需要短途公路运输辅助，从而影响了时效，且二次装卸容易使货物产生破损。随着铁路集装箱业务，尤其是多式联运业务的开展，这种情况正逐渐得到改善。航空运输在长途运输中具有明显的时间优势，但通常也是单位货物运输价格最高的方式；航空运输还受到天气、航班和货物要求的限制。管道运输则仅适用于运输大宗液态和气态货物，包括原油、页岩气、天然气、煤浆等，不易受自然气候的影响，但需要高昂的管道铺设和维护保养成本，在国际海运中需要液化气船的辅助。

1）公路运输

公路运输有着很强的灵活性，车辆能够在各种类型的路面上行驶。截至 2021 年年底，我国公路运输的总里程为 519.81 万千米。据统计，2021 年中国公路运输完成货运总量 391.4 亿吨，载货汽车保有量超过 1,300 万辆。与其他运输方式相比，公路运输货运公司通常在终端建设方面的投入较小，且公路往往由当地政府直接出资建设。虽然养路费以及汽车过路过桥费等会形成一笔不小的费用，但这些费用也和货运车辆的种类和行驶的路程有密切联系，因此公路运输成本主要来源于燃油费用与司机人工成本。另外，在运输过程中，公路运输货运公司还需要为驾驶员的安全提供保障，需要雇用大批员工进行物料的搬运。所以较低的固定成本和较高的变动成本是公路运输的特点。与铁路运输相比，公路运输更适用于小批量的短途货运。

公路运输一般适用于运输分销交易的商品，尤其是在 300 千米以内运输有一定价值的商品。在实际中，公路运输货运公司还可以争夺原属铁路运输的小型制造业的货物运输业务，并从中获取某些市场份额。公路运输在交付上拥有很大的弹性，因而在批发商进行商品配送或在仓库和零售商之间进行商品配送的过程中都有绝对的优势。现在，除少部分商品采用航空运输以外，主要的城际货物运输活动几乎都是通过公路运输进行的。

然而公路运输业务并不是不存在问题。设施的更换与维修、驾驶员短缺、装卸工人的工资增加等都将提高经营成本，这也是现今公路运输业务中存在的主要问题。虽然劳动力成本的上升对所有交通活动都将产生巨大冲击，但作为劳动密集型产业，薪资增长势必会对公路运输造成十分重要的影响。为有效降低影响，一些公路运输货运公司已经投入了大量资金和精力，完善了中远程物流的线路规划，使用计算机系统参与物流控制，并使用集装箱和拖挂系统，还参与了多式联运。

近年来随着城市配送物流的发展，更多的货运公司意识到仅仅依靠自身的力量很难满足货主日益多元化的业务需求，行业的细分趋势日益明显，产生了整车运输（Full Truck Load，FTL）、零担运输（Less than Truck Load，LTL）和专线运输等运输方式。这些深刻的变化与不同市场中货运公司的规模和目标直接相关。虽然京东、菜鸟等大型货运公司都能够提供全国性的 FTL 服务，但是货运公司数量多、规模小一直是运输行业的主要特点，这导致运输服务领域的竞争十分激烈。而 LTL 则是将多个托运人的货物集并起来，以更好地发挥运输车辆的货物运输能力。考虑到始发站与终点站的集散费用以及相对较高的市场经营费用，LTL 的成本往往高于 FTL 的成本。而 LTL 的运营方式促进了大范围的业务联盟，催生了几个相对较大的国内货运公司和许多小货运公司组成的强大的地区网络。我国在近几年快速涌现出一批专线货运公司，它们大多引入较为先进的项目管理方法、技术手段与运作管理模式，针对公共物流的不同重量等级、不同客户群体提供服务。然而相关实践证明，不结合公司实际、过分追求专线物流的做法，对货运公司的利润可能具有严重的侵削。专线物流是指为大多数客户提供标准的物流服务，是与合同物流相对的概念。合同物流侧重于为少数大客户提供定制化的物流服务，并以与客户的常年服务合同为依托。一般来说，公共专线运输与 FTL、LTL 之间并不形成真正的竞争。就目前公路运输的市场规模以及其所提供的服务水平看，在可以预见的将来，公路运输仍然是货物运输中最重要的方式之一。

2）铁路运输

大约 30 年前，铁路运输一直是我国最主要的货物运输方式，在货运里程数方面一直名列前茅。吨 / 千米是一个用来反映货物运输状况的考核单位，它把运输量和运输距离结合在了一起，以便于对货物运输状况做出综合判断。在早期，我国的铁路运输获得了广泛而全面的发展，路网的辐射区域几乎覆盖了整个城乡，能够以低成本对大量商品实施运输，并且可以提供较高频率的货物运输服务。然而，随着现代交通运输科技的迅猛发展，公路运输打破了铁路运输占主导地位的局面。截至 2021 年，中国铁路营业里程达 14.14 万千米，总运输量为 47.2 亿吨，其中高铁营业里程达 3.6 万千米，居世界第一。从综合的角度看，增加的里程更多地被体现在客运上，而非仅仅用于货运。但因为铁路运输能够把较大吨位的商品更快捷地运到较远的目的地，所以至今依然在国内中长距离的货物运输中扮演着主要角色。铁路运输的固定成本很高，这主要是因为进行铁路运输时，铁路部门必须购置大量贵重的机械设备，还必须对钢轨、道岔等设备及其沿线各站点的基础设施建设进行巨大投入。但是，铁路运输的变动成本相对较低。牵引技术的发展降低了铁路运输中每吨 / 千米的变动成本，对劳动力分配方法的调整也降低了铁路运输对人力的要求，因此铁路运输的变动成本正逐步降低。

随着公路运输的发展与参与竞争，铁路运输也开始由承载多种商品逐渐过渡为承载特定的商品。从实际情况来看，铁路运输的重点服务领域为原材料开采业，运输起点通常在远离水路和公路交通网络的地方，主要运输大宗原材料和由车辆、矿产仪器、重大设备等所组成的贵重装备。铁路运输的固定成本较高而变动成本较低，这种独特的成本结构为其开展中长距离运输业务提供了优势条件。从 20 世纪 90 年代中期开始，铁路运输领域逐渐得到了细分和整合，更多的服务重点被放在 FTL、多式联运以及集装箱运输等领域。由于增加了对大宗散杂货品和重工业货物运输的认知，铁路部门已经摒弃了过去寻求自建战略联运制度的想法，转而采用了全球通用的运输标准，使得国际和国内的集装箱联运和多式联运成为可能，这与过去铁路部门的单一篷车货运业务形成了强烈的对比。

在较大范围上讲，未来铁路运输有赖于高速动车组技术的发展。如何才能让列车在远距离铁轨上更迅速地行驶，实现铁路运输与其他运输方式之间的高效配合，在国际铁路联运中进行快速换装等，决定了铁路运输今后在货运市场中的地位与作用。

3）水路运输

水路运输是一种古老的运输方式。中国在公元前 2500 年已经制造出舟楫，在商代就有了帆船，在公元前 500 年前后就开始人工开凿运河，在宋代就有了适合远洋运输的"龙舟"；但由于没有跟进世界航海技术的发展，中国水路运输曾在一定时期落后于世界水路运输。

基于运输距离和运输风险，沿海大洋航运与内河运输存在显著的区别。中国境内水路运输包括长江、黄河、珠江等水系间运输，以及内部沿海口岸水路之间的运输。在过去 10 多年里，水路运输网络的货运规模相对稳定。交通运输部官网数据显示，截至 2021 年年底，全国水路货运量为 82.4 亿吨；在沿海水运方面，截至 2021 年年底，中国拥有沿海省际万吨以上干散货船共计 2,235 艘、7,494.0 万载重吨，沿海省际运输 700 TEU（Twenty-feet Equivalent Unit，标准集装箱运量体积单位，即 20 英尺的标准集装箱）以上集装箱船共计 322 艘、78.8 万 TEU；国际水运方面，2020—2021 年这两年，受疫情管控影响，国际集装箱价格飞涨，运价指数上升幅度为 165%。

水路运输的最大优点在于它能够承载超大型货物。水路运输一般使用两类运输工具。一类是深水船舶，一般适用于近海沿岸运输、远洋运输，从中国出发的国际海运航线主要有前往欧洲地中海的欧地线、前往美国的美西线和前往大洋洲的澳新线等。另一类是以柴油为动力的驳船，一般在河流和运河上行驶，主要用于国内的长江、珠江、黄河、京杭大运河及黑龙江 - 松花江水系等。

在固定成本方面，水路运输的固定成本一般处于铁路运输的固定成本与公路运输的固定成本之间，虽然水路运输也需要对港口加以开发建设和进行一定的商业运营活动（从这一点来看固定成本较高），不过政府通常会在财政方面予以补助和扶持，因而水路运输的固定成本一般低于铁路运输的固定成本。水路运输的主要弊端体现在它的航运影响区域较小且运送速度缓慢，假如航运的起点与终点都不靠近水运设施，那就可能需要铁路运输或公路运输为其提供辅助服务了。从顾客实际需要的角度考虑，假如顾客首要追求的是相对较低的货运费用，然后才是运送速度，那这种运输吨位较大、变动成本较低的航运方法就未尝不可接受。

在将来的运输系统中，水路运输依然是一种可行的运输方式。水路运输的时效较长，因此我们可以把水路运输过程视为贮藏货物的一种形式，这对于制定运输方案是非常有帮助的。同时基于战争或政治冲突的可能性，在特定条件下，水路运输也可能成为优先选项。

4）航空运输

航空运输最大的好处就是货物运输速度特别快。以香港地区至乌鲁木齐为例，其运输时效仅为数小时，但通过其他运输方式往往要花费数天时间。尽管航空运输的费用比较高，但能够大幅缩短甚至消除仓储和运输的中间流程。

截至 2021 年年底，中国航空货运总量为 731.8 万吨，远低于其他运输方式，因为飞机的运载能力会受载重、尺寸、航班适配度等因素的影响。航空运输往往采用稳定的航线，这样能够在管理上降低成本，但也会造成运输能力和灵活性的降低。联邦快递、敦豪速递有限公司（DHL）等优秀航空服务商的诞生，代表着全球性物流服务的出现。这些优秀的服务开始是针对拥有很高优先级的、高度加急的商业文件，但后来逐步扩展到包裹运输等业务领域。对一个拥有大量贵重的商品，并对运输日期有严格要求的企业而言，在一天内就可实现配送的航空服务有着相当大的吸引力。

和铁路运输、水路运输以及管道运输相比，航空运输的固定成本没有预期的那样高。实际情况是，政府将承担开辟航线、建设机场和进行机场管理等工作。航空运输的固定成本通常与购置航空器、设置特定飞行服务的处理系统以及购置航空集装箱相关。航空燃油消耗、飞行员的工资、航空器的维修保养费及空中工作人员与地面人员的保障和辅助费，使得航空运输的变动成本显得相当高。

但是，把航空运输和其他运输方式有机地结合起来，建立一个完整的物流模式，确实可以带来非常可观的商业利益。如果选取一些适当的物流节点把航空运输业务、铁路运输业务、公路运输业务集成起来，可以认为没有什么特殊的商品将会在航空运输中占主导地位，根本原因可能就是这些商品是根据最高优先原则来运送的。当公司可以在有价值的运输活动中得到适当的成本或服务补偿时，比如将航空运输成本和客户满意度、仓储人员工资、备货资金占用、安全库存与管理损耗结合起来考虑时，我们往往会发现在供应链全成本观念下，航空运输方式反而可能是一种较优选项。

如果必须对拥有较高价格和非常容易损毁的商品进行运输，那么航空运输无疑是首选。针对国际市场上销售生命周期非常短的商品来说，如节日礼品、时尚服饰、鲜鱼和花卉等，为保障其在全球范围内的顺利销售，航空运输或许是唯一有效的运输方式。而对于急需的常规性商品来说，如生产设备在维修保养时急需用到的零配件等，出于对生产设备的必要维护和停工损失的考量，企业同样只能通过航空运输实现运送。

5）管道运输

管道运输是运输体系中的一项重要内容。截至 2021 年年底，中国管道运输总量为 8.7 亿吨。除石油以外，天然气也能够通过管道实现输送。但和其他的运输方式相比，管道运输也有其特殊之处。管道运输能够不间断地进行，但不能进行回程运输。虽然管道运输的固定成本最高，但其变动成本最低。管道运输最大的缺陷就是不具备灵活性，如今只可运输液体和气体等形式的产品。

现今管道运输的研发目标主要有两点。一是致力于将固体变成流质，或以液压悬浮方式将固体转变为流体然后用管网实现远距离输送，这应该是一种非常合理且经济的运输方式。二是将管道升级为气动真空管，尝试载体以悬浮状态，通过加大推力达到快速运输的目的。这方面的研究已经论证了运输文件和小型货物的可能性。中国和欧洲的科研人员正试图使这一成果应用在特定集装箱运输甚至旅客运输上。

6）运输方式的特例与优化

常见的运输方式的特例主要是指冷链运输和危险品运输，在各种运输方式的衔接与优化上则主要体现为甩挂运输、集装箱运输和多式联运。

冷链运输通常要求货物在整个运输过程中保持在规定的温度范围内。冷链运输车辆的能源多来自汽车本身的动力能源，同时冷链运输车必须全程进行温控，因而其油耗较大，运输成本也较高。但是基于市场对鲜活产品越来越大的需求，这种运输方式的运量近年来正在快速增长。

危险品运输是指关于危险品货运的一类运输方式。按照《危险货物分类和品名编号》的规定，凡是带有易爆、易燃、侵蚀等性质的，在运输、贮存和管理环节中，极易导致人体伤害或者财物损坏且需要特殊保护的商品，均构成危险货物，其中燃爆危险货物占有比较大的比重。经营道路危险性普通货物运输的公司，除应当符合道路危险性普通货物运输规范中的基础要求以外，专门装运危险货物的车辆、容器、搬运机器、人员资质、运营场地、管理流程规范等都必须符合国家的相关规定。

甩挂运输就是装有动力的机动车将随车拖带的承载装置，包括半挂车、全挂车甚至货车底盘上的货箱甩留在终点之后，再拖带其他装满货物的设施返回原地或者驶向新的目的地。这种带有动力的主车连续拖带两个及以上承载装置的运输方式被称为甩挂运输。甩挂运输相较于一般的定挂运输，具有降低运输成本、提高运输效率、提高集约化水平、实现节能减排和与其他运输形式交互等优点。

集装箱运输是指以集装箱这种大型容器为载体，将物品集合组装成集装单元，从而在现代流通中利用大型装卸机械和大型专用车辆进行装卸、搬运工作和完成配送任务，以便有效地完成货物"门到门"运输的一种高效率和高效益的运输方式。集装箱的具体规格本书第5章有介绍。类似于公路运输，集装箱运输也分为装箱货（Full Container Load，FCL）和拼箱货（Less than Container Load，LCL）。在装箱完成后，运输企业一般会对集装箱施封，根据铅封破损与否来划分货主和承运人之间的责任。集装箱运输的最大优点在于它减少了运输过程中的装卸次数，提高了装卸效率，保障了货物运输安全，因而现在已经是全世界外贸商品流通中最主要的运输方式之一。但基于在装卸机械、码头建设、专用跨运堆存设备和专用集卡等方面需要巨额的投资，集装箱运输在全球的发展依然不平衡。

多式联运是由两种及以上的交通工具彼此衔接、转运而共同完成的运输过程。《联合国国际货物多式联运公约》对国际多式联运所下的定义是，按照国际多式联运合同，以至少两种不同的运输方式，由多式联运经营人把物品从一国境内接管地点运至另一国境内指定交付地点的货物运输方式。现今世界上的多式联运大多通过集装箱将公路运输和水路运输结合起来。在有集装箱参与的国际多式联运中，货主通常将货物通过公路运输运到指定的货运站，在货运站将货物集并进集装箱，然后将集装箱送到重箱堆场，等待船公司安排送至码头装船出运。同理，在国外，这个流程被反向操作，即装载货物的集装箱经由重箱堆场疏散到货运站进行拆箱，再通过公路运输交付给实际的收货人，以完成一个标准的多式联运过程。

2. 运输成本的影响因素与运输方式的选择

1）运输成本的影响因素

（1）运输距离

运输距离对运输成本有十分关键的影响，因为其直接影响着变动成本。变动成本包括人工费、燃油费和维护费用等。图 1-1 显示了运输距离与运输成本的关系，从中可以得出两点结论：第一，曲线的起点并非原点，这是因为物流运输过程中始终存在与收货、发货等活动相关的固定成本，这些固定成本并不随运输距离的变化而变化；第二，随着运输距离的增加，运输成本的增长速度逐步降低，这一般被称为成本远距离递减原则。

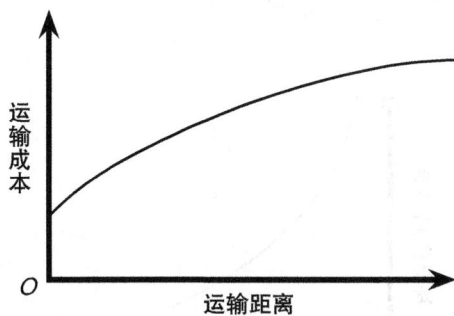

图 1-1　运输距离与运输成本的关系

（2）载货量

载货量是影响运输成本的第二个因素。与其他物流运输活动一样，大多数运输活动存在着规模经济效应。通常，随着载货量的增加，单位运输成本逐步下降，如图 1-2 所示。这是由于收货、发货以及管理费用相对载货量都是相对固定的，随着载货量的增加，固定成本得到进一步的分摊。但是，载货量和运输成本之间的关系会受到运载工具大小的影响。运输管理人员应该尽量把小规模的载货量合并起来，聚集成大规模的载货量，从而实现规模经济的最大化。

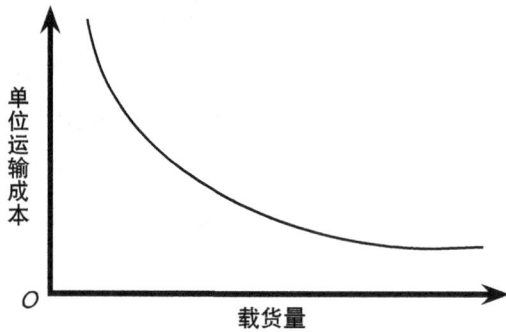

图 1-2　载货量与单位运输成本的关系

（3）装载密度

装载密度将重量和体积组合在一起。重量和体积这两个要素之所以重要，是因为运输成本一般都表现为每单位重量的费用。而从重量和体积上来说，载货体积对运载工具的影响比载货重量更为显著。在实际运输中，载货重量对运载工具、人工费和燃油费的影响并没有想象的大，因此高密度的货物能够将相对固定的运输费用分摊到更大的货物重量上，从而降低货物的单位运输成本。图 1-3 显示了装载密度与单位运输成本之间的关系，随着装载密度的增加，单位运输成本呈下降态势。通常情况下，运输管理人员都会尽力增加装载密度以充分利用运输工具的装载空间。

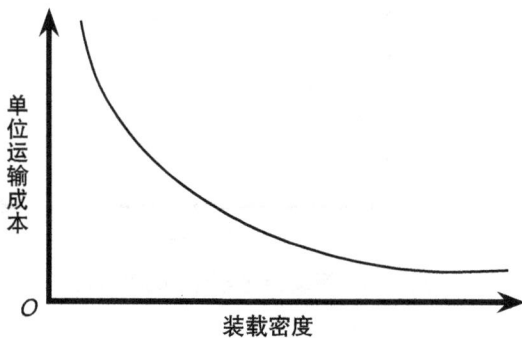

图 1-3　装载密度与单位运输成本的关系

（4）供应链成本

传统的运输成本通常局限于运输物流的自身成本。比如，我们很容易认定航空运输会比水路运输有更高的成本。但如果结合供应链成本来看，这个结论可能是错的，因为快速运输可能带来供应链其他成本的节约。

例如，运输管理人员在选择航空运输时往往会担心快速增加的运费，然而航空运输较短的运输时间会使得目的地的库存水平下降。设想从德国进口物资到北京，航空运输可能仅需 4 天，而水路运输可能要 50 天，因而该物资在北京的库存水平就大不相同。对北京存放该物资的安全库存的一种简单估算如下：

$$\frac{SS_4}{SS_{50}} = \sqrt{\frac{LT_4}{LT_{50}}} = \sqrt{\frac{4}{50}} \times 100\% \approx 28\%$$

其中，SS（Safety Stock）为安全库存，LT（Lead Time）为前置期。这意味着 4 天航空运输模式的安全库存仅为 50 天水路运输模式的 28%。假设该公司的资金成本率（内部有效利率）为每年 10%，安全库存原来的总价值为 500 万元，那么采用快速运输方式能带来库存资金和库存资金成本的节约就分别为 360 万元和 36 万元。同样，运输管理人员还可考虑缩短运输时间带来的其他成本节约，如仓间成本、货物贬值成本免除等。

2）运输方式的选择

我们已经解释了运输成本的影响因素，但在选择运输方式的时候可能需要考虑更多的因素。在表 1-1 中，我们根据不同运输方式在成本、装载性、迅捷性、可得性、稳定性方面的运作情况，对运输方式的运作特性进行了排序。运输管理人员可以结合自己的实际运输需求加以综合考虑，按表现越佳给分越低的原则进行评分。

表 1-1　不同运输方式的运作特性

（单位：分）

运作特性	铁路运输	公路运输	水路运输	管道运输	航空运输
成本	3	2	1	5	4
装载性	3	2	1	5	4
迅捷性	2	3	4	5	1
可得性	3	1	2	5	4
稳定性	3	2	4	1	5
综合得分	14	10	12	21	18

成本反映为运输过程中所付出的代价。装载性往往体现为货物的规格与装载工具的匹配度。迅捷性反映为运输过程中所耗费的时间。可得性反映市场因素和责任承担；某些时候，返程运量的可得性也会被考虑在内。稳定性是指针对预期或者公开的路径计划进度来说，发生变化的可能性。根据表 1-1，不同运输方式的运作特性的综合得分由低到高，依次为公路运输、水路运输、铁路运输、航空运输和管道运输。虽然这个评分结果对不同企业而言可能不同，但结合表 1-2 我们可以发现，在宏观上，这个评分结果是相对准确的。

表 1-2 2021 年中国各种运输方式完成货物运输总量及同比增速

指标	绝对数 / 亿吨	同比增速
铁路运输	47.2	5.9%
公路运输	391.4	14.2%
水路运输	82.4	8.2%
航空运输	0.7	8.2%
管道运输	8.7	5.7%
货物运输总量	530.4	12.3%

案例：通过运输方式搭配控制运费

某美资糖果公司的主要工厂和中央配送中心（Central Distribution Center，CDC）位于广州。该公司产品在全国范围内进行分销，并由分布在全国 9 个城市的区域配送中心（Regioral Distribution Center，RDC）完成客户订单的配送。区域配送中心对客户订单的配送由公路运输实现，配送成本约占产品物流总成本的 1/3，而从 CDC 到 RDC 的转仓运输成本也大致占产品物流总成本的 1/3。为控制转仓运输成本，该公司的物流部门采用多种运输方式，包括公路运输、沿海支线集装箱运输（广州—上海，广州—天津—北京，广州—营口—沈阳）、快递和铁路运输。每年年初物流部门制定针对每个 RDC 转仓运输的各种运输方式配比目标，并在每月进行实际表现的考核，相关数据如表 1-3 所示。

表 1-3 成品转仓运输方式

	运输方式	沈阳	北京	上海	武汉	西安	成都	乌鲁木齐	昆明
年初目标	公路运输	10%	10%	10%	45%	10%	20%	5%	20%
	沿海支线集装箱运输	80%	80%	80%	0	0	0	0	0
	快递	10%	10%	10%	10%	10%	10%	70%	10%
	铁路运输	0	0	0	45%	80%	70%	25%	70%
4月实际	公路运输	20%	19%	7%	18%	30%	17%	25%	50%
	沿海支线集装箱运输	36%	46%	88%	0	0	0	0	0

续表

	运输方式	沈阳	北京	上海	武汉	西安	成都	乌鲁木齐	昆明
4月实际	快递	0	0	0	0	0	0	10%	0
	铁路运输	44%	35%	5%	82%	70%	83%	65%	50%

　　因此在选择运输方式时，我们不应该单独考虑某个运输需求适合何种运输方式，而应该结合整体物流需求进行规划和确认。以运输成本角度来看，除了考虑规模效应和距离效应之外，我们还应考虑运输在整个物流业务中的角色和效能、是否存在成本替代和转嫁的可能，尤其是在存在基点定价的情况下，是否在某些运输方式和线路中存有利润，而在其他实际点到点运输线路中存在着可能的亏损。以迅捷性角度来看，我们要灵活考虑物料的实际需求周期，考虑运输方式的协同配合，甚至可以将部分在途运输有意引入运输方案，在不影响生产运营情况下，减少安全库存和资金占用。以装载性角度来看，我们更应该关心产品与装载工具的匹配度，考虑其长度、体积和密度，如何实现轻重搭配，如何调节运载方式与线路，从而实现既不会亏容，也不会因为规格和数量的原因导致不得不增加新的装载工具。以可得性角度来看，我们应将重点放在市场资源的匹配、如何实现双向运输，以及如何平衡运能上，我们还要考虑产品的特性，以充分利用社会资源和运能。以稳定性角度来看，我们应结合选择的运输方式的运作特性，考虑存在运输风险和产品自身特性风险的可能，准备相应的替代方案、保险计划和可持续计划。

3. 运输线路规划

　　物流管理者需要事先做好运输配送计划。常见的几种运输线路如图1-4所示。其中，各部分内容分别为：（a）专线运输；（b）一车多点配送，即运筹学中的旅行商问题（Traveling Salesman Problem，TSP）；（c）单车往返或多车并行；（d）具有时间窗的取送货。物流管理者通常追求的目标是路程最短或时间最短。前者偏向成本方面的考虑，而后者偏向服务质量方面的考虑。

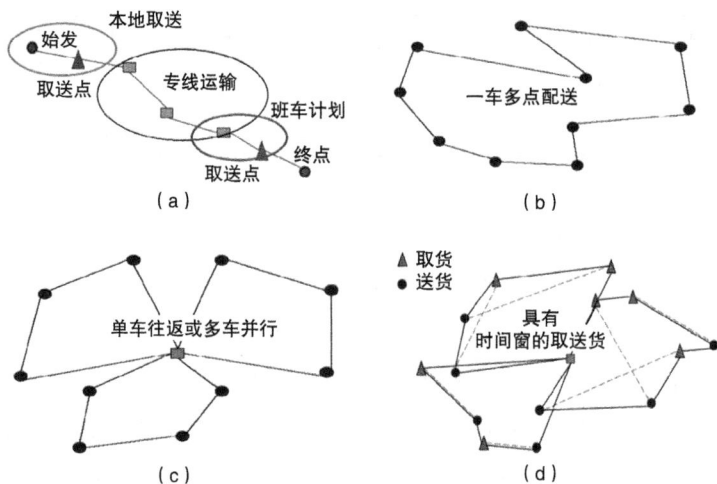

图 1-4　常见的几种运输线路

1）专线运输

专线运输即单起点—单终点问题。物流管理者需要考虑设置取送点，并安排取送货计划、专线运输计划和在配送中心与取送点之间的班车计划。专线运输要结合预计的沿途各站（物流中心）上下货量，尽可能充分利用装载运输工具。在规划专线运输的干线线路时，物流管理者应尽可能地追求最短线路或最节省时间线路，常用的方法包括破圈法、标号法、动态法、位势法等。

2）一车多点配送

物流运作中遇到的问题，如"牛奶配送"问题或采购中的"牛奶取货"问题，会比传统的"旅行商"问题更复杂，要考虑车辆装载能力的限制。数学上的一些近似解法，如节约里程法、扫描法等，已经被植入很多 TMS 软件。

（1）节约里程法

节约里程法是根据物流中心的配送能力及物流中心到各客户之间的距离和各客户之间的距离，来制定使配送车队总体的吨千米数达到或接近最小的方案的方法。其中，节约里程的概念如图 1-5 所示，从物流中心 P 出发为客户 A 和 B 配送，分别配送的往返行驶距离为 $2(a+b)$，而如果把 A 和 B 的货一起配送，则总行驶距离为 $a+b+c$，如此比分别配送节约的里程为 $2(a+b)-(a+b+c)=a+b-c>0$。

使用节约里程法需要遵循如下几个步骤：

● 制作从物流中心出发到各客户的最短距离表；

● 假设每次把任意两个客户的货物一起配送而节约的里程表；

●按节约里程表由大到小排序，并把排列在一起的两个客户的货物装载在同一运输车辆上，并优先从车队里的大吨位车辆开始安排配送；

●按第3步一直往下安排运输车辆，直到运输车辆达到或接近载重或体积约束，同时考虑运输车辆允许的最大行驶里程限制（如有）。

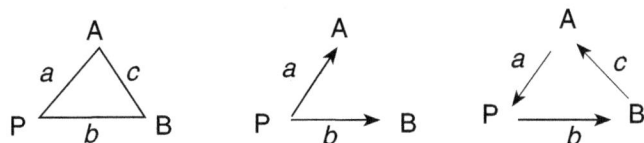

图1-5　节约里程的概念

（2）扫描法

物流管理者也可以利用驾驶员的经验、不同方案间的比较或者采用扫描法近似地解决一车多点配送问题。在图1-6中，配送中心位于中央，周围各个送货点上标注了编号和配送量。物流管理者需要解决以下问题 。第一，一共需要几台车来完成所有配送任务？第二，每台车应该走什么样的线路力争路程最短？从12点钟方向开始，逆时针旋转，扫描过一个配送点，就把该点的配送量加到第一台车上（通常从大车型开始）。逐点扫描、累加，直到达到第一台车的载重或体积限制。再继续扫描，逐点将配送量加至第二台车的载重或体积限制。如此反复，直到扫描完所有配送点。接着，针对完成配载的每台车，做手工连线，绘制运输线路。连线时注意两个原则：第一，线路尽可能呈现水滴状；第二，线路与线路之间不得交叉。这样绘制的运输线路即为近似路程最短线路。

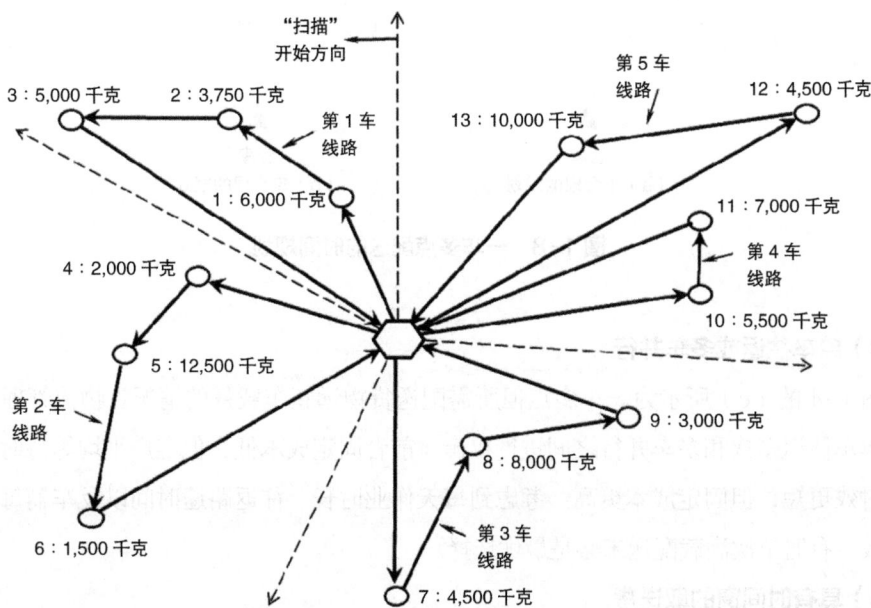

图1-6　一车多点配送

在规划运输线路时，物流管理者还可以采用其他一些方法。例如，安排车辆负责相互间距离最接近的配送点的货物运输，如图 1-7 所示，图（a）中的线路规划是不合理的，应采用图（b）中的线路规划。

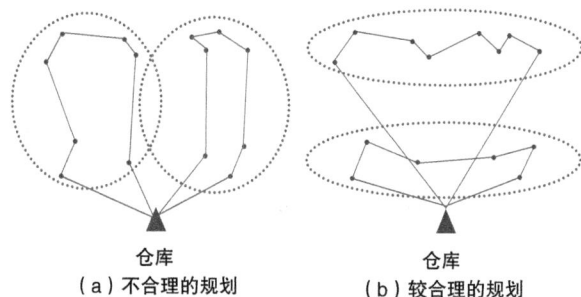

仓库
（a）不合理的规划

仓库
（b）较合理的规划

图 1-7 一车多点配送的线路规划

物流管理者在安排车辆每天途经的配送点时，应注意使配送点群更加紧密。在图 1-8 中，图（a）中标 F 和 T 的配送点，意味着分别需要在周五和周四配送。物流管理者如能通过客服劝说少数客户接受送货日期的变更，如图（b）所示，则会实现更合理（路程更短）的时间规划。

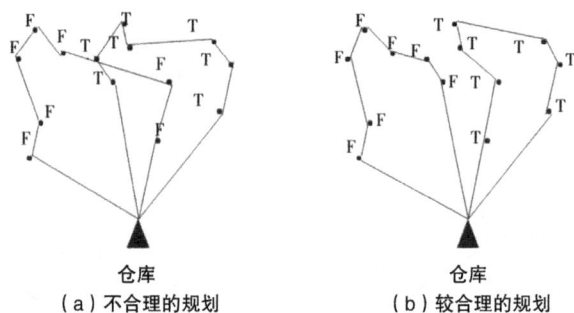

仓库
（a）不合理的规划

仓库
（b）较合理的规划

图 1-8 一车多点配送的时间规划

3）单车往返或多车并行

图 1-4 的（c）所示为一车多点但所需配送货物远超车载量的情况。物流管理者就需要在单车往返多次和多车并行之间进行权衡。前者固定成本低，但客户平均等待时间长；后者时效更短，但固定成本更高。考虑到每天作业时长、往返路途时间以及车辆每天的配送次数，有时单次满载配送未必是最优选择。

4）具有时间窗的取送货

时间窗即客户期望收货的时间段。时间窗的任意出现会成倍地增加运输线路的数量和作业成本。物流部门可以通过客服部门与客户协商，努力取消或拓宽时间窗。

以上几个运输线路规划问题均属理论操作层面，通常不会在运输线路规划时被具体考虑。但是，物流管理者了解这些运输线路规划问题，非常有助于做出更贴近实际情况的运输线路规划。

| 第 2 节 | 国际货运

随着企业不断地参与全球化运作，供应链管理者也会更多地介入国际货运业务，安排国外供应商发货至我国，或者安排我国生产的货物运输到世界各地。与国内运输不同，国际货运更复杂，涉及出入境、单据缮制、外汇结算和支付，并且有着更多的法律法规要遵守。不同国家（地区）的供应商或客户，也广泛存在着法律、语言和文化等方面的差别，更增加了供应链管理者的工作难度。供应链管理者一方面要权衡国际货运带来的交货期、库存、财务等环节的问题，另一方面还要避免供应链的风险。近 20 年来，全球货运市场的迅速发展，源于贸易的国际化、不断加剧的市场竞争，以及消费者日益多元化的需求。随着国际分工的细化，国际货运也成为一项复杂而专业的业务。供应链管理者虽然可以依赖大型物流公司或国际货代的服务，但也需要掌握国际货运的基本工作原理和方式，更应该深入了解各国（地区）的文化差异。

1. 国际货运业务中的各种角色

在一项国际货运业务中，可能存在着多种角色，如图 1-9 所示。

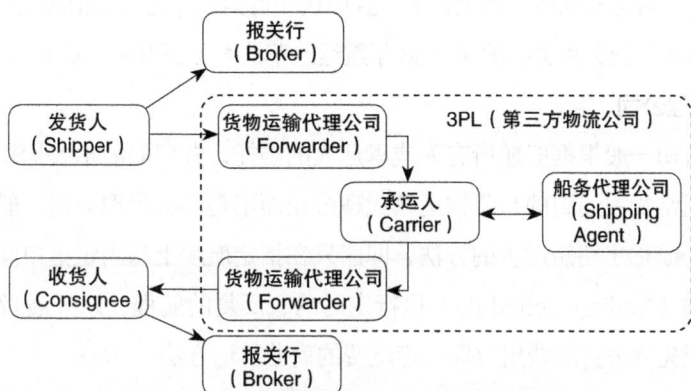

图 1-9 国际货运业务中的多种角色

1）发货人

发货人通常是货主企业，对进口业务来说，也有可能是境外供应商。而在国际货运的有些单据中，发货人也可能是供应商的货物运输代理公司。就出口业务来说，发货人可能就是出口企业或货物运输代理公司。货物运输代理公司作为发货人或收货人，一般体现在主运单（Master Airway Bill 或 Master B/L）上。

2）收货人

收货人有可能是进出口企业或货物运输代理公司。

3）报关行

报关行是指专门从事代理报关业务的企业。聘用报关行从事代理报关业务，需要货主（委托人）与报关行签订服务合同和报关委托书。通常，报关行按货运单（票数）进行收费。报关行有可能替客户先行垫付关税以及海关、商检等环节的费用，但会收取高于银行利率的手续费，这需要负责进出口业务的供应链管理人员进行鉴别和权衡。报关行必须要通过特殊资质审批才能从事代理报关业务。

4）承运人

承运人一般是指实际拥有运输工具（船或飞机）并执行运输业务的企业。多数货主都是自己负责委托货物运输，并将相应的货运报关、交接、短距离拖运、转运和分拨、订舱等各种物流的代理服务交给船务代理公司和货物运输代理公司。但也有部分船务代理公司和航空运输公司直接与货主接洽业务，并提供其他各种辅助服务。近年来也大量出现了无船承运人（NVOCC）的运输服务形式。无船承运人即本身不具有运输工具，但以货物运输人的身份承接货主的委任，并且可以为货主安排国际班轮公司进行全球的海洋货物运输，或者按照自己为货主所设定的线路进行全程航运，并出具已经在相关部门备案的无船承运人提单。无船承运人可以统包公共承运人的运输业务，然后以转手的形式把这种业务提供给物流托运人或其他的航运业务供给者。根据可能发生的航运责任争议和风险控制，世界许多国家（地区）均以立法的形式，对无船承运人实施资格审查确认和备案，并建立了相应的保证金机制，如我国的《国际海运条例》和美国的《1998年航运改革法》（OSRA1998）。

5）船务代理公司

船务代理公司一般根据船舶所有人或承运人的委托，办理船舶相关运输业务和进出港口流程手续。通常货主遇到的是货物运输代理公司而不是船务代理公司。船务代理公司多采取班轮海运（或称定期船运）的方法，即船只在指定航线上与固定港口间，按照先期公告的固定船期表（Sailing Schedule）执行定时的、反复的航程，以开展货物水路运输服务，并同时按照先期公告的费用收取一定运费的商业航运方法。

班轮运价的构成一般为传统的件杂货运费、基本费率（Basic Freight）、集装箱包箱费率、附加费（Additionals 或 Surcharges）。

常见的附加费有：超长超重附加费、燃油附加费、旺季附加费、港口附加费等。近些年来，主要在我国征收的码头操作费则是由船务代理公司为了弥补船运费用的不足而征收的。

班轮运费的核算流程如下：在商品等级表中查明商品的等级及其收费标准；在航次航班费用表中查出该航次航班上相应等级商品的基本运费，主要的计算依据为 W/M（Weight/Measurement，重量 / 尺寸），即考虑对比后，选择较大的重量吨或者体积吨进行计算；查出该航线的附加费有哪些；将各种费用相加得出最终运费。

6）货物运输代理公司

货物运输代理公司（以下简称"货代"）在国际物流交易市场上，通常介于货主和承运人之间，受货主委派，代理船务代理公司租船、订舱、装车配载、缮制相关单证、报关、报验、承保、进行集装箱货物运输、拆装盒、签发货票、核算运杂费等费用，甚至包括交单议付和结汇。而国际货代协会对货代的界定为，按照顾客的指令，为了顾客的共同利益而揽取货物运输业务的人。即使货代自身并不是承运人，其也可按照相应要求，进行与运输合同相关的商业活动，如储货、通关、检验、收货等。《国际货物运输代理业管理规定实施细则》对货代的界定为，国际货代可作为进出口货物收货人、发送人的代理人，也可作为独立经营人，从事国际货运代理业务。

货代是社会专业分工的产物，属于物流公司的一个分支。货代的出现，使得企业在供应链管理，特别是在国际货运业务上，不再需要自己雇用员工从事这种复杂而专业的工作，而可完全将其外包出去。货代主要的盈利模式包括集运、批零差和延伸服务。货代可以通过代理订舱获得承运人的佣金，也可利用业务量的整合获得承运商的优惠价格（相当于批发价），并按市场价（类似零售价）销售给客户。而集运（Consolidation）业务则相对需要货代具有广泛的全球网络和客户，货代主要利用运费规则，集并不同客户的货物，赚取差价。以上海到东京的国际航空运输为例，相应的报价表如表 1-4 所示。

表 1-4　国际航空运输报价表示例（SHA - TOKYO）

类型	价格（元 / 千克）
M	230
N	38
+ 45	28
+ 100	24
+ 300	22

其中 M 对应的价格是指航空公司对每票货物收取的最低总运费，即起步费。N 对应

的价格通常指重量在 45 千克以下时每千克货物的运费。+45、+100 和 +300 对应的价格分别为重量在该数值及以上时的每千克货物的运费。假设货代有 3 位客户，每票货物都重 100 千克。那么，该货代可分别向 3 位客户按 +100 对应的价格收取运费，共收取 7,200 元。而货代集并这 3 票货物后，对航空公司来说，就是一票重 300 千克的货物，则货代向航空公司支付 6,600 元。可见，通过简单的集并操作，货代可赚取差额 600 元。集并操作也可以根据航空业对重货、抛货的收费规则来进行。各国（地区）航空货代所依照的方法是，首先估计一票航空货物的实际重量，然后用这个数值乘以 6,000 得到体积重量，等值于千克数，再将体积重量和实际重量的平均值进行比较，取较大者作为计费重量。在航空货代中更有"打板"的说法，即在包板业务中，对货主的不同重量和体积的货物进行合理搭配，来获得更多的利润。航空货代在此操作过程中，以主运单作为与航空公司之间的单据和结算凭证，以分运单作为与委托人之间的单据和结算凭证。

案例：通过集并作业获取利润

某货代收到 3 位客户的委托，其收货地都在一条航线上，分运单分别为 HAWB1、HAWB2、HAWB3，如表 1-5 所示。从表 1-5 中可知，HAWB1 是重货，HAWB2 是泡货，而 HAWB3 不重也不泡。因此，货代可分别按照计费重量 65 千克、108 千克和 8 千克，总计 181 千克向 3 位客户收费。而对航空公司来说，总计费总量为 124 千克。可见，货代利用重泡货的计费规则进行集并作业，可获得 57（181-124）千克收费的利润。除了以上集并作业的利润，货代通常还提供其他附加服务，从而收取代理报关费、单证费、代保管费、送货费，以及垫付关税和其他费用的手续费等。

表 1-5　国际空运示例

	毛重(千克)	长(厘米)	宽(厘米)	高(厘米)	体积(立方厘米)	体积重量(千克)	计费重量(千克)
HAWB1	65	40	40	30	48,000	8	65
HAWB2	40	120	90	60	648,000	108	108
HAWB3	8	40	40	30	48,000	8	8
HAWB	113	—	—	—	744,000	124	181

市场上存在着规模较大第三方物流公司。它们可以在国际货运中提供从始至终的服务。其中较为多见的是境外多式联运业务，即由经营者依照境外港口协议规定，以两种或两种以

上截然不同的运输方式，把商品经由一国（地区）接受或托运货物的口岸，运往另一国（地区）规定地点或场所交货的联合运输方式，一般由多式联运承运人承担全程运输责任。

2.进出口单证

国际货运业务的复杂性也体现在各种专业单证的使用上。常用的单证主要有如下几类：商业单据（汇票、本票和支票等）、商务单证（商务合同、商务发票、海关发票、信托收据和信用证等）、货运单据（海运提单、航次租船提单、多式联合运输凭证、航空运输单据、装箱单（Packing List，P/L）等）、一些投保凭证和相关单证（商检单据、原产地证书、装运通知书、船龄船级证明等）。

1）信用证（Letter of Credit，L/C）

信用证是指由开证行根据货主、委托人或代理商的委托、指令，在满足单单相符、单证一致的要求下，凭指定相符单证向受益人或由受益人指定的特定人进行支付的书面承诺文件。在国际经贸活动中，买卖双方可能因为地域距离较远和国别文化不同而互不信任，买家担心在事先交钱后，卖家不根据约定要求交货；而卖家也担忧自己发货并出具货运单据之后，买家拒不接受货物或者支付款项。因此，需要由买卖双方所在地的商业银行为买卖双方提供担保并进行收款交单，由此实现用银行信用代替传统的基于商业行为的信用，而信用证正是商业银行在这一活动中所运用的管控工具。

根据所要求的单证分类，信用证一般可分为跟单信用证（Documentary Credit）及光票信用证（Clean Credit）。跟单信用证通常是指凭跟单汇票、运输单据在单单相符、单证一致的情况下支付的信用证。光票信用证则是指凭通常没有随附货物凭证、直接要求按票支付的信用证。商业银行凭光票信用证支付款项，往往需要向委托人附交一些非货运单据，如收据、垫款凭证、打样合同等。在我国的银行信用证货款结算中，大多采用跟单信用证。

根据议付日期的差异，信用证一般分为即期信用证、远期信用证和假远期信用证。假远期信用证在实践中会要求受益人开设远期汇票，同时承担银行贷款手续费，而涉及货款的所有预期收益和利息均归买方。所以这种信用证对于卖方而言，本质上仍是即期信用证。

根据以卖方对信用证的权益是否转移分类，信用证可分为可转让信用证和不可转让信用证。可转让信用证常见于转口贸易，如果中间商不愿让真实买家知晓卖家的信息，则会使用对背信用证。

2）提单（Lading Bill）

通常提单具有三大特性，即货物收据、合同证明、证明所载物品的所有权。提单是带有财产权特征的凭证。一般的涉及运输的提单主要有海运提单（Ocean Bill of Lading）、海运单（Sea Waybill）、空运单（Air Waybill）、铁运单（Rail Waybill）、承运收据/场站收据（Cargo Receipt）和多式联运票据（Multimodal Transport Document，MTD）等。

按照提单上收货人或指定人的抬头标注，提单可分为记名提单（Straight B/L）、不记名提单（Bearer B/L 或 Open B/L 或 Blank B/L）和指示提单（Order B/L）。《中华人民共和国海商法》第七十九条明文规定："记名提单：不得转让；指示提单：经过记名背书或者空白背书转让；不记名提单：无需背书，即可转让。"

按照货品是否已装上船，提单可分为已装船提单（Shipped B/L 或 On Board B/L）、交货待运提单（Received for Shipment B/L）。《中华人民共和国海商法》第七十四条明文规定："货物装船前，承运人已经应托运人的要求签发收货待运提单或者其他单证的，货物装船完毕，托运人可以将收货待运提单或者其他单证退还承运人，以换取已装船提单；承运人也可以在收货待运提单上加注承运船舶的船名和装货时间，加注后的收货待运提单视为已装船提单。"由此可见，从船务代理公司的负责时间角度看，货物集装箱的收货待运提单与已装船提单是一致的。但由于集装箱交货的负责时间一般是从港口堆场收运时起算的，这和件杂货一般从已装运港时算起，显然有所不同。

按提单上有无其他的批注，提单可分为清洁提单（Clean B/L）和不清洁提单（Unclean B/L 或 Foul B/L）。在运输实务中，承运公司在接收准备载运的货物之时，若货物的外观状况不良，通常由运载船上的大副在大副收据上做出相应记载，承运公司开始发放提单时，会将大副收据上的不良批注记录在海运提单上。在现实商业实践中，信用证的议付行是无法通过进出口企业所提交的不清洁提单进行结汇的。因此，托运人应当及时将破损或外观状况有问题的货物加以替换或修复。

在处理国际货运单据时，业务人员应注意单据的信息准确、注意关联单据间的信息对应。同时相关单据的准备要及时，避免产生不应产生的滞报金、滞纳金或承运人和货代收取的额外保管费用，从而避免因为操作延误而影响业务开展。

3. 国际货运的法律法规

与国内物流不同，国际货运由于运距更远，供应链管理者在成本和时效方面所面对的挑战更大。同时，国际货运伴随着跨境物流，供应链管理者在管理实践中需要针对始发国（地区）和目的国（地区）的法律法规、风险管控流程、财务支付流程等，掌握更专业的知识和实践能力。

1）国际海上运输货物公约

常见的国际海上运输货物公约有：1931 年正式开始生效的海牙规则《统一提单的若干法律规定的国际公约》、1977 年正式开始生效的海牙维斯比规则《修改统一提单若干法律规定的国际公约议定书》。但由于这两个规则是由船运大国起草并推行的，其条款比较维护承运人，在举证责任、赔偿限制等方面也都有一定的倾向性。随着中国经济的发展，中国等货主国于 1992 年正式开始推行相对更公平的汉堡规则《联合国海上货物运输公约》，其主要适用于海上承运合同，但不适用于航次租船合同，遗憾的是至今为止，该规则在实际中应用不多。此外，我国的国际航运者还需要了解我国基于海牙 – 维斯比规则制定的《海商法》《国际海运条例》。

2）国际空运货物公约

国际空运货物公约中比较有影响力的有《华沙条约》（1929）、《海牙议定书》（1955）、《瓜达拉哈拉协定》（1961）、《危地马拉商定书》（1971）、《蒙特里尔系列议定书》（1975）。其中《华沙条约》为这类文件中最基础的，之后的各类协定、商定书等基本是对《华沙条约》的增补或修订。这些文件后来统一为沃拉体系，彼此间内容相关而分别独立，因此实际中《沃拉条约》的缔约方并不自然而然地变成后来各类协定议定书等的参与方，也不受其管辖。其中《华沙条约》和《海牙议定书》的应用较为普遍，已为全球大部分国家（地区）所接受。另外，国际航空货运协会（IATA）发布的《危险品规则》也是非常重要的参考文件。

3）国际铁路货物公约

国际铁路货物公约主要是指《国际货约》和《国际货协》。1961 年，《国际货约》在伯尔尼签订，并于 1975 年元旦生效。其适用范围大致包含了欧洲的法国、德国、比利时、意大利、瑞典、瑞士、西班牙等，此外还有中西亚的伊朗、伊拉克、叙利亚，西北非的阿尔及利亚、摩洛哥、突尼斯等 28 个国家（地区）。《国际货协》于 1951 年在华沙签署，于 1974 年 7 月 1 日生效。其成员有苏联、东欧再加上中国、蒙古国、韩国、越南等 12 个国家（地区）。《国际货协》成员中的东欧国家（地区）又是《国际货约》的成员，因此《国际货协》的成员的进出口货物通常途经这些国家（地区）运送给《国际货约》的成员，这就为各国（地区）间的铁路货运提供了相对有利的条件。中国于 1953 年加入《国际货协》，因此经由铁路运往欧洲的货物均按《国际货协》的规则办理前程运输。值得指出的是，各国的铁轨宽度采用了不同的标准，这就使得中国发往西欧国家（地区）的货物往往需要两次换装，从而增加了较多的运输成本和时间。目前，基于"一带一路"倡议，新的一些减少换装的国际铁路线路正在被开发。2022 年 6 月，中吉乌铁路（中国—吉尔吉斯斯坦—乌兹别克斯坦）正式进入动工准备阶段，一般认为这段铁路将使中国到欧洲的铁路运输线路缩短 900 千米，运输时间节省 7~8 天。其中原先争议较大的因素就在于这段铁路将可能直接采用欧盟现在采用的铁轨宽度，使得中国货物可以无须换装而直接到达欧洲和中东地区。

4）集装箱安全计划（CSI）及海关贸易反恐合作计划（C-TPAT）

"9·11"恐怖袭击事件后，国际海事组织（International Maritime Organization，IMO）规定缔约方自 2004 年 7 月 1 日起须遵守有关人员和货物安全的规定，从而保障国际海洋货物运输安全。但是从国家（地区）视角出发，IMO 行动的意义仅仅在于加强对航运安全的关注。相应的，美国海关总署也提出了集装箱安全计划（Container Security Initiative，CSI），目的就是避免恐怖组织通过海运集装箱运输给目的国（地区）造成的潜在安全危险。CSI 的主要原则是，将所有判断货运安全风险和查验的环节前置到了海运集装箱的始发港口，即加强美国对货物运输安全的前期控制。

CSI 的内容：以预先掌握的资料为依据，提出高风险集装箱的辨识要求；在集装箱运到美国以前进行事先鉴定；利用科学方法，预先检验高风险集装箱；设计和使用智能化的安全集装箱。图 1-10 展示了以美国为目的国（地区）的海运供应链构成及相关保安规则。2002 年 4 月 16 日，美国国土安全部的海关及边境保护局公布了海关贸易反恐合作计划（Customs-Trade Partnership Against Terrorism，C-TPAT），以确保美国各界联合设立供应链安全系统，保障进口货的运输安全、信息安全和美国对进口货物状况的信息沟通控制，以便尽力防止恐怖事件的发生。所有参加这项计划的成员或组织都必须按照 C-TPAT 所制定的安全规则，加强对其在设备、工作人员、程序和货物收付等方面的管理。C-TPAT 的具体内容涉及程序安全、信息管理、实体安全、资料存取监控、工作人员安全、教育与培训、申请舱单程序及货物安全等 8 个范畴。另外，C-TPAT 的成员还需要和其他的行业合作伙伴以及协作供应链合作，确保供应商的整体流程安全性。

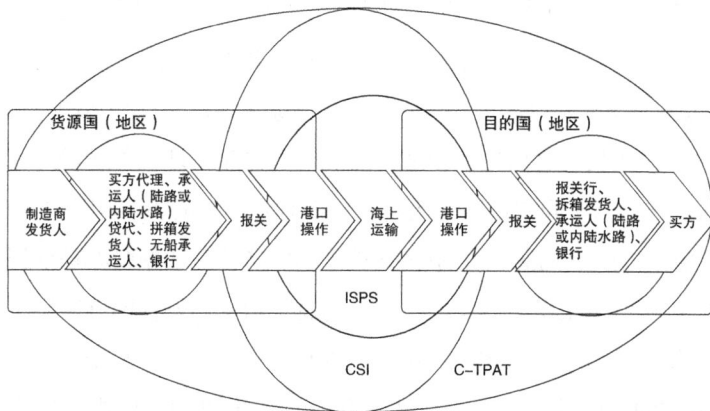

图 1-10 以美国为目的国（地区）的海运供应链构成及相关保安规则

5）国际贸易术语解释通则

国际贸易术语解释通则（International Rules for the Interpretation of Trade Terms，INCOTERMS）是国际商会为了统一规范对贸易用语的不同释义而在 1936 年提出的。为了让国际贸易用语更好地顺应世界上进出口贸易及合作的发展趋势，适应国际贸易中电子商务应用范围的扩大和各种运输方法的变革，国际商会对《国际贸易术语解释通则》不断进行修订，2019 年 9 月，国际商会正式推出了《2020 国际贸易术语解释通则》，目前已经和 2010 版并用，按惯例，2020 版国际贸易术语会在 3 年左右得到较广泛的实践与运用。常用的 2020 版国际贸易术语如下。

E 组：

EXW——EX Works 工厂交货。

F 组：

FCA——Free Carrier 货交承运人；

FAS——Free Alongside Ship 码头船边交货；

FOB——Free on Board 起运港船上交货。

C 组：

CFR——Cost and Freight 成本加运费；

CIF——Cost, Insurance and Freight 成本、保险费加运费付至；

CPT——Carriage Paid to 运费付至；

CIP——Carriage and Insurance Paid to 运费和保险费付至。

D 组：

DPU——Delivered at Place Unloaded 运输终端交货；

DAP——Delivered at Place 目的地交货；

DDP——Delivered Duty Paid 完税后交货。

采购与供应链管理人士应该知道的关于国际贸易术语的知识有：第一，卖方责任风险最大的是 DDP，最小的是 EXW；第二，FOB/CFR/CIF 3 个术语适用于海运，FCA/CPT/CIP 3 个术语适用于多式联运，两者的区别在于买卖双方的风险划分点不同，风险一般以出口港船上交货为界转移到第一承运人处；第三，使用 CFR 术语时要注意装船通知的使用。

|第3节| 海上货物运输保险

从经济补偿角度理解，保险是以集合起来的保险费用建立保险基金，对被保险人受到保险合同规定的责任范围内的损失给予补偿的一种制度。近年来，国际地缘政治纠纷加剧，给货物运输带来了极大的风险和隐患。在认识越来越明显的国家安全框架下的全球物流体系，在规避风险、减少损失的过程中，货物运输保险业务将发挥更加重要的作用。

1. 海上货物运输保险合同的定义及特征

1）海上货物运输保险合同的定义

海上货物运输保险合同是指保险人根据协议，对被保险人发生保险合同范围内各项承保事故引起的伤亡和产生的损失承担赔付责任并收取保费的协议。

2）海上运输货物保险合同的特征

（1）海上货物运输保险合同的保险条款是射幸条款（Aleatory Contract）

由于所约定的保险事故并不是一个确定的事故，其如何出现、何时产生，并且出现之后所造成损失的程度怎样，都具有偶然性的特征。

（2）海上货物运输保险合同也是特殊情形下的双务协议（Bilateral Contract）

海上货物运输保险合同的双务性对被保险人而言，是以缴纳保险费用为前提条件而取得保险理赔的权利；就保险人来说，其以承担赔偿或损失责任的义务而获得了收取保险费用的权利。双方的权责是互相联系、互为条件的。

（3）海上货物运输保险条款或是保障条款（Guarantee Contract）

投保人必须向保险公司交纳保险费，并希望利用投保索赔流程来维护其对投保标的的经济权益，由保险人已收到保险费用为条件，在投保标的发生风险时，向被投保人进行经济赔偿。

（4）海上货物运输保险合同是最大诚信准则（Utmost Good Faith）

最大诚信准则是指保险合同的各方当事人在履行保险契约时应该遵守的准则，要求保险契约双方当事人都要向对方完整而真实地报告沟通所有与投保有关的重大事项。

（5）海上货物运输保险条款通常是附和性条款（Adhesive Contract）

海上货物运输保险合同与一般的商务协议不一样，它并没有议商条款，只提供附和协议，由保险公司依据过去承保、索赔等工作的经历和相关数据预先拟定，并印成模板合同条款，提供给合同双方签约。海上货物运输保险合同包含附和性条款，可以减除保险人不得不和所有的投保人逐项协商合同条款的麻烦。

2. 海上货物运输保险合同的构成要素

海上货物运输保险合同是一项经济合同，是指合同当事人间的符合民事立法规范、有民事权利与义务内涵的社会法律关系的协调处理。任何一种民事社会法律关系，都涉及主体、客体和内容 3 个方面。

1）海上货物运输保险合同的主体

海上货物运输保险合同的主体（Subject of Marine Insurance Contract）应包含与海上货物运输保险条款有直接关联的各方，即保险人、投保人和被保险人。

2）海上货物运输保险合同的客体

海上货物运输保险合同的客体并非保险标的，而是投保人对保险标的的可保权益。保险合同的当事人只能为其权益的所有或部分投保，在海上货物运输保险合同中，可保权益的特别之处体现为，虽然被保险人对保险标的必须拥有可保权益，但并不要求他在投保时就必须对保险标的享有可保权益，而只是规定了他在对保险标的发生规定范围内损失时存在应该享有的可保权益。这一点和普通财产保险合同有所区别。

3）海上货物运输保险合同的内容

海上货物运输保险合同的法律内涵是指海上货物运输保险合同的民事主体所拥有的民事责权利。

海上货物运输保险合同的主要内容：保险人与被保险人名称，保险标的，保险价值，保险金额，保险责任和除外责任，保险期间，保险费。

3. 海上货物运输风险分类

海上货物运输保险合同所覆盖的风险按性质划分，可大致分成海上灾难（Perils of the Sea）和外来风险（Extraneous Risks）两种。其中海上灾难按特性可分成自然灾害和意外事故两种。

1）自然灾害（Natural Disasters）

自然灾害是指因不以人的意志为转移的自然界的变化而造成的灾难。这是客观上人们无法抵御的灾难事件。但是在海上货物运输公司承保的自然灾害事故中，保险公司所承保的自然灾害并未涵盖所有因为自然界的力量而造成的自然灾害，而是仅包括了恶劣天气、雷电、海啸、地震、水灾等普通人员所无法抵御的自然灾害。

2）意外事故（Fortuitous Accidents）

意外事故通常是指人身上或海洋运输货物上发生的外来的、突发的、非意料之中的事故，如船只搁浅、触礁、沉船、互相撞击或与其他固体物质（如流冰、码头）等相撞，甚至发生失踪、大火、爆炸等。在海上货物运输保险中，由保险公司所承保的意外事故基本包括了海洋上的所有意外事故，主要有：起火，爆破，搁浅，触礁，沉船，撞击，倾覆，抛弃，吊索受损，海盗活动，船长、船员的不法侵害。

3）外来风险（Extraneous Risks）

在海上货物运输保险中，保险公司除承保前述的各种海运损失之外，还承保外来风险造成的经济损失。外来风险一般指除海上经营风险之外的其他外部因素造成的经营风险。货物运输保险中所指的外来风险在严格意义上是指突如其来的、事前无法预测的风险，而并非能够预测的即将出现的风险。按照《海洋运输货物保险条款》，外来风险又可分成一般外来风险和特殊外来风险两种。

（1）一般外来风险

海上货物运输保险业务中承保的一般外来风险如下：偷窃，数量短少和提货不着，渗漏，短量，碰损，破损，钩损，海水或淡水雨淋，锈蚀，玷污，受潮受热，串味。比如，在实际的海洋货物运输中，很多货物的外包装袋上标注了"Use No Hooker"，就是为了防止运输装卸中的钩损。

（2）特殊外来风险

特殊外来风险一般是指战乱、民族矛盾以及世界各国（地区）之间的军事、政治、国家政策、法制以及政府措施等的重大变动。通常，特殊外来风险包括战争、罢工、政策原因拒收等。

4.海运损失

海运损失（又称"海损"）是指被投保物品在海运流程中，因为海运风险而导致的毁损或灭失。按照对国际贸易物流实践的一般理解，在海陆联运的陆运流程中产生的毁损或灭失也属于海损。按照毁损的严重程度，海损可分为全部损失和部分损失。

1）全部损失

全部损失又称全损，是指在国际货物运输过程中，整批物品或无法拆分的一组物品的整个灭失或等价于整个毁灭。

（1）实际全损

实际全损（Actual Total Loss）是指该批保险标的已经彻底灭失，或者物品彻底变质并丧失了原来的使用价值，或者物品实际上已经无法返还给投保人。

（2）推定全损

货物运输在出现保险事故后，经估价证明现实的全损已发生，或是为防止实际全损所必须承担的花费和仍然把货运抵目的地的花费之和超出了保险金额，则为推定全损（Constructive Total Loss）。

2）部分损失

部分损失是指被保险物品的组成部分在运送中途发生毁损或灭失，或者物品的经济损失没有超过实际全损或推定全损的范围。凡不符合实际全损或者推定全损的损失即为部分损失，包括单独海损和共同海损。在常见的业务实践中，我们往往用海运期间船舱着火来粗略区分单独海损和共同海损。即被火烧掉的货物损失视为单独海损，为灭火而导致的货物湿损被视为共同海损。

（1）单独海损（Particular Average）

单独海损是指仅包括船只以及物品持有者单方面权益的经济损失。这些经济损失仅归属于特殊受损方，不归属于任何其他的货主公司或船方，由受损方独自承受。造成单独海损的基本要件有以下两个：一定是无意的、偶尔的或由他人承保风险因素所直接造成的经济损失；应当是船方、货方或任何受益方单方面发生的经济损失。

（2）共同海损（General Average）

共同海损是指在国际海上货物运输过程中，当船只、货主或其财产遇到共同威胁时，为消除共同威胁，船方有意采取合理的救助措施，而直接导致的特别损失、所承担的特别代价。导致共同海损的重要因素有天灾和意外事故，也有其他因素，如船员不适应途中某地的天气或患病，使船舶不能适航或持续航行等。海上货物运输保险承保的共同海损费用一般分为共同海损牺牲、共享海损费用（避难费用、杂项评估等费用）和共享海损分担 3 类。共享海损分担往往是按照损失与拥有价值之间的比值执行的。

构成共同海损的条件主要如下。

● 共同海损的威胁应该是实际存在的、迫切的和不可避免的。仅凭主观臆测，可能会有重大风险发生而采取了某些措施，或因可能预测的常见事件而引起的损失，都不构成共同海损。

● 共同海损措施应当是出于船舶、货运的联合安全性，例如，船舶在航程中搁浅，牵涉船主与运输公司的利益所主张采用的最紧迫、适当的保护措施（如使船舶继续航行）。

● 共同海损必须是船方或货主主动采用合理方法而进行的特殊牺牲或者承担的额外费用，即支出的施救费用为船舶运营所应正常承担的费用以外的其他费用，是由消除隐患引起的。

● 共同海损行为也应该是最终可行的，即最终避免了船、货的全损，共同海损才成立。也就是说，如果联合海上施救行为完全失败，船、货也最终全损，那么共同海损分担的法律基础便不存在，共享海损分担也就无法成立。

5. 中国海上货物运输保险条款的常见险别

中国目前实施的海上货物运输保险条款主要是按照不同的运输形式制定出的，其中以《海洋运输货物保险条款》的应用范围最为广泛，其主要内容包括受益人的义务和索赔期限。

1）保险人的承保责任范围

中国海上货物运输保险险别分为基本险和附加险两种。基本险又称主险，是指只能独自投保的险别，包含了平安险、水渍险和一切险；而附加险则是对基本险的补充与延伸，无法单独投保，只能在已经投保的基本险的基础上再加保附加险，分为一般附加险、特别附加险和特殊附加险。

（1）平安险的责任范围

平安险（Free From Particular Average）原文意为"单独海损不赔"，其责任范围如下。

● 被保障货物在运送途中遭受不良天气、雷电、海啸、地震、山洪等天灾，导致整批货物的实际全损或推定全损。

● 运输中发生搁浅、触礁、沉船、互撞、与流冰或任何物品相撞或火灾、爆破等意外事件，导致货物的全部或部分损毁。

● 不良天气、雷电、海啸等天灾所带来的部分伤害。

● 运输工具遭受海难灾害后，在避风港口因装卸搬运所造成的经济损失及其在中途港口、避风港口因装卸搬运、存仓和运输船舶所产生的特别费用。

● 共同海损的牺牲、分摊与救济费用。

● 因货运合同中订有"船只互撞负责"的规则，故依照该明文规定，应由货方偿付船方的全部经济损失。

（2）水渍险的责任范围

水渍险（With Particular Average）的原文意为"负责单独海损"，其责任范围如下。

● 平安险所承保的所有责任。

● 被保障商品在运送途中，受到不良天气、雷电、海啸、地震、山洪等天灾而导致的部分经济损失。

（3）一切险的责任范围

一切险（All Risks）的责任范围，除了包含平安险与水渍险的所有责任范围之外，还包含被保险商品在运送中途由一般外部因素引起的所有或部分损失，常见的有一般附加险的承保损失。

2）海上货物运输保险附加险

我国进出口商在已投保商品的基本险的基础上，还可以按照商品的特性和需求，针对实际状况再选取一些相应的附加险。

一般附加险包括：偷窃、提货不着的风险；淡水雨淋险；短量险；混杂、玷污险；漏水险；碰损、断裂险；串味险；钩损险；受潮受热险；包装损伤险；锈损险。

特别附加险包括：交货不到险；进口关税险；舱面险；拒收险；黄曲霉素险；出口商品在中国境内（包含九龙范围内）及港澳的存仓火险责任扩展规定。其中舱面险一般存在于件杂货的海洋运输中，由于担心捆扎不牢，根据历史惯例，不以基本险进行承保，而采用特别附加险。

特殊附加险包括：海运货物战争险和罢工险。

6.海上货物运输保险的负责起讫

保险公司的负责起讫也称为投保时间或投保期间，是指由保险公司负责的起讫时间。中国海上货物运输保险基本险的负责起讫通常采取"仓至仓"的原则。

仓至仓（Warehouse to Warehouse）原则约定了由保险公司负责的起讫点，在对保险公司签发的保险单中记载的发货人于仓储或存放处所进行运输后生效，在通常运输期间持续生效，直至保险单记载的目的地交货人最后的仓储或存放处所，或根据投保人的安排、分派或非通常运输的任何存放处所结束，对存货人进入仓储或存放处所承担的保险责任即行解除。如被保险商品未到达这些仓储或存放处所，则保险责任至被保险商品从最后一个卸载港口全数卸离海轮满 60 天时解除。而如果在以上 60 天内被保险商品需转移至非保险单所记载的目标地区时，则保险责任在对该船舶进行转移时解除。

7.海运货物投保操作要点

1）进行进出口贸易时，尽量以 CIF、CIP 等术语成交

在进出口商品由卖方运往买方的中长途运输和装卸过程中，往往会因为天灾、意外事故以及其他外部因素而发生经济损失。为了在造成损失后能够得到经济赔偿，货主在商品出运前就应该及早地向保险人办理投保业务。交易方式不同，投保人也有所不同。凡采取 FOB 或罗马尼亚铁路条款交易时，在商品买卖协议中，应订明为进口方投保（To be Effected/Covered by the Buyers）。凡按 CIF 术语成交的进出口合约，都应由卖方向保险公司按保险数额、险别以及所遵守的法律规定投保。出口贸易中，尽量用 CIF 或 CIP 术语成交不但可以使国家（地区）通过运费赚取外汇，也可以扩大保险公司的保险业务承揽范围，同时利于出口商掌控理赔事宜。

船舶承运货物保险的业务范围从为仓至仓，到为出口商提供服务，货自出仓时，保险人就负有保险赔偿责任。相反，如果按照 CFR、FOB 或 CPT、FCA 术语成交，则保费由进口商自己承担，但因为买卖双方的风险通常是以商品的发货港口船上交货为界限的，所以投保承担也要以此为原则，如此一来，从货品出仓到装上海轮的这一部分风险损失要么由出口商自负，要么由出口商再向保险公司购入保险，这显著加大了进出口商的经营风险或费用承担。

如以 CFR 或 CPT 术语成交，则出口商在发货装船时，就给进口商签发"装船通知书"，以方便进口商尽快处理保险事宜。因为一旦出口商因为疏漏或其他原因漏发、迟发装船通知书，而导致进口商无法按时办好投保手续，则按照贸易习惯以及一些国家（地区）的境内法，在此期间引起的所有危险经济损失，理应由出口商承担全部责任。这样，如果按 CFR 或 CPT 术语交易就大大增加了出口商的花费和责任。

对于实行 D/P、D/A 托收支付方法进行的进出口贸易，则更应以 CIF 或 CIP 术语成交。因为如果已在境内购买了保险，就算出口商品在装运过程中遭受了重大损失，即使进口商因为货损拒绝接受或承兑，出口商也可以在保险公司那里得到一定的经济赔偿。

2）出口货运保险的投保与保险单的流转

凡以 CIF 和 CIP 术语成交的出境商品，由境内出口公司在本地保险公司代办投保登记手续（尤其在仓至仓原则下），投保人须于物流离开仓储前向保险公司申办投保登记手续。投保人按照信用证或协议（委托方式时）规范填制《运输保险投保单》（Application for Transportation Insurance）或其名义的投保申请单。保险单上填写的内容必须真实、完整，因保险人是针对其投保申请单选择提供的保险单，一旦内容错误、不全可能导致保险事故，以至进出口商将来在国外拒付或无法收汇。所以如果申请购买保险后出现了服务

项目的更改或错误，投保人要尽快以书面形式通知保险公司，由保险公司根据情况在原保险单上修改内容，并出具保险批单，以避免可能发生的不良后果。

一般而言，按信用证支付的交易，在卖方把出口商品装上海轮时，风险就转移给买方。如果保险单上显示卖方为受益人，根据买卖惯例，卖方应在将款项交到银行结汇时，在保险单正本上签字（即背书）。由此，这份保险单的所有权益将随着被投保商品所有权的转让而转给凭证持有者。

投保申请单服务项目中若出现偏差、遗失等情形，投保人应尽快告知保险人改正情况。已提交保险单者若发觉原保险单上的任何具体内容有出错、遗失或修改项目等现象，则应当尽快向保险人再次提交保险单并开具保险批单（Endorsement），以形成修改保险单的书面文本。保险批单应当贴于原保险单上，并经保险公司骑缝签章，为保险单中不可分割的具体内容。若原保险单已寄交收款人，则将保险批单按原寄单路径寄交收款人，并由收款人贴于原保险单上。如果投保申请单中有错误或隐瞒了真实情况，从而引起经济损失，按相应规定保险人可不承担赔款责任。

但目前我国的一些保险公司为简便工作，不使用或购买投保申请单，由投保人自行或直接替保险人缮制保险单，再提交发票或信用证的副本（或其他类似单据以代替保险申请单）给保险人，由保险人据以核对、填制险别表和签章。被保险人的投保申请单或保险单成为公司和受益人之间投保合同的一种表现形式。保险单同时还是受益人向保险公司理赔的书面依据。而针对一些特殊附加险以及超过一般人员医疗保险所规定范围的险别，受益人必须事先和投保人取得联系，并经投保人同意后方可办理投保。

3）确认保险金额并缴纳费用

保险金额是指投保人对保险标的的现实投保数量，是测算保险费用的重要基础，也是在投保标的发生经济损失时，对保险人承担赔偿责任的最大限制。

在国际货物运输实践中，保险金额通常是以被保险商品的发票总额为基准确定的。从买方的进口成本出发，不管在什么国际贸易环境下成交，在除去 FOB 价格以外，买方都还需负担运费和保险金。所以，保险金额通常都是以商品的 CIF 或 CIP 发票总额为基准确定的。不过，在贸易中，如果商品完全灭失，则被保险人获得的赔偿金额只为商品的 CIF 或 CIP 发票总额，其已经实际支出的经营费用和预期收益无法获得赔偿。所以，目前各国（地区）投保法以及有关国际惯例都明文规定，国际货物运输保险的投保数额，可在原商品的 CIF 或 CIP 发票总额的基础上相应地加成，通常加成率为 10%。具体实践中加成的多寡则应视实际需求而定。保险金额可通过以下的公式计算：

$$保险金额 = 商品的 CIF 或 CIP 发票总额 \times （1 + 加成率）$$

按照保险目的推算出保险金额，乘以所规定的保险费率可得到总保险费。国内货运商品的保险费率一般分为两大类：即普通货运费率和特种货运费率。损失率较高的商品的保险费率为特种货运费率。除指明商品之外，其余一般商品的保险费率均属于普通货运费率。由于一般附加险在一切险的范畴之内，所以投保一切险后再投保一般附加险并不另加费用，而再投保特殊附加险则需另加费用。投保货物运输战争险和罢工险中任意一种的，都要另加费用。二者一起投保时，只收取一份的费用。

4）出境运输货物出现损失后的处理

出境运输货物在国内投保后，如货物在境外出现毁损或灭失，收货人或其委托人须及时向保险人或在当地的理赔、检验代理人申请理赔检验。委托人的姓名、住址、电话等一般都会在保险单上写明。若本地没有经营保险的特约代理商，收货人也可以委托本地有资质的检测公司检验并出证。

保险公司委托的代理商通常有两类。一类为检测和索赔代理商。收货人在委托检测，并提交各项理赔单证后，再由该类代理商进行赔偿。另一类则仅限于通过代理检测货损，收货人在获得由其提供的检测报告后，连同投保单、提单、发票及其他必要的理赔单证寄交保险公司理赔。有些收货人将理赔单证直接寄交给出口商，但因为通常出口商购买保单时仅为代销性质，所以，如货损属保险公司负责，则出口商须将全套单证径直转送保险人办理，而保险公司的赔与不赔都与出口完全没关系。如果货损属质量不好、原装数量短少等发货人的负责范围的，则应当由发货人处理。

实践中，保险公司对实际损失进行理赔后，往往会获得代位求偿权，即代表受损方向造成损失的肇事方提出赔偿要求。已经获得保险公司赔偿的受损方不能继续向肇事方求偿。

参考文献

[1] 鲍尔索克斯 . 供应链物流管理 [M]. 马士华，黄爽，赵婷婷，译 . 北京：机械工业出版社，2007.

[2] 李贺 . 国际货物运输与保险 [M]. 上海：上海财经大学出版社，2016.

[3] 王玉春，叶雨，尚华伟，等 . 国际商法 [M]. 上海：上海财经大学出版社，2018.

[4] 余劲松，吴志攀 . 国际经济法 [M]. 北京：北京大学出版社，2009.

[5] 周苏，孙曙迎，王文，等 . 大数据时代供应链物流管理 [M]. 北京：中国铁道出版社，2017.

[6] 郭红霞，邓金蕾，胡漂，等 . 国际货运代理 [M]. 武汉：武汉大学出版社，2016.

[7] 张海燕，吕明哲，王正旭，等 . 国际物流 [M].4 版 . 大连：东北财经大学出版社，2018.

[8] 柯晶莹 . 国际贸易实务 [M]. 长沙：湖南师范大学出版社，2016.

第 2 章

仓储管理

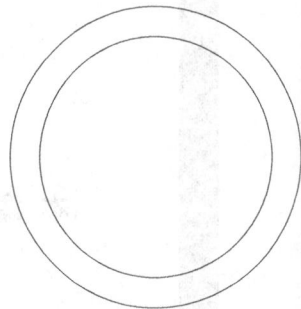

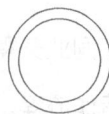

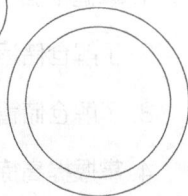

早在远古时代，人类为了存储多余的食物就产生了仓储行为。在西方，正式的仓库可追溯到公元前 336 年到公元前 323 年古希腊时代的马其顿王国。其国王亚历山大为了给妻子存放手工艺品，在寓所旁边建造了仓库。而在中国的西安半坡村的仰韶遗址，考古学家发现了原始社会末期的"窖穴"。在中国古代，由政府成规模建制的常平仓，源于战国时李悝在魏国所行的平籴法，用于政府存粮，平抑粮价。可见，仓库最早的作用就是存储，以应对粮食产量的波动。经过千百年的发展，如今的仓库不仅有存储功能，它已经嵌入企业的物流管理乃至供应链管理中。很多原来仅具有存储功能的仓库逐渐演化成动态的、具有多种功能的物流中心。很多运输和快递业务都需要物流（作业）中心，如车场、集散地、分拨中心等。

本章目标

1. 掌握根据不同业务需要选择合适的仓库的方法。

2. 了解仓储运作流程。

3. 了解仓储管理的硬件、软件应用，合理调配人工与机械作业。

4. 掌握提高拣货效率的措施。

5. 了解储位管理对仓库运作的影响。

6. 了解仓储管理与供应链管理其他职能的相互影响。

|第 1 节| 仓储管理概述

仓储管理（Warehouse Management）是指对仓库和仓库中储存的物资进行管理，通过仓库对物品进行储存和保管。"仓"也称为仓库，是存放物品的建筑物和场地，可以为房屋建筑、大型容器、洞穴或者特定的场地等，具有存放和保护物品的功能；"储"表示收存以备使用，具有收存、保管、交付使用的意思，当适用于有形物品时也称为储存。"仓储"则为利用仓库存放、储存未即时使用的物品的行为。简而言之，仓储就是在特定的场所储存物品的行为。仓储管理的核心问题是要回答：仓库的服务对象是谁？有什么功能服务？在哪里服务？以及服务的代价是什么？服务对象不同，如消费者、零售商店、经销商或者工业客户，仓库的设计与区位布局、人员和设备的搭配、仓储管理的政策和流程等仓储管理要素就会有所不同。仓储管理工作不仅局限于运作层面的管理，也涉及战略层面的管理。

1. 仓储的功能

仓储的基础功能因库存的存在而存在。企业业务中的很多环节都必须有库存的存在，如生产、采购和运输中为追求规模经济而出现的库存。这些库存都需要有场地进行保管。仓储的其他功能还表现在如下方面。

合并（Consolidation）。为了降低成本或提高效率，企业将从不同供应商那里运来的物资根据需要，合并后提供给客户，如图 2-1 所示。

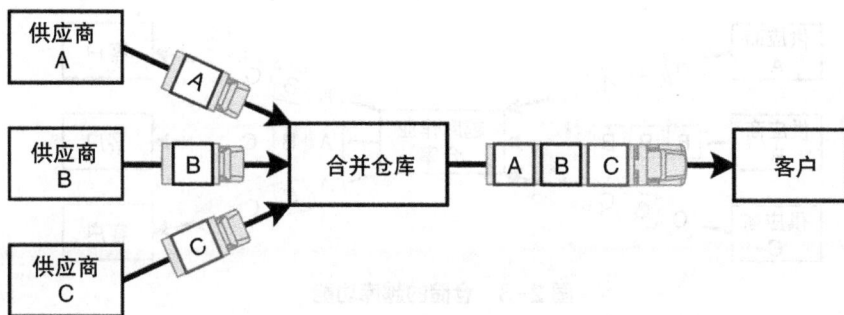

图 2-1 仓储的合并功能

分拆（Break Bulk）。很多物资从供应商那里运来时是整批的，而客户的需求是零散的，为满足客户需求，企业需要在仓储环节进行分拆，如图 2-2 所示。

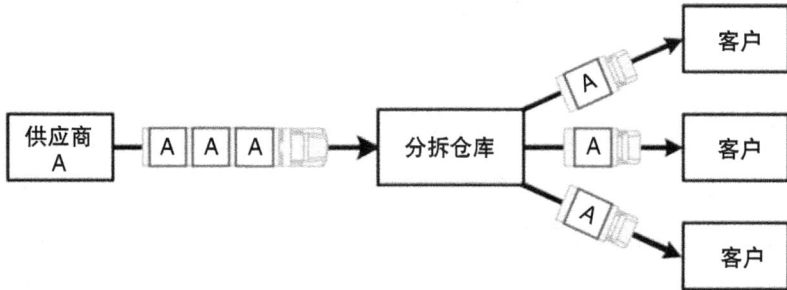

图 2-2　仓储的分拆功能

支持延迟生产（Postponement）。延迟生产是指为制造相当数量的标准产品或基础产品以实现规模经济，而将产品的某些特性如颜色等的生产推迟到收到客户的委托以后。在延迟生产中，物流等式中节约成本的机会体现为以标准产品或基础产品去适应不同客户的独特需求。自从 1990 年意大利服装公司贝纳通（Benetton）第一个采用延迟生产的方式后，越来越多的企业在供应链管理中实施了延迟生产战略。而大量实施的延迟生产战略使得制造商不再在工厂进行最终产品的生产组装，而是转移到更接近消费者的场所，特别是接近零售商的物流中心。这些轻度生产任务使得仓库管理对场地、装备和人员都有了新的要求。

中转。最常见的一种中转作业方式是越库作业（Cross Docking）。1986 年，零售巨头沃尔玛（Wal-Mart）率先有组织地采用该种仓库作业方式。这种仓库作业方式通过有计划的衔接，使得仓库在收货的同时，对货品进行分拣和分拨，不再经过传统的仓库放置过程，而直接移动到发货区并发给客户，如图 2-3 所示。

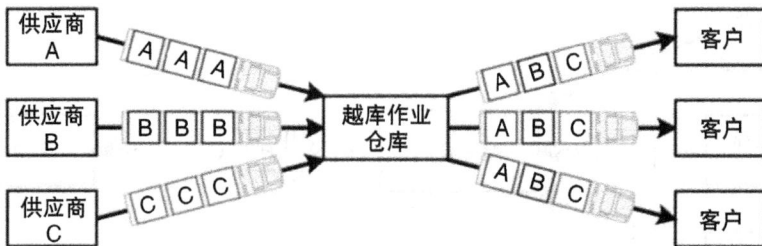

图 2-3　仓储的越库功能

提高客户响应速度。客户对订单的快速响应要求越来越高，这使得供方企业不得不在靠近客户或市场的位置设立仓库，如很多消费品企业的区域物流中心，或大型组装企业（如汽车整机厂）的供应商在客户的工厂附近设立仓库。

供应链管理者在设立仓库之前，需要考虑好该仓库日后的功能定位，这是仓储管理中的一项战略工作。不同功能的仓库，其设计、布局、设备和人员配置都不尽相同。随着企业仓储规模的不断扩大和处理速度的不断提升，传统的仓库逐渐演变成了大规模作业的物流中心。1988 年，美国的仓储管理专家汤普金斯（Tompkins）就曾把物流中心的目标归纳为以下几点。

- 最大化空间的利用。
- 最大化设备的利用。
- 最大化人力资源的使用。
- 对所有品项的接触能力最大化。
- 对所有品项的保护能力最大化。

如今，随着客户需求的个性化发展、市场竞争愈发激烈，以及电子商务，特别是网络零售的发展，物流中心又被赋予了以下新的目标。

- 降低库存水平。
- 提高客户服务水平。
- 缩短物流作业周期。
- 支持零售环节的业务拓展。
- 降低物流作业错误率。

2. 仓库的分类

工作目的不同，仓库的分类方式也不同。常见的仓库分类方式如下。

按功能不同，仓库可分为储存型物流中心、流通型物流中心及加工型物流中心。随着企业不断增加的附加值活动，如贴标签、轻度组装、填充等，加工型物流中心在市场上的数量逐渐增多。

按社会化程度不同，仓库可分为企业物流中心、社会物流中心（公共仓）和共同配送中心。一间仅供某一企业作业的仓库或物流中心，通常被称为企业物流中心。而处理多个企业货品的仓库或物流中心，被称为社会物流中心（公共仓），阿里巴巴投资的菜鸟网络科技有限公司在各地建设的物流中心就属此类。这些物流中心的目标是为各种网络零售公司、淘宝商家和物流公司等提供服务。共同配送中心是由日本早期的 7-11 连锁便利店演变而来的。众多的小供应商无力承担各个店面的配送，于是按要求把货物先送到大供应商那里，大供应商具备重复配送的能力，可把小供应商送来的货物分别配送到各个店面。

按在供应链中所处位置不同，仓库可分为零售配送中心、区域配送中心、中央配送中心和原材料配送中心。它们的作业特点，如订单频率、订单大小、分拆与否和仓内作业单元等都不相同。

3. 仓库的选择

仓库的选择是供应链管理中的一个战略问题。仓库选择得不恰当，将对日后数年的作业产生负面影响。为了满足自身的仓储运作需要，在仓库的选择上，企业除了考虑仓库的位置，还要对仓库的库区环境、可扩容性及建筑形式等进行考虑。

企业首先需要明确仓库的服务对象和产品特征，如是服务工厂、经销商还是零售商，产品是产成品、原料还是维修备件。服务对象和产品特征不同，仓库的设计要求、库内区域的划分、管理的政策和流程均有所不同。

例如，维修备件仓库由于产品流动频率低，可能仅需要一个库门。而支持零售店面的仓库，由于产品需要大量进出，就需要设计多个库门。甚至，像沃尔玛那样的越库作业仓库，还得在仓库两侧设计多个库门，以提高作业效率。介于工厂和区域分销中心（Regional Distribution Center）之间的中央仓库（Central Depot），由于面对的是工厂来货或发往RDC的转仓货物，收发的整批量货物居多，进出货物多呈现托盘的形式，因此在划分库内区域时，应不留或仅留较小区域作为拣货区。反之，区域分销中心由于面对的是客户订单，就可能要预留足够的分拣区，乃至拆零分拣区。

选择仓库时，企业还要根据未来数年的业务发展规划，考察仓库的可扩容性。具体内容包括日后扩容是向外拓容还是向上扩容，向外扩容是否还有足够的区域，土地和建筑成本是多少；向上拓容则要考虑货架和高架叉车的初期投入成本以及日后的运作成本，即供应链管理中的生命周期成本。

在考察仓库的建筑形式时，企业需要了解的信息包括：站台库还是平地库、双站台还是单站台、立柱间距、库门位置、地面承重、地面材料及养护标准、仓库层高及库内高度、通风换气条件、温湿度控制能力、消防设施存放位置及是否通过消防验收等。食品公司或药品公司通常还要关注库区和库内的卫生条件。

4. 仓储管理面临的挑战

仓储管理面临的主要挑战之一，就是如何协调仓间利用率和作业效率的矛盾。这对矛盾贯穿于仓储管理的各环节。比如，我们在进行仓库结构设计时，就可能会面临图 2-4 所示的选择，即是建一个正方形仓库，还是建一个长方形仓库呢？在限定面积的情况下，正方形仓库和长方形仓库的高度和建筑成本大致相同，而正方形仓库有着较小的周长，从而四面墙的建筑成本要低于长方形仓库。如果从作业效率看，根据图 2-4 中给定的出入口位置，那么长方形仓库明显作业效率更高。在某一时段，供应链管理者不可能同时追求两个目标，而必须先决定哪个目标是首要的。

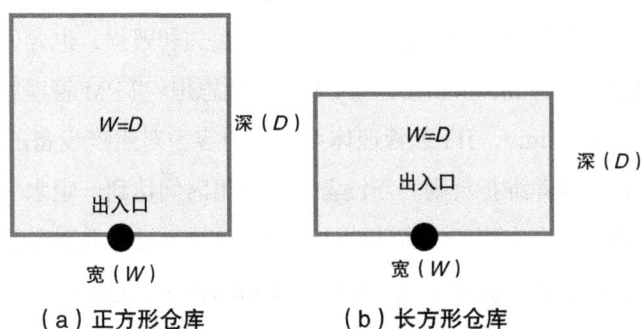

图 2-4　正方形和长方形仓库对比

仓间利用率与作业效率的矛盾不仅体现在仓库的设计、建造环节，也体现在仓储管理中的货物摆放环节，货物摆放作业效率比较如图 2-5 所示。图（a）的货物摆放充分提高了仓间利用率，但作业效率不高。图（b）的摆放可以提高作业效率，却要占用更多的仓库空间，仓间利用率较低。为了追求作业效率所浪费的仓储空间，通常称为"蜂巢损失"（Honeycomb Loss）。供应链管理者必须根据所处的环境，来决定在"熊掌"和"鱼"不可兼得的情况下，哪个是其应优先追求的目标。

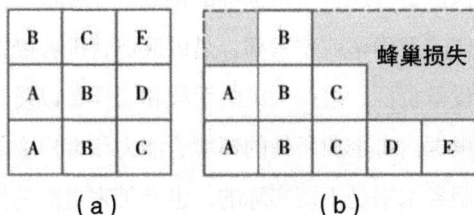

图 2-5　货物摆放作业效率比较

随着我国劳动力成本的不断攀升，以及物流用地资源紧张，仓储管理面临着成本上升的挑战。以 2020 年的北京和上海为例，雇用一名基础仓库作业人员，企业每月至少支出 5,000 元；标准站台库的租金也达到了 1.5 元 /（平方米 × 天）。供应链管理者只有通过集约化、机械自动化来提高作业效率，通过向上扩容来提高仓间利用率。对于租赁仓库且自己运作的企业，仓储成本通常包括仓库租金、人工费用、作业费用、运营基础费用和维护费用。运营基础费用指支持仓库运作的基本费用，如电费、水费、通信费等。维护费用指仓库固定资产的维护保养费用和修理费用。

仓储管理最受关注的通常是库存，但仓库管理者也应重视对仓库使用的资产类物资的管理，如建筑物、货架、传送装置、卸货装置、IT 系统、温湿度控制系统和消防设施等。企业财务部门通常对固定资产有统一的分类、编码和监控。仓库管理者除了要配合企业财务部门对固定资产进行管理和定期盘点，防止资产的丢失和毁损，也要引入"全员生产维护"（Total Productive Maintenance， TPM）管理思想。TPM 管理思想最早源于丰田汽车的准时化（Just in Time，JIT）管理体系，其内容为对生产设备的使用进行记录和追踪，制定每台设备的保养维护规则。当设备累积使用时间达到一定水平后，强制进行保养，避免过度使用设备。仓库管理人员还要注意一些可能不被企业财务部门计入固定资产的物资，如数量大、单位货值低且多点循环周转使用的物品，它们往往不被重视，从而易丢失和毁损。

随着企业管理和客户要求的不断提高，仓库也面临着作业时效方面的挑战。仓库作业时效最重要的一个评估指标，就是对内外部客户指令的响应时间，即从收到客户订单到货物拣备待装的整体作业时间。仓库管理者需要对每项动作进行细化的时效管理，逐项设立目标，如装卸时间、放置时间、拣货时间、分类包装时间、装车发运时间。但同时，仓库管理者也需要注意，对作业时效的要求必须与所用资源及成本相匹配。例如，对于一个标准的 40 英尺（1 英尺 ≈ 0.3 米）集装箱的卸货，2 名装卸工的卸货标准时效可能是 2 小时，而如果我们需要把卸货标准时效缩短到 1 小时，则可能需要 4 名装卸工。可见，作业时效与投入的资源和成本是密切相关的。

仓储管理的服务也是供应链管理者经常面临的挑战。库存报告及批次报告的准确率、作业时效的达成率、作业动作的准确率或差错率，是供应链管理者经常考虑的内容。服务水平不同，需要投入的人工和设备资源、数据采集的手段和工作量以及管理的精细化程度都是不同的。供应链管理者应该根据自身企业所处的环境、能力和客户要求，合理地制定每间仓库的服务水平。设置过高的服务水平是不切实际的，也会带来更高的作业成本。仓储管理要在降低成本和提高（保持）服务水平之间保持平衡。仓储企业进行服务定位的策略如下。

- 进入或者引起竞争时期：高服务水平，低价格，且不惜增加仓储成本。
- 积极竞争时期：用较低的成本实现较高水平的仓储服务。
- 稳定竞争时期：提高服务水平，维持成本不变。
- 已占有足够的市场份额且处于垄断地位（寡头）时期：服务水平不变，尽力降低成本。

●退出阶段或完全垄断时期：大幅降低成本，但也会降低服务水平。

综上所述，供应链管理者需要在成本、时效、资产和服务这 4 个方面进行权衡，如图 2-6 所示。

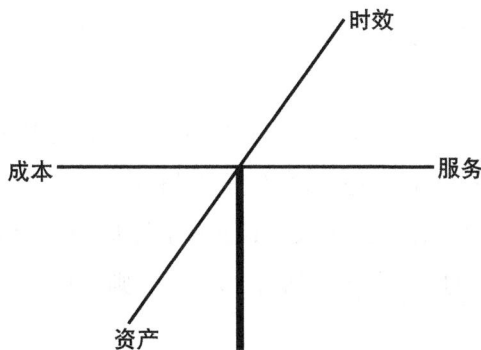

图 2-6　成本、时效、资产和服务权衡示意图

| 第 2 节 | 仓储运作流程

仓储运作流程涉及日常大量的动作，这些动作可统一归纳到几项典型的作业流程中。仓储运作流程的管理是仓储管理的基础。对仓储运作流程的处理影响着仓库整体作业能力和资源的配置。常见的仓储运作流程的动作有收货、放置、存储、库内补货、拣货、再加工和发货等。在理解这些常见动作之前，理解排队系统及仓储的效率管理（即 Little 定律的使用）也是有益的。

1. 排队系统及 Little 定律

有些供应链管理者把仓储运作看成一个排队系统，就像生活中的超市收银台前的队列、银行窗口前的队列。他们认为，仓库的货物类似于一个排好的队列，等待着出库。而对于任意一个排队系统，早在 1961 年美国麻省理工大学斯隆商学院（MIT Sloan School of Management）的教授约翰·利特尔（John Little）就总结出了著名的 Little 定律：$L = A$（存货数量）$\times W$（节拍时间）。

供应链管理者也可以借鉴 Little 定律，简单估算仓库处理能力是否能支撑业务需求。这时，我们可以把库存量看成队列长度 L，仓库作业能力看成 A，货物平均在库时间看成

W。例如，某仓库常驻库存为 10,000 托盘，平均周转率为 1 年 4 次，那么仓库的人力是否足够呢？将上述数据代入 Little 定律公式可得：

$$10,000 \text{ 托盘} = A（1/4）\text{年}$$

$$A = 40,000 \text{ 托盘} / \text{年}$$

如每天一班为 8 小时，每年工作 250 天，则 A=40,000 托盘 / 年 ÷（8 小时 ×250 天）=20 托盘 / 小时。

因而，经常参与仓库日常作业的供应链管理者，就很容易根据微观的感觉，判断仓库现有的每小时作业能力是否能达到每小时 20 托盘的标准。

再如，仓库有 10,000 托盘，20 部叉车；叉车手每天工作 8 小时，一年工作 250 天。如果从收货到存储到发运的平均行走时间为 10 分钟，则该仓库一年能实现多少的库存周转率？

$$L = A \times W$$

$$10,000 \text{ 托盘} =（60 \text{ 分钟} /10 \text{ 分钟} ×20 \text{ 台叉车} ×8 \text{ 小时} ×250 \text{ 天}）W$$

$$W = 1/24 \text{ 年}$$

该仓库能实现每年周转 24 次的库存周转率。

如果公司要求实现每年周转 36 次的库存周转率，那么，很明显该仓库的现有运作能力就不足了。从以上计算公式可以看出，要么增加叉车数量，但可能受制于公司的固定资产限制而不被批准；要么通过加班把每天的工作时间延长，或增加每年的总工作日，但可能又受制于公司人力资源政策的限制。因此，对于供应链管理者来说，较好的选择就是提高作业效率，对平均行走时间进行压缩。

仓储的精细化管理要求有规范的仓储运作流程，仓储运作流程如图 2-7 所示。

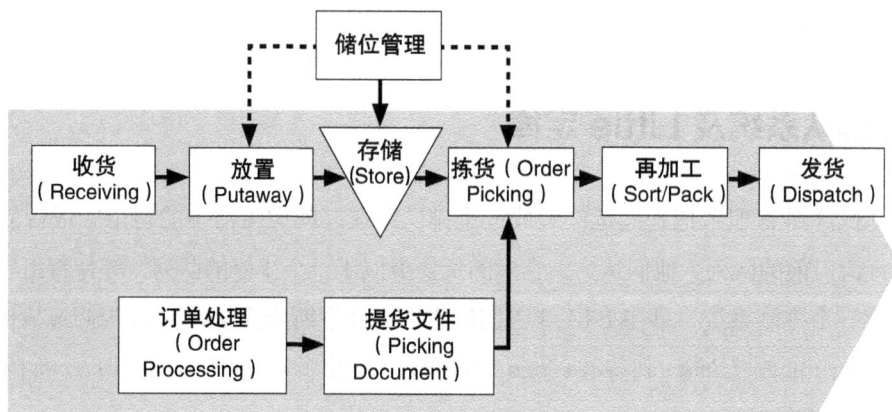

图 2-7　仓储运作流程

2. 收货

收货环节的重点是检查外部来货的数量和质量，并进行签收，作为交易完成的证据。在收货数量的检查方面，收货人不仅要检查实物数量与送货单据上的数量是否一致，还要检查实物数量与采购订单上的数量是否一致。为避免供应商多送货，从而占压仓间和提早触发多余的应付账款，越来越多的企业在收货环节就实际收货数量与采购订单上的数量的一致性，对不同货品做了严格的规定。

出于质量的管控要求，每次收货时，企业需要进行质量检验，如 100% 检验或抽样检验。检验人员有可能是专职的质量部门人员，也可能是经过培训并被授权的仓库作业人员。货物经过收货流程后的状态有可能被称为"可用"或"待检"。除了在仓储管理系统（WMS）中对不同状态的货物进行管理之外，传统的仓库作业还习惯性地通过贴颜色签来标识，如"红色"代表禁用，"黄色"代表待检，而"绿色"代表可用或放行。

预先发货通知（Advanced Shipping Notice，ASN）是越来越多的企业在仓库收货环节中使用的一种文件。上游发货人一旦做出发货确认，会立即通过邮件、系统对接、电子数据交换（Electronic Data Interchange）等形式，向下游的收货仓库发送该文件。ASN 里的信息通常包含采购订单信息、预计到达时间、托盘内容、发货人、运输工具、货物批次或效期、重量等。ASN 的使用便于仓库管理者计划库位、车辆卸货位置、人力和设备的预先安排。

收货环节的任何有关数量或质量的争议，收货人应该立即以报告的形式传递给收货政策中规定的被通知人，如采购部门、供应商、质量部门等。

3. 放置

将收货完毕的货物放到库位的动作被称为放置（Put-Away），有的仓库中称为"上架"。准确合理地放置有利于仓库拣货效率的提升。最基础的放置策略有两种：定位存放和随机存放。前者指事先对每个储位规定应该放置的货品，后者指对每一储位应放置的货品不做规定。通常，定位存放需要更多的仓间，但有利于管理，特别是对未采用 WMS 的仓库而言。随机存放需要较少的仓间，但不易管理，需要特定的系统进行放置储位的记录和日后拣货的索引。品种类别（SKU）上千种，乃至有几十万种，甚至上百万种（如大型电商）的仓库，采取定位存放策略是几乎不可能的。因而分类存放或分类随机存放也成为常见的放置策略。

采用 WMS 进行管理的仓库，必须由供应链管理者事先制定放置策略，并输入系统，由系统针对每次收货给出具体的指定库位。这样的做法通常伴随着"放置单"的产生，以指引仓库作业人员。因此，仓库作业人员的执行力则面临着考验。例如，有时仓库作业人员在放置过程中，图省事而不按要求放置。为了加强对仓库作业人员的管理，供应链管理者就要借助 WMS 和条码扫描系统，要求仓库作业人员在货到位后，扫描货品条码、储位条码，甚至托盘条码，以完成放置确认。当然，这样的操作也会增加人员动作，从而降低放置效率。

为了提升后续拣货动作效率，供应链管理者会应用以下一些放置策略。

●如果仓库设置了存储区和拆零分拣区，整托盘的货物可能会被要求放置在存储区，而零散货品则可直接放置在拆零分拣区。

●相关的货物靠近存放。在企业的原材料仓库，供应链管理者会把在同一物料清单上的物料就近存放。而在成品仓库，供应链管理者可能会先对产品做销售订单的产品相关性分析。例如，100 个订产品 A 的客户中，有 90 个会同时订产品 B，而只有 10 个客户会同时订产品 C，则我们通常会认为产品 A 和产品 B 更相关，从而把它们就近存放。

●相同产品若为同一批次会就近存放。重货放置到货架系统的下部储位；重货或体积大的货物，放置时一次到位且靠近出口位置。

●存量大的货物放入大的存储区。

本章第四节会对有关的放置策略进行更详细的介绍。

4. 存储（理货和盘点）

存储虽然看似是静态的，但也经常伴随着一些作业流程。仓库作业人员可能在放置和拣货的同时对不同储位进行操作，从而造成很多储位的货品放置零散。这就要求在每个作业班次内或结束每日工作之前，对同一品种和批次的不同储位进行理货和盘点，减少对储位的多余占用。对于采用瓦楞纸箱包装的货品，也要求根据库龄报告，对存储时间超过 3 个月的库位进行整理，把托盘上下部位的货物对调，减少底层货品因长期受压而破损的机会。

处于存储状态的货物的托盘堆码方式也应该引起注意。其托盘堆码方式通常有两种：垂直堆码和交叉堆码，如图 2-8 所示。对于常见的瓦楞纸箱包装的货品，哪种堆码方式对底层货物的破坏力更大呢？国内多数的仓储管理者认为是垂直堆码。其实，交叉堆码对底层货物的破坏力更大。科学实验表明，一箱货品重量的 2/3 会沿着纸箱的 4 条垂直棱线向下传递。采用交叉堆码，上层纸箱的重量会直接传递到下层纸箱侧面的横向边。长期受压后，下层纸箱侧面的横向边会逐渐弯曲，直至破损。当然，采用交叉堆码也有一个好处，就是重心稳定。

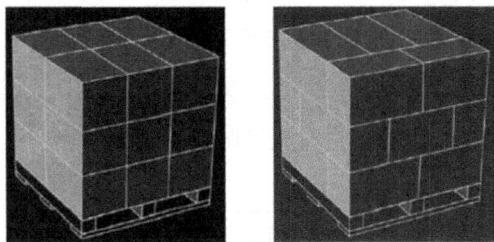

图 2-8　两种托盘堆码方式

存储过程中另一个重要的作业流程就是盘点。盘点主要分为实物大盘点和循环盘点。多数企业出于财务、审计的要求，至少在财务年度末，会对仓库的存货进行实物大盘点。这时，往往需要停止仓库作业。随着企业对物流管理的逐渐重视，仓储管理者也希望能及时发现存货数量方面的问题，因而会采用及时的盘点动作。可是，每天、每周或每月的盘点，不能像年末实物大盘点那样大规模地开展，因而出现了循环盘点。循环盘点通常包含以下几种策略。

●按货物的类别分类（ABC 分类法），针对不同类别的货物制定不同的盘点频率，如每日、每周、每月盘点。

●制定固定的循环盘点周期，如每周，每次盘点时，随机抽取固定比例的某类货物进行盘点。

●以上述两种方式为基础，再添加仓库专有的规定，如货物金额大于某个值时进行盘点、上次盘点有误差的货品在下次复盘等。

有些企业为了保证仓库货物账实相符的及时性并兼顾盘点工作量，还会采用日动盘点方法，即每天仅对有出入库动作的货物进行盘点。

在仓储管理中，具体的盘点方式可分为明盘、盲盘和储位盘点。

●明盘：盘点人员事先知道货物在系统或库存帐上的数量，通过现场盘点结果，与盘点表明示的数量进行比对。明盘存在着心理暗示作用，可能会遗漏"盘盈"的机会。

●盲盘：盘点人员事先不知道货物的库存量，通过盘点过程统计出库存量，再与系统或账目进行比对。

●储位盘点：为了使货物的放置和拣货过程更有效率，就必须要求每一储位的货物、数量和批次信息都准确。盘点人员在盘点时对每一储位核对上述 3 种信息，统计完全准确的储位数目占整个仓库储位数目的比例。

不论采用哪种盘点方式，盘点的结果往往会与记录产生差异。通常，"盘盈"指实物数量大于系统或账目数量，"盘亏"则相反。出现"盘盈"时，盘点人员应先检查收货流程，看是否实物已收货，而系统或账目未进行收货确认；而出现"盘亏"时，盘点人员应先检查发货流程，看是否实物已发出，而未及时做出库确认。针对盘点差异，盘点人员必须找明原因，进行差异分析，如图 2-9 所示。对于最终找不到原因的库存差异，盘点人员必须执行核销流程，并由企业财务部进行账目调整。

盘点差异原因	总价值 / 元	占比
BOM 误差	540,794.99	13%
破损	142,645.16	3%
交货	474,731.54	12%
本地化	577,172.67	14%
修改标准	235,181.07	6%
原因待查	690,949.26	17%
丢失	330,060.61	8%
特殊设计	122,742.56	3%
生产耗用	28,045.89	1%
供应商	132,180.19	3%
错误的确认	257,311.35	6%
错误的单价	543,748.80	13%
错误的物料代号	52,471.72	1%
总计	4,128,035.81	100%

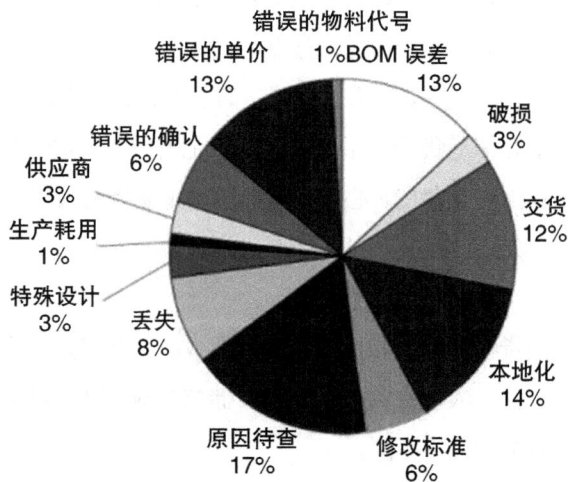

图 2-9　盘点差异分析

5. 库内补货

补货作业是将货物从仓储区搬运到拣货区的动作，内容包括确定所需补充的货物、领取货物、做好上架前的各种准备工作、补货上架。

在稍具规模、进出库数量较多的企业当中，一般将仓库划分为仓储区和拣货区。在仓储区中货物按照各自的属性或依据供应商的不同等条件进行分别摆放；将经常性出库的货物摆放在拣货区中有助于提升出库效率和准确性，尤其对日均出库 3,000 单以上的企业而言。补货行为通常分为两类。

一类是由于货物本身具有数量预警，这里的预警是指拣货区中的库位货物预警，通过系统为拣货区相应库位上的货物设置预警值，当拣货区中的货物数量低于预警值的时候，就会触发系统做出库内补货动作。

另一类属于日常补货行为，此类补货需要通过系统对日常出库数据进行分析，设定相应货物数量，当发现拣货区中的货物少于预警值的时候，就进行补货作业。

补货方式主要有以下 3 种。

1）整箱补货

由货架保管区补货到动管拣货区。这种补货方式的货架保管区为料架储放区，动管拣货区为两面开放式的流动棚拣货区。拣货员拣货之后通过输送机把货物运到发货区，当动管拣货区的存货量低于设定标准时，则进行补货作业。这种补货方式由拣货员到货架保管区取货箱，用手推车载箱至动管拣货区，较适用于体积小且少量多样出货的货物。

2）托盘补货

这种补货方式以托盘为单位进行补货。托盘由地板堆放保管区运到地板堆放动管区，拣货时把托盘上的货箱通过中央输送机送到发货区。当存货量低于设定标准时，立即补货，使用堆垛机把托盘由保管区运到动管区，进行补货。这种补货方式适用于体积大或出货量多的货品。

3）货架上层—货架下层的补货方式

此种补货方式的货架保管区与动管拣货区属于同一货架，也就是将同一货架的中下层作为动管拣货区，上层作为货架保管区，而进货时则将动管拣货区中放不下的多余货箱放到货架保管区。当动管拣货区中的存货量低于设定标准时，利用堆垛机将货架保管区中的货物搬至动管拣货区。这种补货方式适用于体积不大、存货量不高，且多为中小量出货的货物。

6. 拣货

随着仓库作业在企业物流管理中发挥着越来越重要的作用，仓库的拣货流程管理逐渐成为仓储管理的重中之重。不同企业的业务要求不同，仓库拣货的货物单位也有所不同，如托盘、箱、内包装。拣货单位越小，拣货成本越高，管理越复杂。零售行业的物流中心，特别是网络零售的物流中心，往往需要单独设立仓库的拆零分拣区，并装备分拣流水线。

仓库拣货员花费时间最多的拣货作业行为是行走，占整体时间的55%（见表2-1），而行走却被看作没有附加值的动作。因此，很多仓储管理者都把提高拣货效率的重点，放在如何缩短拣货员的行走时间上。

表2-1 拣货作业行为与动作时间占比

拣货作业行为	动作时间占比
行走	55%
寻找	15%
提取	10%
填写文档及其他	20%

提高拣货效率通常有4种途径，包括使用有效的作业设备、采用恰当的拣货模式、优化拣货路径和进行储位管理。重力（或流力）货架、旋转货架等作业设备，都能缩短拣货员的动作时间。仓库拣货作业可以根据订单、货物和场地等的特点，选择如下拣货模式。

●按单拣货，也称"摘果法"拣货，即一张拣货单，从头到尾由一名拣货员完成。这种模式的优点是操作简单，不需太多配合、容易部署，并且误差率最低。但随着库房面积的加大，它的缺点也比较明显，就是拣货员行程长、效率低。该模式往往适合订单量不大、面积小的仓库。

●简单合并拣货（Group），即拣货员在一次行程中完成几张拣货单的拣货。拣货员往往辅以拣货车、叉车或手动液压车及托盘和料箱，每到一个拣货位，把要拣选的货物一次性拣出，并同时放入托盘上的不同料箱中，每个料箱对应着一张拣货单。这种模式与按单拣货模式相比，减少了行程。但是，拣货员放入不同料箱的准确性面临着挑战。

●批量拣货（Batch），也称"播种法"拣货。此种模式要求拣货员事先把多张拣货单中相同品种或批次的货物数量加总，形成批量拣货单。拣货员按照批量拣货单的要求，到拣货位将货物的总量拣出，带到出口附近的区域进行二次分配，即按照原始拣货单的具体数量要求分配。同样，此种模式与按单拣货模式相比，减少了拣货员的行程。但此模式需要更大的场地和更多的拣货员进行二次分配（即"播种"）。二次分配的准确率也需要有额外管控手段。

● 分区拣货（Zone），即把拣货区域再分为更小的区段，甚至按每个通道或通道的一段，进行分区。拣货员仅在所分配的区段行进、拣货。很明显，此种模式极大地减少了拣货员的行程。分区拣货可分为分区接力和分区并行两种模式。前者需要每张拣货单依次流经不同区段，而后者则是把拣货单信息分拆到对应的区段，并行拣货。在分区并行模式下，如果分配合理、各区段拣货速度匹配，则更适合大批量订单的短时作业。同样，分区并行模式需要额外的场地和拣货员进行每张订单的货物合并。

除了以上几种基本的拣货模式，实际业务中还有按发货线路拣货、按波次拣货（Wave）、水桶队列（Bucket Brigades）等模式。仓储管理者在实际操作中，具体采用哪种或几种拣货模式的组合，应基于对作业时效要求、资源限制和作业成本的平衡。

仓储管理者还可以通过对拣货路径的优化，减少拣货员的行程。在图2-10中，拣货员从图左下方入库，要求拣选灰色位置的货物，并从图右下方出库，这可能存在多种拣货线路的选择。实际操作中，仓储管理者通常要借助具有规划线路功能的WMS为拣货员提供最佳线路的指引。拣货作业中，给拣货员指引拣货线路，可以通过排好序的拣货单、拣货员手持终端提示、灯光指引等形式实现。一些仓库中采用的语音拣货系统，则是在系统后台规划完毕后，通过计算机语音提示完成的。

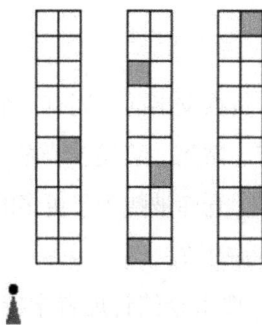

图 2-10 拣货物品位置示意图

能够提高拣货效率且达到事半功倍效果的方法还包括进行储位管理。储位管理能起到协调放置和拣货流程的统筹规划作用。仓库作业不能一味地追求拣货效率的提升，而忽视放置过程，反之亦然。图2-11给出了8种货物（A~H）的每月出入库次数，如何合理地将这8种货物放置在8个空白库位中，才能使得拣货员每月总的行走距离最短呢？

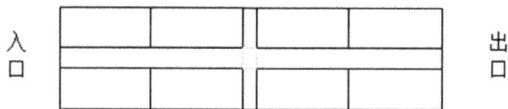

货品	A	B	C	D	E	F	G	H
入库次数	40	67	250	30	10	100	200	250
出库次数	40	67	125	43	100	250	400	250

图 2-11　储位管理

假设我们仅考虑仓库内的水平移动，且仓库的水平长度为 4 米。再假设每次放置或拣货都需走到储位的中心点，且每个储位在水平方向上的宽度均为 1 米（忽略了它们中间的间隙和通道宽度）。如果按照 8 种货物的出入库次数之差（用入库次数减去出库次数），把差值大的货物从左到右依次排列，那么，最终可计算出来，总的出入库行走距离为 3,680 米。而如果我们按照 8 种货物的出入库次数之比（用入库次数除以出库次数），把比值大的货物从左到右依次排列，那么，最终可计算出，总的出入库行走距离为 3,790 米。可见，不一样的管理规则，对整体的行走距离是有影响的。

7. 再加工

很多企业在仓库完成拣货后，货物发出前，还有一个再加工的流程，通常包括客户化（订单要求）产品的组装和再包装、贴签、装袋、填充、增加稳定性等。特别是随着企业在供应链管理中采用延迟生产战略，仓库被赋予了更多的再加工任务。而这些任务都需要投入更多的资源，延长了仓库的作业时效。

在仓库中安排轻度组装工作，要求仓储管理者掌握生产管理的技能，设计合适的班组，考虑串行、分批、分区作业，还要平衡所需的工具、设备投资、额外空间、人力成本、物料流动等代价。随着企业越来越多地采用通用型包装箱降低供应链成本，仓库货物出库前的贴签作业就愈发普及。仓储管理者需要权衡是在仓库里自行打印标签，还是外购标签。在仓库里自行打印标签具有内部可以控制、反应快速、数据可变、允许使用量波动、作业时间短等优点，但同样需要仓储管理者考虑成本，包括硬件（计算机／打印机／识别系统）、软件、人工、操作培训、设备折旧、维修、品质控制、原材料和浪费（约 10%）等方面的成本。为了确保发出的货物在后续阶段具有一定的保护性和稳定性，再加工流程也会涉及拉伸膜、收缩膜和捆扎带的使用。总而言之，再加工具有提高装载稳定性、减少货品破损、提高仓库和运输工具的空间利用率、防止偷窃、提高后续作业效率、保护纸箱等优点，但同样会增加成本，如材料购买成本、工时、一次性使用材料的浪费、设备投资、空间占用、设备的维护费用和能源耗用等。

8. 发货

仓库作业的最后一个流程是发货，而其中最主要的环节就是车辆装载。从供应链管理的角度，一方面，仓储管理者要充分利用运输工具的重量和容量限制，提高装载率；另一方面，仓储管理者要权衡装载投入的资源成本和时效要求。传统的装载需要根据人工经验，做到兼顾后卸先装、轻重搭配、分缓急、货物压力的堆高考虑、车辆的负载均衡、有限的装载时间、在仓库的订单分拣次序等原则。然而，也有不少企业尝试使用装载优化软件（如 Loading Expert），由软件根据运输工具的尺寸和载重量，以及货物的尺寸、重量等参数，给出装载率最优的方案，效果如图 2-12 所示。但装载优化软件需要大量时间完成最优装载方案的分析，这就对装载时效提出了较大挑战。

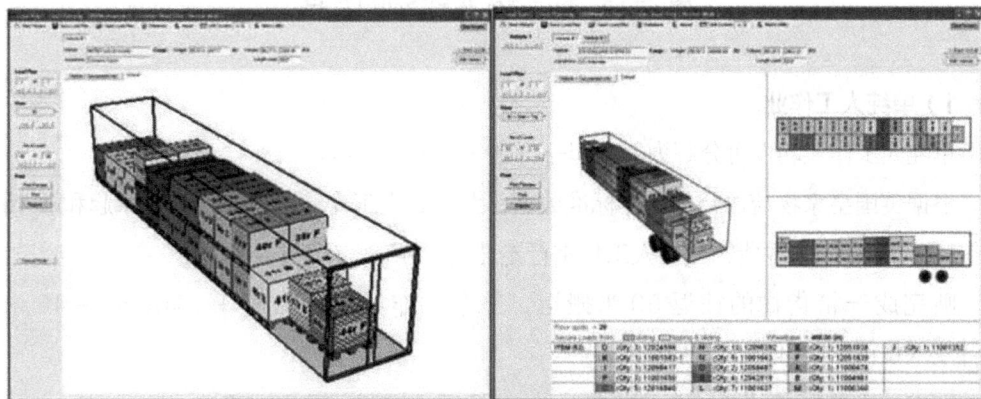

图 2-12 装载优化软件效果图

| 第 3 节 | 仓储管理的硬件和软件

在仓储管理中使用硬件设备，能够提高仓间利用率，从而降低存储成本；能够通过集约化提高作业效率，从而降低作业成本；能够管控仓储环境、保护货物，并提高仓储作业的响应速度。随着人工成本和土地或库房租金的上升，硬件设备的使用逐渐展现出成本优势。硬件设备通常有较长的使用周期，从而从财务测算角度，其成本可以通过折旧进行分摊。硬件设备成本也能因为集约化而分摊，获得较低的单位作业成本。而仓储管理的软件系统的使用，则能更规范作业流程，提高管理作业效率，监控管理作业动作，使仓储作业在成本控制、质量提高、风险预防上达成更佳的效果。

1. 仓储作业方式的选择

日常仓储作业包含单纯人工作业与人工辅助机械作业两种方式。仓储管理者经常纠结于两种作业方式的成本核算与选用。以图 2-13 为例，要在仓库内将一托盘货物从 A 点移动到 50 米之外的 B 点，分别测算单纯人工作业成本和人工辅以叉车作业的成本。

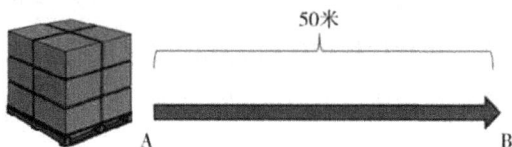

图 2-13　将货物从 A 点移动到 B 点

1）单纯人工作业

单纯人工作业动作可分解为：拿起→行走→放下→回程。

根据英国皇家物流协会的动作标准数据，考虑到人工作业的效率损失，拿起和放下的动作耗时 15 秒（小件货物），人工负重行走速度为 45 米 / 分钟。

则完成一箱货物的往返 50 米搬运，整个动作耗时 =15 秒 +（100 米 ÷45 米 / 分钟）×60 秒 ≈ 148 秒。

完成一托盘 50 箱货物总耗时 =148 秒 ×50=7,400 秒 ≈ 2.06 小时。

以北京地区为例，库房人工成本约为 5,100 元 / 月，工作时间为 170 小时 / 月，则总作业成本为 61.8 元。

2）人工辅以叉车作业

人工辅以叉车作业动作可分解为：叉起→行走→放下→回程。

根据英国皇家物流协会的动作标准数据，考虑到人工作业和叉车作业的效率损失，叉起和放下的动作耗时为 65 秒，叉车行走速度为 83 米 / 分钟。

则完成一托盘货物往返 50 米搬运，整个动作耗时 =65 秒 +（100 米 ÷83 米 / 分钟）×60 秒 ≈ 137 秒 ≈ 0.04 小时。

假设购买 1.5 吨的重力平衡叉车，成本 17 万元，5 年折旧，残值 2 万元，5 年内的维修报修零件成本为购买价值的 40%，即 6.8 万元。每年有效工作时间为 300 天。

则每小时叉车成本 =（17 万元 +6.8 万元 –2 万元）÷5 年 ÷300 天 ÷8 小时 ≈ 18.17 元

总作业成本 =（18.17 元 / 小时 +30 元 / 小时）× 0.04 小时 ≈ 1.93 元。

可见，单纯的人工作业成本远远高于人工辅以机械作业的成本。当然，使用机械会影响企业的现金流。在仓储运作体系的设计过程中，通常有两种思路：人到货物（Man to Parts），或者货物到人（Parts to Man）。前者主要应用于人工成本低的情况，作业人员依靠大量的行走去找货物。而后者相反，作业人员很少行走，而依靠传送装置，使得货物被输送到作业人员所在处。

2. 仓储管理硬件

常见的仓储管理硬件可分为容器和单元化设备、存储和拣选设备、装载搬运设备、仓库作业平台及相关设备、自动识别设备、其他设备。

1）容器和单元化设备

容器和单元化设备中，最常见的为料箱和托盘，如图 2-14 所示。这些设备的使用，既能使货物在仓库里的移动和存放集约化，降低作业成本；也能使货物在存放时整齐有序，便于查找和管理。托盘根据设计的不同，可分为单方向叉取托盘、双方向叉取托盘，其材质包括木头、金属、塑料、纸等。托盘的设计和采用应尽可能地标准化。

图 2-14　常见的料箱和托盘

中国的托盘标准修订是在中国物流与采购联合会托盘专业委员会主持下，由交通部（现为交通运输部）、铁道部（现主要划入交通运输部）、全国包装标准化技术委员会等多家机构的专家共同组成课题组，在北京、天津、上海和广州等城市深入 200 多家企业，调查我国托盘生产与使用现状，广泛征求托盘企业与托盘用户的意见，先后召开了两次大型的托盘国际会议、5 次国内托盘修订会议，两度在中国物流与采购联合会官方网站公开征求社会各界的建议，耗费近两年时间，终于在 2007 年 10 月 11 日得到国家质量监督检验检疫总局（现主要划入市场监督管理总局）和国家标准化管理委员会的批准，从 2008

年 3 月 1 日起正式在全国范围内实施。素有"欧亚之争"（欧洲和亚洲关于托盘标准尺寸的争议）、"日美之争"，对物流行业发展具有划时代意义的物流标准终于成型，最终选定 1,200 毫米 ×1,000 毫米和 1,100 毫米 ×1,100 毫米两种规格作为我国的托盘国家标准，并优先推荐使用 1,200 毫米 ×1,000 毫米规格，以提高我国物流系统的整体运作效率。

经过 ISO/TC51 托盘标准化技术委员会多次分阶段审议，国际标准化组织已于 2003 年对《联运通用平托盘——主要尺寸及公差》标准进行了修订，在原有的 1,200 毫米 × 1,000 毫米、1,200 毫米 ×800 毫米、1,219 毫米 ×1,016 毫米、1,140 毫米 ×1,140 毫米 4 种规格的基础上，新增了 1,100 毫米 ×1,100 毫米、1,067 毫米 ×1,067 毫米两种规格，现在的托盘国际标准共有 6 种。

在我国目前的社会物流及商品流通中，托盘的周转使用还不普及，供应链管理者主要担心的问题包括送货后托盘的回收、托盘占用运输工具的空间、运输工具转载时需要配套的叉车设备等。但随着人工成本的上升和对装卸时效要求的提高，供应链管理者也越来越重视托盘的周转使用。在目前的市场上，也存在着托盘租赁提供商，如集宝（CHEP）和路凯公司。

滑板纸作为托盘的一种替代材料，已被应用多年，但需要装卸双方都要配置叉车的选件——推拉器，才能提高装卸效率。

2）存储和拣选设备

仓库中常见的存储设备就是货架。货架的重要功能就是消除部分的"蜂巢损失"（参见本章第 1 节中"仓储管理面临的挑战"）。货架的种类多种多样，如开放式货架［见图 2-15（a）］、单倍深货架、双倍深货架［见图 2-15（b）］、抽屉式货架［见图 2-15（c）］等。双倍深货架、多倍深货架以及抽屉式货架均能提高仓储密度，但降低了操作速度，不便于先进先出，并且要求搭配使用伸展式（前移式）叉车。

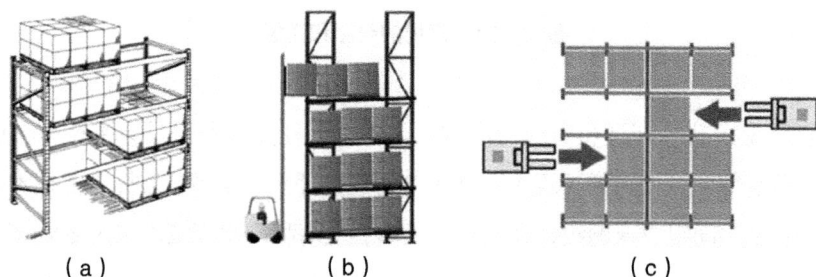

（a）　　　　　　　　（b）　　　　　　　　（c）

图 2-15　3 种常用货架

对于小件物品的存放可采用小件抽屉货架［见图 2-16（a）］，如需要搭配小件物品的拆零分拣，则可选用 A 型分配器［见 2-16（b）］，而特殊物品，如杆状长型物品的存储，可采用悬挂式货架［见图 2-16（c）］。

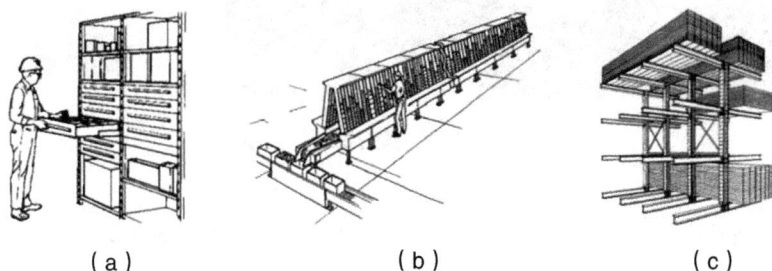

（a）　　　　　　　　　　（b）　　　　　　　　　　（c）

图 2-16　小件物品和特殊物品货架

为了提高仓库拣货效率，仓储管理者可选择使用重力货架［见图 2-17（a）］、水平旋转货架［见图 2-17（b），适用于拣取小件货物］或垂直旋转货架［见图 2-17（c），适用于拣取大件货物］。重力货架的使用，不仅能减少拣货动作，从而提高效率，而且有利于实现先进先出。旋转货架主要的作用是减少了人工行走或上下够取。

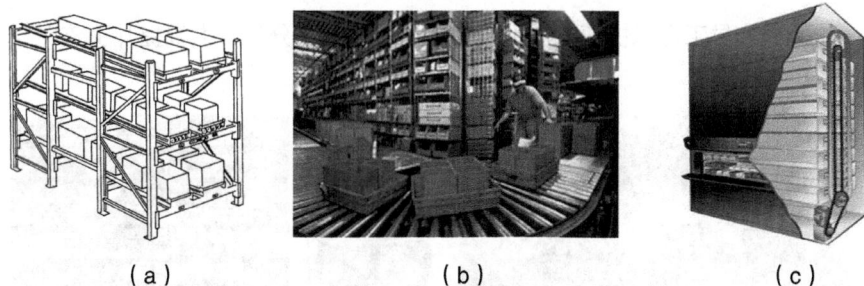

（a）　　　　　　　　　　（b）　　　　　　　　　　（c）

图 2-17　重力货架等 3 种货架

为了辅助拣货员定位货物，并能及时地在库位上进行拣取动作的确认，有的仓库部署了"按灯拣货"系统，如图 2-18 所示。每个储位上都设置了电子标签，电子标签上设计了确认按键（经常设计成可闪烁的样子）、显示器和"+""-"调整键。每个储位上的电子标签又通过数据线与 WMS 相连。当产生拣货指令时，WMS 指定储位上的电子标签闪烁以提示拣货员，拣货员走到储位按显示器提示的数量进行拣货，并在动作完成后按键确认。"按灯拣货"系统既可以减少拣货员定位货物的时间，又可以减少拣货员的行程，还可以及时地反映储位中的库存数量。

图 2-18　"按灯拣货"系统

辅助拣货的另一种较普及的设备是语言拣货系统。该系统把拣货指令以计算机语音形式传递给配备了耳麦的拣货员，通过人机对话完成定位和拣货动作的确认，极大地释放了拣货员的双手，提高了拣货效率。

美国物流设备制造商 Kiva Systems 公司，利用自身先进技术开发的仓库机器人（见图 2-19），能够流畅快速地在仓库中进行移动并抓取货物，同时还能够按照订单进行第一时间的货物分派。这样，在线零售商的订单就能很快地完成，货物安排效率得到明显提升。亚马逊公司由于自身的快速发展，更加看重仓库管理和货物分派。于是，亚马逊于 2012 年斥资 7.75 亿美元（1 美元约 6.9 人民币）收购了 Kiva Systems 公司。亚马逊全球客户副总裁戴夫·克拉克（Dave Clark）表示，公司对自动化技术非常重视，通过 Kiva Systems 的技术，员工可以快速地实现货物选择、包装和分派，大幅提升了效率。

图 2-19　仓库机器人

3）装载搬运设备

典型的装载搬运设备是叉车和手动液压车。图 2-20 展示了 3 种叉车。从作业角度看，重力平衡叉车虽然具有一定的举升能力，但还是多用于水平作业。这种叉车由于叉头固定，仅能处理单倍深货架或用托盘码放货物。伸展式叉车多用于货架区域的存取作业，叉头能前移，可处理双倍深货架或用托盘码放货物。由于这种叉车均须面对货物进行叉取作业，叉车的转动半径决定了通道的宽度，通常为 2.6~3.1 米，因而降低了仓间利用率。窄道叉车因叉头可以旋转作业，所需通道窄，但往往此类叉车的成本较高。仓储管理者需要权衡叉车成本与仓储用地成本。购置叉车时,仓储管理者通常关注叉车的载重、转动半径、举升高度、提升速度和行驶速度等参数,同时需要了解叉车的整个生命周期的成本,即维护保养、修理、零件和能耗等的费用。叉车的常见动力包括燃油、天然气和电。

图 2-20 3 种叉车

除了典型的叉车设备之外,仓储管理者可根据日常货品的移动量,选取其他装载搬运设备,如手推车、滑板车、手推平板车、笼车和手动液压车,如图 2-21 所示。

（a）手推车　（b）滑板车　（c）手推平板车　（d）笼车　（e）手动液压车

图 2-21 其他装载搬运设备

4）仓库作业平台及相关设备

由于仓库的站台高度是固定的,而不同运输工具的高度各不相同,为了提高装卸货的效率,可采用可升降作业平台（见图 2-22）。叉车或手动液压车都可以借助可升降作业平台从仓库站台直接开到车辆内部进行装卸作业。

图 2-22　可升降作业平台

5）自动识别设备

在仓库及物流体系中常用的自动识别设备包括条码、二维码、磁条、光学识别设备和射频识别（RFID）装置。

条码由于普及的时间较早，使用成本较低，被广泛使用。物流作业中使用条码体系通常包括条码设定、扫描设备、材料及条码打印机。条码（见图 2-23）操作简便，成本低，但多数需要近距离扫描而降低了作业效率，耗费人工，而且一维条码的信息容量有限。

图 2-23　条码

二维码（见图 2-24）有多种类型，如 PDF417、MicroPDF417、QR CODE、Micro QR CODE 等，一般的条码打印机都能支持。二维码能够包含更多的信息，但对于标签的大小有限制。标签越大，相应的条码打印机就越贵，能打印 A5 标签的条码打印机的成本在万元以上。二维码与条码相比，扫描距离更远，更便于作业，提高了作业效率。除了专业的二维码生成器和软件，目前网上也有很多免费的二维码在线生成器。通过图 2-24 所示的二维码，可以置入丰富的图片和文字信息。

图 2-24　二维码

除此之外，在物流仓储管理中，还会采用磁条、图像识别系统等设备。这些识别设备往往应用在出入库的收发货管理、放置和拣货动作确认、自动分拣、车辆到场确认等环节，减少了人工录入时间和误差，提高了作业效率。

6）其他设备

大规模作业的仓库通常还会配备自动分拣装置，包括堆块式分拣系统、交叉带式分拣系统、斜导轮式分拣机、轨道台车式分拣机、摇臂式分拣机等，甚至部署自动存取系统。自动存取系统通常包括货架、堆垛机、传输系统和其他辅助装置，通过仓储管理软件的控制，可以近乎完全自动化地进行货物的存取操作。

3. 仓储管理软件

如今的仓储管理，不但采用了更多的自动化设备，仓储管理者也越来越多地应用软件来辅助管理和作业，常见的是 WMS。各类供应链管理软件厂商都极其重视迅猛发展的 WMS 市场。美国高纳德（Gartner）公司每年还发布一些领先的软件厂商的对比报告。随着技术的发展和管理理念的更新，更多的原先是高技术的功能逐渐成为 WMS 的基本配置。通常，WMS 应该具备如下功能。

预约计划。仓储运作要平衡收发货的工作量，这就要求仓库对每个站台、库门的作业活动进行协调。从零售行业的物流中心，到许多工业企业的仓库，越来越多的仓储管理者通过 WMS 让送货人、提货人进行作业时段的预约。

收货。WMS 根据采购订单（PO）生成默认的收货单，由作业人员现场进行收货确认。WMS 往往还能预设所接收的货品数量的溢短装情况，从而对多送货进行控制。

质量确保。收货环节经常会出现 QA/QC（质量部门）的抽样检验。WMS 应支持这样的操作，记录抽取的批次或库位，并标识为"待检"；经质量部门检验放行后，WMS 才将对应的批次或库位标识为"可用"。

放置。先由仓储管理者预先在系统植入各种放置策略（见本章第 2 节），而在收货时，由 WMS 给出相应的储位，并打出放置单，指导作业人员完成动作。放置信息也可通过 WMS 传递到现场人员的作业终端，进行指派。

定位追踪。对于要拣取的货品，或因业务需要查找的某批次或某品名货物，WMS 能给出所处的库位信息。

工单管理。对于有再加工功能的仓库，WMS 能管理轻度生产的计划、所需材料的库位以及加工后的成品放置库位。

拣货。按规则给出拣货的库位，也能支持不同的拣货模式。先进的 WMS 还能根据事先录入的仓储布局及放置图，给出拣货路径的优化方案，并可打出拣货单，指导作业人员完成动作。

包装及合并。对再包装活动进行管理。WMS 应能根据箱内装载的货品，打印箱外的箱单。

发货。对发货单进行管理，记录时间、货物和车辆信息，与 TMS 进行对接。

技术支持。支持条码扫描、二维码和无线射频导向的运作。

盘点及循环盘点辅助。根据事先制定的盘点策略和流程，支持不同的盘点方式，辅助盘点表的生成，并能进行盘点数据的录入，做差异分析。

拣货区补货。对于额外设立拆零分拣区的仓库，能根据拣货单的执行状况或库位的库存采集状况，及时给出拣货区补货的提示。

附加值服务。能够与企业系统进行对接。如装车完毕做好发货确认动作后，WMS 能自动生成 ASN（参见本章第 2 节），并将其传递给下游仓库。

总之，仓储管理者应该根据自身业务的需要，合理选择合适的 WMS。对于仓储管理者来说，最重要的挑战是平衡对 IT 系统的投资和由此带来的作业效率提升、差错减少的量化收益。

|第 4 节| 仓储管理的优化

1. 仓储管理内容

仓储管理者要管理货物、设备、人员和流程，每天面临着大量的人机作业。所谓"没有规矩，不成方圆"，良好的仓储管理，需要仓储管理者制定一套行之有效的仓储作业规则。典型的仓储作业规则应该包含以下内容。

- 物理储存条件要求。
- 进出库作业流程。
- 文档传递流程。
- 数据的记录和报告要求。
- 循环盘点和实物总盘点要求。
- 报废及销毁的审批流程。
- 批次、库龄管理及先进先出和后进先出要求。

● 各岗位的职位描述。

● 主要绩效指标。

对于采用大量设备的仓库，对固定资产的管理，特别是 TPM、安全作业规范也是重中之重。设备保养应该做好负责人员的确定、预算的制定、维修合同的签订、检查及维修频率的确定、记录单的填写、交接和存档等工作。构建仓库设施设备的管理体系，通常要完善以下 4 个方面的工作。

● 日常检查。设计详细的检查项目表，每天在设施设备正式开始使用前，安排专人检查相关项目，签字确认，如有任何问题，应该采取相关措施并向上一级汇报。

● 定期维护。对于设施设备，必须建立维修商的资料，根据相关经验设定固定的维护周期。

● 档案管理。建立设施设备的档案，记录相关的维修保养情况、采购年限等相关信息。

● 故障恢复计划。在仓库设施设备出现故障而不能正常运作的情况下，按相应计划尽快恢复仓库功能。

基于上述仓储管理的主要内容，大部分企业都着重在以下几个方面进行仓储管理优化：流程优化、机械化 / 自动化、储位管理与仓库布局等。

2. 流程优化

仓库作业通常都很耗费人力和物力，从而会产生作业成本。多种管理方法，如作业成本法、流程图分析法、及时生产和精益生产等，都能在仓库流程优化中发挥作用。比如，在收货动作中，传统的作业方式可能会先把货物放入收货准备区（或称暂存区），待完成收货检验后，再将货物移送到存储区。这样两组分离的动作可能都会产生叉车的叉起和放下动作，如果正确运用上述管理方法，一次收货到位，就可以减少动作浪费。很多公司都是在仓库收到从公司其他系统转来的、经财务或其他部门确认的订单后才开始进行拣货，这样会产生订单在系统内的延迟等待。如果在客服或财务部门收到客户订单后，直接进行历史通过率的分析和判断，把历史表现好的订单直接发送给仓储部门，就能使得仓库作业有更充分的拣货集并效果，从而提高作业效率。

拆零分拣区的设置也能使得传统的放置动作更加有效，如把整托盘的货物放入存储区，而非整托盘的货物直接放置到拆零分拣区。对于平时存在大量拆零订单的仓库，设置拆零分拣区可以极大地减少工人到存储区拣取零散货物的行程和叉车的升降作业量。当然，任何方法在使用中都会存在缺点。例如，拆零分拣区的设置会给仓储管理者带来诸多挑战，如货物批次不一致、更多地占据仓库空间、增加补货工作量等。

3. 机械化 / 自动化

机械化 / 自动化能让仓储管理者在人工成本不断攀升、劳动力供应相对不足的今天，更好地管理仓库运作活动。EIQ 分析是日本专家铃木震先生最早提出的理论，其中，E（Entry）指订单，I（Item）指订单中的品项，Q（Quantity）指数量。仓储管理者可使用 EIQ 分析，即从客户订单的品项、数量、订货次数等方面出发，进行配送特性和出货特性的分析，决定仓库所应配置的存储和搬运设备。而 PCB 分析，即通过对支持仓库货物流动的托盘（Pallet）、箱（Carton）和盒（Box）的数量进行分析，协助仓储管理者正确衡量、标识货物在库内的移动量，辅助进行人机搭配的选择。

案例：机器人革命

对于许多公司而言，实现卡车的自动装卸是自动化的最后一步。

在 20 世纪 90 年代中期，虽然休闲食品巨头 Frito-Lay（乐事薯片，百事食品的子公司）已经在其物流中心内部实现了自动化运作，但在卡车装卸环节，还是不得不靠工人们日复一日地在车厢内手工堆叠一箱箱的薯片、果仁、饼干和肉制品。此时的 Frito-Lay 并没有其他选择，因为休闲食品的箱子相对较轻——每箱重 5~7 磅（1 磅 =0.454 千克）——即通常的轻泡货，市场上的装卸系统难以与之匹配，不能像人工堆叠那样确保车厢的空间被充分利用。

最终，Frito-Lay 决定自己解决问题。他们与一家公司合作，开发了一套具有一组"手臂"的传输装置，这种半自动化的装置可以堆叠产品箱。10 年之后，两家公司采用了更高级的技术，由传感器指引机器人，实现完全的自动装卸。如今，Frito-Lay 一半以上的物流中心采用了这两种解决方案，其中，5 个物流中心部署了 15 套半自动的设备，剩下的 4 个物流中心部署了 10 条全自动生产线，因而在生产力和人体工程方面取得了巨大进步。

模拟抛放动作

随着产量的攀升，传统的劳动力密集型流程愈显"鸡肋"——Frito-Lay 每年要发运7 亿箱产品。从工人的角度来说，人工流程涉及大量的弯腰和拾取动作。因此，正如公司北美仓储运营高级总监安迪·费希尔（Andy Fisher）所说，他们急迫地要找到可行的替代方案。

1995 年，该公司就流程自动化问题接触了集成商韦恩怀特（Wynright）公司。费希尔说，他们很自然地就找到 Wynright 来协助，因为两家企业从 1982 年开始，就在物流中心针对货架和传输装置的项目中合作。该集成商多年来提供了很多有用的建议，以改进 Frito-Lay 的运作。费希尔说："他们真正知道我们的业务，理解我们物流中心的需求。"

集成商团队操作过后，就考虑如何用技术来模拟轻放动作。费希尔说，这意味着这一系列动作可能伴随着在传送带一端的纸箱发出。奥罗拉（Aurora）指出，在堆叠货物时，工人们可以简单改变传送带的角度，使得纸箱能落在恰当的位置。为了测试这个概念，团队的一名成员站在车厢内部，手持一小段传送带，而团队其他成员不断地变换传送带的传送速度和角度进行试验。他们发现，当传送速度为 400 英尺 / 分钟时（1 英尺约 0.3 米），他们能快速地堆码箱子，而不损伤产品。

基本原理一经确定，Wynright 便着手设计了一套具有一组手臂的传送带，这套传送带可以把箱子发射出来。一名工人在车内工作，手举着 Frito-Lay 名为 "T. Rex" 的设备，接着传送带升起来，纸箱便落在之前的箱子的上面。Frito-Lay 采用半自动方案，可以按照传统人工作业两倍的速度进行装车。该方案还符合人体工程学，因为工人们不再弯腰、拾取和推挪纸箱。双方还联合申请了 T. Rex 装车系统的专利。

从"恐龙"到机器人

10 年后，Wynight 又带着升级的想法来找 Frito-Lay。他们的想法是把工人排除在作业之外，移动机器人可以替代工人移动到车厢内部，堆码并返回。在看了计算机模拟该过程之后，Frito-Lay 让 Wynright 继续尝试。接着，真正的工作开始了，Wynight 机器人事业部总裁蒂姆·克里斯韦尔（Tim Criswell）回忆："我们与 Frito-Lay 合作，找出在他们的环境，特别是经济条件下，进行操作的方式：纸箱如何过来？可靠的运行速度等问题。"他说："我们把这些问题搞清楚后，才做了详细的设计并实施。"

最终，出现了被称为"装车机器人"（Robotic Truck Loader，RTL）的解决方案，在车厢外准备好半垛产品，将之移动到车厢内并轻放。每垛产品的高度为车厢高度的一半。在对第一垛产品进行定位后，装车机器人会把第二垛产品放在第一垛产品的上面，并可在车厢内反复作业。一旦装车机器人到达车厢的另一端，系统会让它后撤一箱的长度并如此反复。将这个概念转化为现实，最大的挑战便是如何确定装车机器人在车厢内的位置。可把装车机器人放在笼车上并驶入车厢，但它很难走到相同的位置。装车机器人如图 2-25 所示。

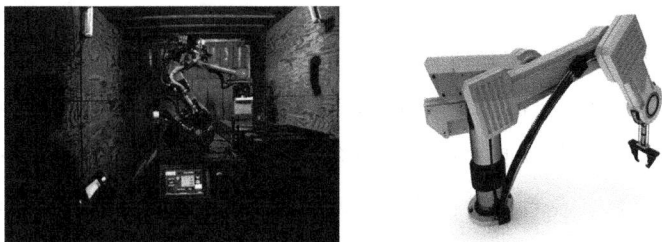

图2-25　装车机器人

Wynright采用了先进的传感技术来解决这个问题。他们采用了激光测距系统，对环境进行扫描，产生了有关车厢底部和侧面以及现有纸箱的位置数据点云。系统分析这些数据，并传递信息给装车机器人。装车机器人能比人工更好地测算车厢的体积，因为它更高，更容易触及高处。这使得装车机器人可以把最后的纸箱轻放到堆垛的顶层，而不是抛放。Frito-Lay和Wynright相信他们有了另一个独特的解决方案，于是再次申请了联合专利。使用装车机器人的实施现场的作业效率得到了显著提升，装车速度从每小时500箱蹿升到1,100箱。一台装车机器人的工作效率不比人高多少，但是由于一名工人可以同时控制3台装车机器人，这使得工人具备更高的生产力。正是这种一人操控多台设备的能力平衡了自动化的成本。

混合的方式

值得指出的是，装车机器人的引入并未使得半自动化方案被淘汰。因为装车机器人仅适用于标准尺寸产品，且只应用于那些仅有乐事薯片和多力多滋玉米片产品的物流中心，这些产品都是标准尺寸的可回收纸箱产品。而处理饼干、果仁和肉制品的物流中心还在使用半自动化方案。费希尔说："工人们赞赏公司使他们的工作环境更好，而且未导致裁员。"他说："他们真正地欢迎这项技术，不再像以往那样站在车旁一天7小时地抛放箱子，而是变为按按钮和操作机器。这是更高层次的工作。"

4. 储位管理

如本章第2节所述，仓储管理者需要协调放置和拣货动作。而最有效的协调方法之一即是进行储位管理。图2-26所示是一个仓库的俯视图，图中黑色的储位代表储位中产品的流动次数超过了2,000次。你能看出这个仓库在储位安排上的问题吗？

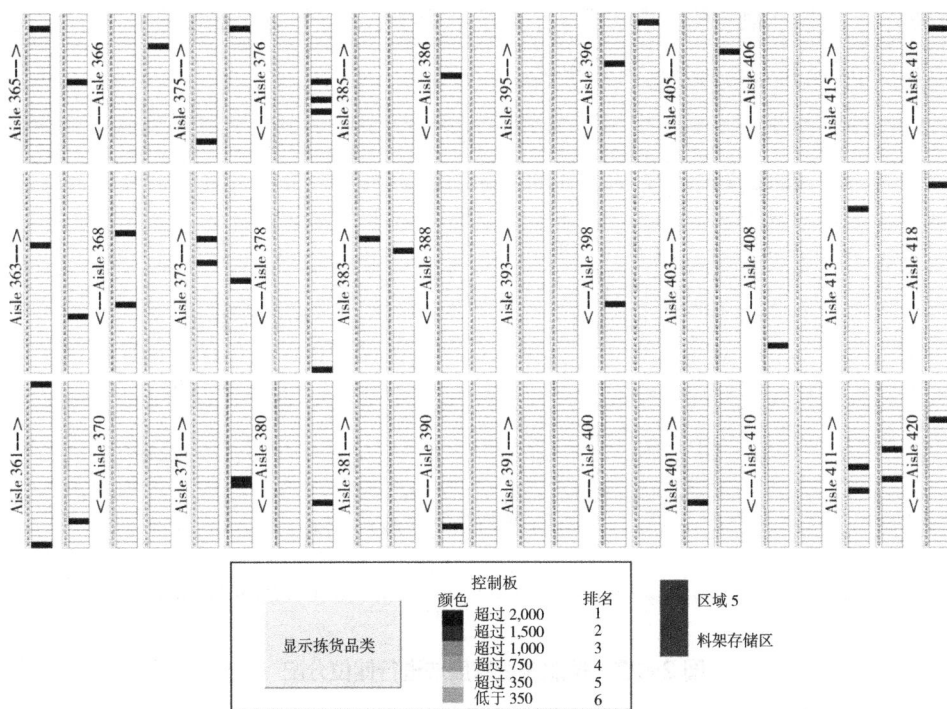

控制板

颜色		排名
	超过 2,000	1
	超过 1,500	2
	超过 1,000	3
	超过 750	4
	超过 350	5
	低于 350	6

显示拣货品类

区域 5

料架存储区

图 2-26　一个仓库的俯视图

很明显，图中黑色的储位（对应快速流动的货物）分布太散，易造成作业人员像"无头苍蝇"般地到处走动。通过简单的图示，我们可以把快速流动的货物集中摆放，甚至分配到靠近出入口的区域。这样，作业人员集中前同一区域的概率大大提高，从而提高了效率。很多的仓储管理者都习惯把仓库布局图制作成电子形式，以便于量化分析。而这很容易通过 Excel 的条件格式和查找（Lookup）函数等功能来实现。

那么，货物到底应该按照何种规则摆放呢？在供应链管理的实践和理论中，的确有很多可参考的规则。只不过很遗憾，如今尚不存在一种普遍适用的规则。美国供应链管理专家罗纳德・H. 巴罗（Ronald H. Ballou）总结，储位布局是根据 4 条标准进行的，即互补性、相容性、流动性和货物规格。互补性和相容性可在计算拣货成本之前考虑。不少仓储管理者习惯按照流量来安排货物储位。又由于很多仓库面临出货次数远远大于进货次数的情况，因此仓储管理者会重点考虑把出货频率高或出货次数多的货物摆放在靠近出口的位置。

以图 2-27 为例，我们需要把 A、B、C 这 3 种货物放置到一个有 12 个储位的仓库内，仓库出入口（I/O）假设在左侧。按照"流量密度"的方法来进行储位分配，能得到最短的移动距离。流量密度 = 流量 ÷ 最大仓位数。在图 2-27 的上半部分，我们可分别计算出货物 A、B 和 C 的流量密度为 6、1.4 和 7。那么，在安排储位时，先把流量密度值最大的 3 个 C 安排在最左侧，再安排 4 个储位给货物 A，安排 5 个储位给 B。最终，把 3 种货物放入和取出的总行程为 436 个单位。

		A	B	C
最大仓位数	M	4	5	3
单位仓间	s	1	1	1
流量	f	24	7	21
流量密度	$f \div (M \times s)$	6	1.4	7

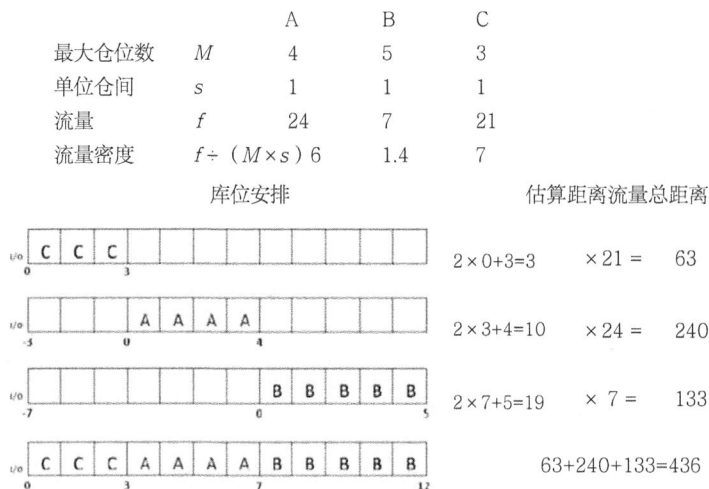

库位安排　　　　　　　　估算距离流量总距离

C C C 　　　　　　　　　$2 \times 0 + 3 = 3$ 　$\times 21 =$ 　63

A A A A 　　　　　　　　$2 \times 3 + 4 = 10$ 　$\times 24 =$ 　240

B B B B B 　　　　　　　$2 \times 7 + 5 = 19$ 　$\times 7 =$ 　133

C C C A A A A B B B B B 　　$63 + 240 + 133 = 436$

图 2-27　按照流量密度法进行储位分配

我们不妨就同一情形，将按流量密度的定位储放、按流量的定位储放、组合储放与随机储放分别进行比较，结果表明，按流量密度的定位储放总距离最短，如图 2-28 所示。

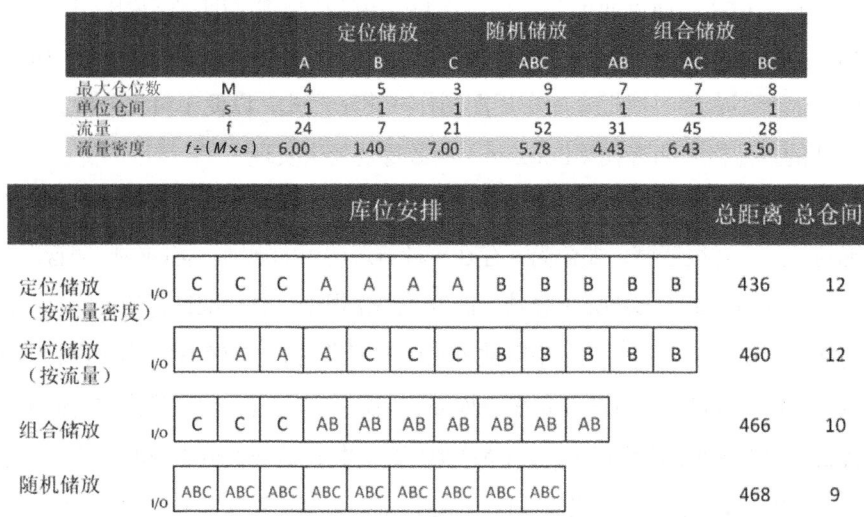

		定位储放			随机储放	组合储放		
		A	B	C	ABC	AB	AC	BC
最大仓位数	M	4	5	3	9	7	7	8
单位仓间	s	1	1	1	1	1	1	1
流量	f	24	7	21	52	31	45	28
流量密度	$f \div (M \times s)$	6.00	1.40	7.00	5.78	4.43	6.43	3.50

库位安排		总距离	总仓间
定位储放（按流量密度）	C C C A A A A B B B B B	436	12
定位储放（按流量）	A A A A C C C B B B B B	460	12
组合储放	C C C AB AB AB AB AB AB AB	466	10
随机储放	ABC ABC ABC ABC ABC ABC ABC ABC ABC	468	9

图 2-28　3 种储放方式

供应链管理专家赫斯克特（Heskett）早在 1963 年就提出了体积 – 订单指数，即存储货物所需的平均空间与该货物的日均订单数量的比值。赫斯克特建议，体积－订单指数值越低的货物，应该尽可能地靠近出口。实际上，采取流量密度方法的效果与采取此方法的效果大致相反。

流量密度方法不仅适用于一维环境，也可以应用于二维环境，如图 2-29 所示。还是 A、B、C 这 3 种货品，要把它们放置到图 2-29（b）所示的库区内（出入口为下部中央白色方格）。图 2-29（c）展示了一种随意堆码的结果，总共要移动 215 个格。而图 2-29（d）是根据 3 种货品的流量密度进行摆放的，流量密度最大的货物 C 最靠近出入口，总共要移动 177 个格。

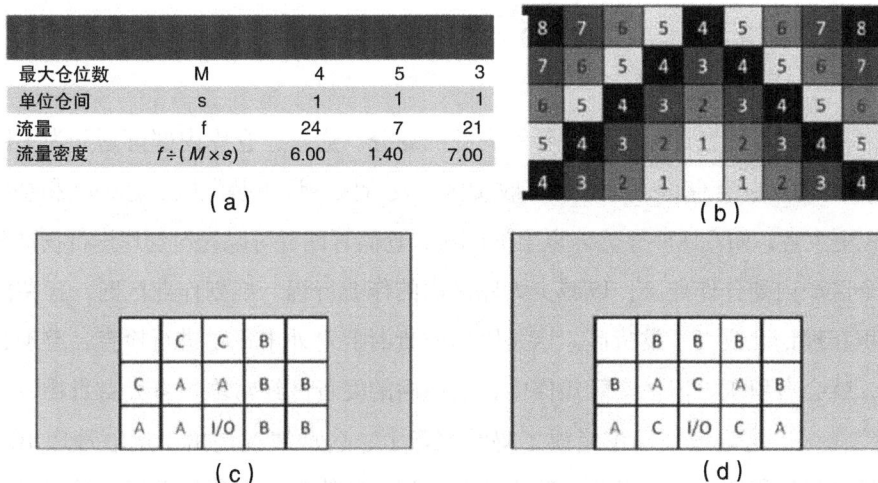

最大仓位数	M	4	5	3
单位仓间	s	1	1	1
流量	f	24	7	21
流量密度	$f \div (M \times s)$	6.00	1.40	7.00

图 2-29 流量密度法在二维环境中的应用

随着计算机软件的引入，仓储管理者也可应用计算机软件的线性规划功能或其他功能来获得更好的储位管理效果。

5. 仓库布局

从供应链运营的实际出发，仓储管理者还应关注仓库的布局。

首先，在选择仓库的基本动线时，仓储管理者要考虑企业的业务特征。通常，仓库按照动线的不同可划分为直通型、T 形、U 形和扇形仓库，如图 2-30 所示。直通型仓库［见图 2-30（a）］的作业效率较高，但需要在仓库两侧开设库门或采用双站台结构，收发货分在两侧，资源不易集中使用。多数采用越库作业的零售仓库会选择此类型。T 形仓库［见图 2-30（b）］的作业效率高，但仓间利用率低。U 形仓库［见图 2-30（c）］

的出入口均设在仓库一侧或采用单站台结构。库内动线呈 U 形，作业效率低，但由于出入口在一侧，资源容易统一调配。扇形仓库［见图 2-30（d）］的出入口在一侧同一位置，适合出入库量不大、不频繁的仓库，如备品备件仓库。扇形仓库得名于货物在其内部的摆放多呈扇形（不同货物与库门的距离不同）。

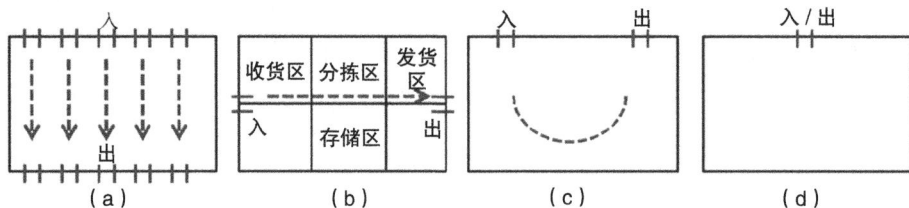

图 2-30　4 种不同动线的仓库

其次，仓储管理者还应重视对仓库内部的划分。通常，仓库内部可划分为不同作业区（见图 2-31）：存储区、拣选区、收货区、发货区、订单装配区、办公区和杂物区。库房面积更大者，如 5,000 平方米以上的库房，仓储管理者可以先对仓库进行物理分区，再在每个区域内划分作业区，以减少大库区内的作业行程。规划作业区时，预留的收货区的面积在理论上应大于发货区。这是因为收货时要对外来货物进行检查、整理，作业动作慢，就会有积压。但在实际操作中，仓库内的发货区经常堆积着大量货物，而收货区却空空荡荡。这难道是理论错误了吗？实际上，这种情况是由于运输管理出现了问题。发货区货物积压通常是发货车辆未能及时到达的缘故。发货指令通常被同时下达给运输和仓库两个职能部门，前者负责筹备车辆，后者负责拣货。拣选出来的货物不能及时被发出，是运输部门对车辆的响应时间管理松散所致。拣选区应尽可能地同时靠近收货区和发货区，这样有利于在收取一些零散货物时，直接将其放置在拣选区，减少作业行程，同时有利于日后出货。

但是，有些仓储管理者存在着一个认知误区，即认为发货区与拣选区是一回事。事实上，如果我们仔细思考一下，哪个区是"先有货，后有单"，哪个区相反，就能够正确区分这两个概念。存储区是多数仓库中占地面积最大的区域，应该靠近拣选区，同时要留有通道直接与收货区和发货区相连，便于整装货物的收发。

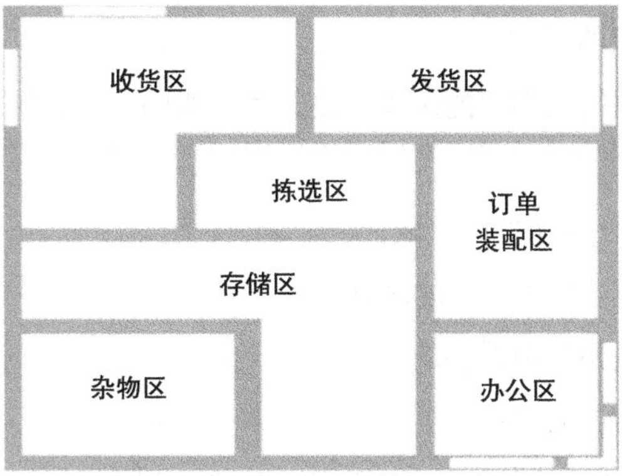

图 2-31　仓库的作业区

在仓库布局中，确定哪个作业区应该靠近哪个作业区，需要仓储管理者综合考虑人员、货物和信息的流动，物料搬运设备的采用和处理能力，以及仓容、环境、安保措施等诸多因素。正如运作管理专家杰伊·海泽（Jay Heizer）所说："由于仓库布局中仅有极少数类型可以用数学模型来解决，因此它属于某种艺术。"仓储管理者可以在仓库布局中，借鉴一种被称为"活动关联分析图"的定性方法来进行作业区的划分，如图 2-32 所示。

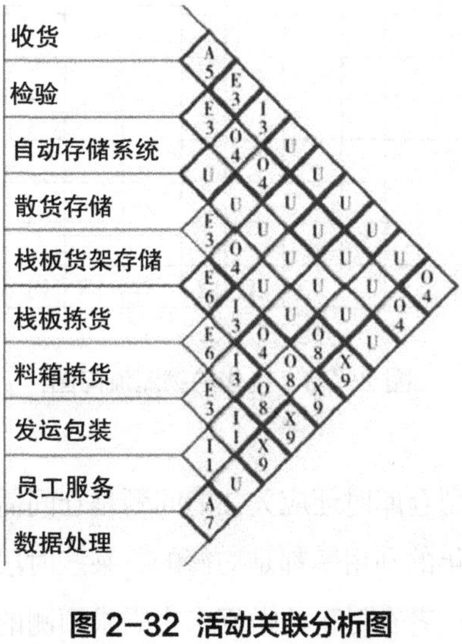

图 2-32　活动关联分析图

仓储管理者在具体分析时可参考如下步骤：首先，罗列库区内所有的工作区域，对各区域间是否需要靠近按照字母 A、E、I、O、U、X 的顺序进行重要性打分。例如，先将同为 A 级的区域集合起来，相同区域里的服务动作采用类似的方法和技术。然后，对具有相同级别的区域按重要性打分。各字母的含义如下：

A——必须相互靠近的区域；

E——相互靠近的是特别重要的区域；被评为 E 级的区域，如可能，要作为 A 区域的邻近区域；

I——相互靠近的是比较重要的区域；

O——相互靠近的重要性为一般的区域；

U——相互靠近的是不是很重要的区域；

X——不希望相互靠近的区域。

或者，仓储管理者也可以借助量化的物流流向图，根据作业区的历史分布情况或预估的活动次数进行排列，如图 2-33 所示。

活动起点 \ 活动终点	收货	检验	自动存取	散货存放	栈板货架存储	栈板拣货	料箱拣货	发运包装	员工服务	数据处理	合计
收货	–	30	5	2	10						47
检验		–	15		8	3	4	3			33
自动存取			–		7	4		9			20
散货存放				–	1			1			2
栈板货架存储					–	6		20			26
栈板拣货						–	7	4	1	1	13
料箱拣货							–	11			11
发运包装		3						–			3
员工服务									–		0
数据处理										–	0
合计		33	20	2	26	13	11	48	1	1	155

图 2-33　量化的物流流向图

最后，仓储管理者在规划仓库时还应关注的问题是仓间需求及仓容扩展策略。多数企业的仓库都不能保证仓库全年的利用率都是均衡的，某些时段容易爆仓，而某些时段仓库容易闲置。这就要求仓储管理者在尽可能做好未来需求预测的基础上，制定恰当的策略。通常，仓库的使用策略包括干租、湿租和自营。前两者是租赁行业的术语，干租即租赁仓库的企业安排自己的员工进行运作和管理，而湿租则是将仓库完全外包给第三方物流公司进行运作和管理。自营则是指企业自己建造仓库并进行运作和管理。在进行上述策略选择时，仓储管理者应做的基本分析便是损益平衡分析，当然也要做典型的"自营－外包"决策中其他的定性分析。对于不平衡的仓间需求，仓储管理者需要综合考虑按最大需求构建仓间而增加的固定成本与按最大需求的某个比例构建仓间而产生的旺季短租价格和仓间可获得性。

6. 仓储管理与供应链管理其他职能的相互影响

仓储管理不是孤立的，而是与供应链管理的其他职能密切相关、相互影响的。不少企业在供应链管理中都设立了仓间利用率这样的指标，并且由仓储管理部门负责管控。可这个指标表现得良好与否，真与仓储管理者相关吗？仓间利用率通常是货物所占用的仓间与总体拥有的仓间的比值。可是，货物所占用的仓间不是由仓储管理者决定的，而通常是由供应链管理中的计划部门决定的。

仓间需求及仓库租赁或建设的决策又是由整个供应链管理中的上级部门决定的。因此，仓间利用率这样的指标就没什么意义了。可见，供应链管理中的计划活动影响着仓储管理。库存计划的准确与否以及仓库补货与否，都影响着仓间需求和实际仓容占用。库存计划的基础输入之一便是库存数量及时准确，而这是由仓储管理的质量所决定的。在执行转仓计划时，如从中央物流中心转仓到区域物流中心，计划人员可能更关注的是区域物流中心某种货物的库存是否补足，而忽略了在形成转仓单时，单个货物的数量可能不满足仓库作业的集约化要求，如整托盘数，从而增加了仓储作业中不必要的成本。

仓库及时收货的能力，一方面可能影响上游工厂的产出，另一方面可能影响供应商的交货期。供应商交货的及时性、货物包装数量的稳定性和货物包装质量，又影响着仓库收货的时间和成本。仓库的装卸效率和准确性影响着运输公司车辆等待的时间和配送时卸货的效率和准确性。仓储的作业环境和质量还会影响食品、药品这类有特殊要求的产品的质量。

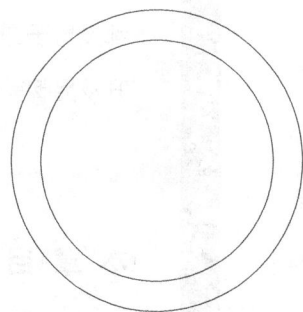
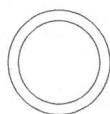
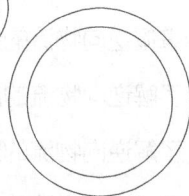

第 3 章

逆向物流

物流的重要性往往使用冰山理论来解释，在物流领域中，逆向物流则是冰山中最容易被忽视的一个部分。

在当今人们的环保意识快速增强、成本效益不断压缩、资源短缺等因素的影响下，社会对于逆向物流的重视程度越来越高。国家层面高度强调资源的回收再利用，回收甚至有"第二利润源"的定义。

回收和逆向物流是两个不同的概念，但是二者之间又有千丝万缕的联系。回收更多是针对商品出现质量问题时进行主动、被动的召回或者是收回到期商品的活动，一般是针对销售企业而言的；而逆向物流则是包括回收过程的物流活动，同时包括供应链上下游企业内外的原材料、半成品、成品、废弃品等的返修、退货、换货等所有涉及逆向流程的物流过程。

我国早期的供销体系在资源回收方面是较为完善的，但在经济高速发展，企业日益重视前端生产、销售的趋势下，这一体系逐渐被废弃。在"碳达峰""碳中和"的要求下，无论是我国还是世界上其他国家（地区）都开始高度重视回收体系的搭建，我国政府各部门针对自身的实际情况提出了一系列要求，众多企业都投身于逆向物流及逆向供应链的建设中，为实现资源再利用、企业自身效益提升及品牌美誉度提升贡献力量。

本章目标

1. 掌握逆向物流的定义。

2. 了解逆向物流的趋势及特征。

3. 了解逆向物流的影响因素。

4. 了解逆向物流的战略意义及理论基础。

5. 掌握生产制造企业逆向物流的分类、方针、特点及预防方法。

6. 掌握商业企业逆向物流产生原因、管理步骤与处理方法。

7. 掌握逆向物流中包装物的分类及销售包装逆向物流的特点。

8. 了解托盘与集装箱租赁、循环公用及机关法规。

| 第1节 | 逆向物流概述

本节主要介绍逆向物流的定义、趋势、特征、影响因素、类别、战略意义和理论基础这 7 个部分的内容，以使读者对逆向物流有较为系统、清晰的认知。

1. 逆向物流的定义

生产制造企业或商业企业在销售完毕后，后端产品用户在使用的过程中会因产品或自身原因产生退货、返修、更换等售后问题，在这一系列的过程中所产生的物流活动统称为逆向物流。

1999 年，达拉斯·茹格恩（DaleS.Rogers）和朗纳德·特本－莱克（Ronald Tibben-Lembke）提出："逆向物流是这样一个过程，它规划、实施并控制了从消费点到供应起始点的物料、在制品库存、成品和相关信息的高效与低成本流动，从而实现重新获取价值并妥善处置物资的目的。"

《物流术语》（GB/T 18354—2021）中对逆向物流的定义是，为恢复物品价值、循环利用或合理处置，对原材料、零部件、在制品及产成品从供应链下游点向上游节点反向流动，或按特定的渠道或方式归集到指定地点所进行的物流活动。

基于国内外对逆向物流的定义，本书认为，逆向物流从狭义上讲，是指物资或物品从产品使用的任一应用点，包括最终用户（个人）和供应链中的客户（企业），一直向上到达产品来源点的反向物流活动；从广义上讲，是指社会经济结构中所有涉及原材料、半成品以及废弃品的逆向物流活动。

从图 3-1 中可以看出，发起逆向物流的主体可以是个人也可以是企业，一般个人发起的逆向物流只针对上一级销售主体，而企业发起的逆向物流则可以针对上游的任一环节，这一点在实际业务活动中务必要明确。

逆向物流的复杂性体现为发起主体的多样性，因此，逆向物流的运作模式及实践过程中考虑要素各有侧重，从而复杂程度增加。

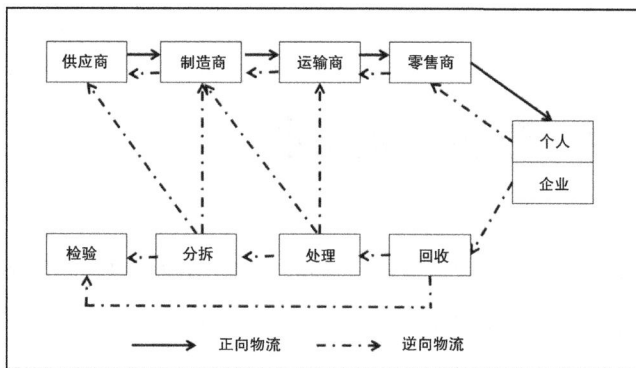

图 3-1　逆向物流示意图

2.逆向物流的趋势

逆向物流随着企业的重视程度不断提高、国家管控力度的不断加大、消费者需求的增多、技术水平的不断提升，越发形成以下明显的趋势。

1）从被动管理向主动管理发展

许多企业对于逆向物流的认知仅限于回收管理，实际上，逆向物流涵盖回收管理，回收管理是逆向物流的重要组成部分，在狭义概念下，我们可以将回收管理视为逆向物流。传统的逆向物流大多采用被动管理方式，一般而言，企业通过成本预测方法进行逆向物流业务规模的预测和管理。但是，随着信息技术的发展，企业为了提升客户满意度及承担社会责任等，会不再局限于被动管理逆向物流。因此，很多企业开始向主动管理、主动回收的方向发展。

2）个人用户端逆向物流管控的重要性有所提升

早期逆向物流主要体现在企业的商品回收中，随着电子商务的发展及新商业模式的出现，终端消费者直接发起退货，从而启动逆向物流的行为越来越多，逆向物流具有普遍性、散点性和全域性的新特点。新经济形态下，商业企业对于个人用户端的逆向物流管控压力越来越大，个人用户端逆向物流管控的重要性有所提升。

3）打造闭环供应链多级库存优化体系

无论是何种原因导致的逆向物流，都会对原有的供应链库存体系造成破坏，如何加强对供应链多级库存的有效管控，将库存设置在哪一个层级是当前及未来一段时间内企业的主要研究课题。打造闭环供应链多级库存优化体系是当前的重中之重，也是企业应对不可预知的风险的一种主动灾备管理手段和工具。

4）逆向物流向逆向供应链管理转变

随着技术水平的提升，逆向物流的管理水平同样得到提升。对于单个企业而言，重视回收、售后、客户服务、物流信息系统建设是当务之急，因为打通关键环节，快速响应，是提升客户满意度的重要手段。

与此同时，基于内部网、外部网和互联网的平台建设及数据库管理，打造供应链全链路的逆向供应链管理平台更是重中之重，只有实现供应链内部各企业之间的信息和功能集成，才有望真正构建一条完善的逆向供应链管理链路。

5）逆向物流向商业生态群落拓展

商业生态群落是供应链的外延和拓展，而逆向物流向商业生态群落拓展则要以供应链主企业为核心，这不仅包括上下游的供应商、销售企业，也包括商业回收企业、拆装企业、环保企业等。

作为商业生态群落重要一环的逆向物流，应该围绕核心区域构建区域性的生态群落，尽量减少商品流转的时间、距离，以最短的时间和距离进行商品维修、维护、拆解或二次销售，从而有效减少废弃品的产出，只有这样才能实现企业的收益最大化，使得逆向物流的成本最低。

6）环保理念与绿色技术应用趋势明显

"碳达峰""碳中和"的环保理念日益深入人心，同时，减少过度包装的理念越发普及，这都使得企业对商品本身及包装材料和其他辅助工具、耗材应用绿色技术的趋势越来越明显。

因此，通过建立绿色技术体系，有效减少原材料和能源消耗，真正意义上实现低成本、高收益、低污染是企业未来的重要发展趋势。

3. 逆向物流的特征

逆向物流与正向物流不同，其特征，主要如下。

1）发起主体多样造成逆向物流模式多样

由图 3-1 可知，以企业为责任主体的商品售后可以是供应链中的任意一个环节，且可以向上游任意一点进行逆向流程的实施。

在商业领域，无论是传统的商业零售还是境内电商、社区团购、跨境电商等，逆向物流的发起主体一般为个人。电子商务可以分为自营型和平台型，自营型电子商务的售后物流一般可以将商品直接退回至经营主体，如京东；平台型电子商务则涉及平台企业和入驻店铺，相关规则可能由平台企业制定，但是逆向物流的接收方则为入驻店铺，如拼多多。

因为发起主体多样、客户群体多样，二者的需求也具有多样性，需求的多样性则使得商业主体的复杂性增强，从而使逆向物流运作的难度增加。

2）产生的地点、时间和数量难以预见，具有不确定性

逆向物流本身属于商品售后与客户服务管理的范畴，具有随机性和不可预测性。而且随着销售范围的扩大，逆向物流产生的地点更加具有不可预测性，同时正向物流的速度、商品质量本身的不稳定和消费者个人喜好不同等因素也会增强逆向物流产生的时间和数量的不可预见性。

电子商务具有全时全域的特点，消费者处于不同的地域，生活方式不同，会导致其发起逆向物流的时间点很难被准确预测，企业只能通过历史数据进行预估。但是，基于历史数据的预估具有较大的不确定性。

逆向物流的数量虽然可以通过商品质量、相关历史数据进行预测，但前提是企业可以有效追踪数据，因此逆向物流的数量可以进行事后的统计但难以进行事前预估。

3）发生逆向物流的地点较为分散、无序，逆向物流商品难以一次性向接收点转移

在当今经济全球化的背景下，企业通过信息工具和网络平台形成了遍布全球的销售格局，导致逆向物流的发生地点同样具备全球化特征。而相比较正向物流的规模化，逆向物流发生地点较为分散、无序的现象非常明显，所以逆向物流商品难以像正向物流商品一样一次性向接收点转移。

4）发生的原因通常与商品的质量或数量异常有关

逆向物流的发起主体为企业时，逆向物流发生的原因通常与商品的质量、数量异常有关，如质量不过关、数量有误等都可能导致逆向物流的发生。

在企业运营过程中，存在库存控制不当导致货物积压，以及销售不畅造成库存积压、上下游企业存在商务纠纷等原因造成的逆向物流。

例如，某电器制造企业向某电器销售企业供应一批电器，而电器销售企业未能及时支付货款，在沟通无效后电器制造企业将电器销售企业诉讼至法院，最终的判决可能会要求电器销售企业退回已接收但未售卖的电器，由此产生逆向物流。

同时，必须要注意的问题是，在电商逆向物流实践中，客户的喜好及心情，商品的颜色、尺码、规格等因素都会对电商逆向物流产生影响。

5）处理系统与方式复杂多样，不同的售后处理方式对商品价值的有效恢复具有不同影响

发起逆向物流的主体不同，业务模式不同，所涉及的运作主体必然不同。多主体的情况，会有多种处理系统与方式，比如企业自行经营逆向物流、外包逆向物流的模式，将商品退回区域维修中心、退回生产源头或者退回原材料供应商处等，不同的处理系统与方式将导致逆向物流的复杂度增加。

在不同的供应链主体、商业生态群落未能有效建立的情况下，从发起点到生产源头可能会是一条非常复杂的链路，逆向物流过程中商品可能会受到二次破坏。不同的售后处理方式，如直接退换货、翻新、拆解零部件等，对商品价值的有效恢复具有不同的影响。所以，尽量进行供应链多级库存闭环建设和商业生态群落的建立，将是企业加快售后产品拆解，循环使用，降低能耗，低成本、高效益地实现逆向物流价值的重要手段和工具。

4. 逆向物流的影响因素

逆向物流的普及、质量提升、受重视程度和企业、消费者具有很大的关系，同时会受到其他因素的影响。

1）环保意识的觉醒及立法推动

环保意识的觉醒以及双碳理念不断深入人心，使得售后业务快速发展。逆向物流中重要的一环是包装，而过度包装问题近年来屡受诟病，如何实现包装轻量化、环保化是企业与消费者共同关注的内容，而包装对于双碳管理也有一定的影响。

我国陆续颁布并更新了一批法律法规，如《旧水泥纸袋回收办法》《固体废物污染环境防治法》《民法典》《环境保护法》《消费者权益保护法》《促进扩大内需鼓励汽车、家电"以旧换新"实施方案》《家电以旧换新实施办法》等，这些法律法规都要求企业积极介入售后业务的管理，从过去的被动管理向主动管理转变。

2）日益缩短的产品生命周期

随着科技的发展，生产工具不断更新，生产组织模式和交互模式不断变化，产品迭代的速度较之前有了大幅提升，可谓"之前二十年不变，现在一年一变"，某些产品甚至到了一年几变的程度。

如汽车领域，早期一辆黑色的汽车畅销几十年，但是现在同一款汽车基本上每年都有些小的变化，三年就会有升级。近年来，电动汽车发展迅速，其工艺有所简化，更新迭代的速度也随之提高。

海尔电器的新组织模式使得其创新更加灵活，这种阿米巴的小群组创新倒逼着企业在日益缩短的产品生命周期中加强产品库存控制，同时也要求企业积极介入产品售后管理、逆向物流及逆向供应链的建设。

3）新的分销渠道

在互联网经济情况下，商业组织急剧变革，尤其是在我国，传统分销模式与新技术工具结合，创新不断。

我国自20世纪末开始进入互联网经济时代，互联网经济深度介入社会发展过程中，对商业组织创新起到了推动作用。其强调扁平化、矩阵化、去中心化等理念，电子商务深入人心并且日益对大众的生活方式进行着深度改造，许多企业的组织架构都在进行重构，以至于许多境外企业纷纷在我国建立自己的电子商务网站或者在我国的电子商务平台上开设官网、旗舰店等。

因此，新的分销渠道导致新群体和新需求的出现，这些新群体和新需求对于逆向物流的商业主体而言是个较大的挑战，而商业主体为了满足客户需求，需要不断加强对逆向物流的重视。

4）供应链中的主导力量转移

一般而言，早期供应链的链主通常为生产制造企业，随着新经济的到来，链主发生着变化，这种现象在美国 20 世纪 60 年代较为明显。比如，传统的生产制造企业——宝洁、联合利华等，它们都是生产制造领域的强者，但是沃尔玛兴起之后，它们慢慢地开始让渡链主地位，而亚马逊兴起之后，沃尔玛又开始进行链主地位的让渡。

这种情况在我国更为明显，比如海尔电器是我国早期制造业供应链的链主，一些家电连锁品牌企业兴起之后，它开始了链主地位的让渡；京东电商兴起之后，苏宁、国美老一代家电连锁企业又继续让渡链主地位，甚至最终倒逼苏宁和国美进行电商化改造。

供应链中的企业距离终端用户越近，提升服务满意度的需求则越大，比如小米手机售卖商直接面对消费者，而小米手机售卖商上游的生产者则是间接面对消费者，因此，消费者是对小米手机售卖商提出较高的服务要求，但是，这一切都会倒逼着整条供应链重视客户满意度，从而使供应链不断加强售后管理和提高逆向物流的管控水平。

5）企业降低成本及提升经济效益的要求

很多人只看到了加强售后管理与提高逆向物流的管控水平的成本，而且随着新的组织模式和升级迭代速度加快的情况下，各项成本都在增加。然而通过加强售后管理，加快产品的快速回转，企业可以对某些零部件进行二次应用，从而有效降低产品成本。

对于许多逆向物流产品而言，通过快速回转，进行二次翻新售卖，不仅可以降低零部件采购成本，还可以提升经济效益。

因此，对于产品的售后管理、逆向物流管控，企业如果能够真正认识到其中所隐藏的"巨大金矿"，就可以达到有效降低产品成本和操作难度及增加经济效益的目的。

5. 逆向物流的类型

逆向物流的分类方法众多，具体如下。

根据回收物品的特点，逆向物流可分为退货逆向物流和回收逆向物流。退货逆向物流是指下游客户将不符合订单要求的产品退回给上游供应商。回收逆向物流是指将最终客户所持有的废旧物品回收到供应链上各节点企业的物流活动。

根据材料的物理属性，逆向物流可分为钢铁和有色金属制品逆向物流、橡胶制品逆向物流、木制品逆向物流及玻璃制品逆向物流等。

根据成因、途径和处置方式及产业形态，逆向物流可分为投诉退货、终端用户退回、商业退回、维修退回、生产报废与副品回收、包装回收 6 类，具体内容如下。

1）投诉退货

投诉退货是指终端用户在收到产品后发现与所订购产品不符或者不满意，因此进行投诉，最终商家允许退货，这种逆向物流在当今的电子商务领域较为普遍。

2）终端用户退回

产品在使用过程中，出现质量问题或者终端用户不满意时，无论是否在保质期内均可能产生退回的情况。

3）商业退回

这是指因商业条款、采购预测出现问题，商业环境变化及出现商业损害行为等导致库存积压、销售不良、面临法律诉讼等，最终使得产品被退回的情况。这种情况一般发生在企业之间。

4）维修退回

维修退回一般由终端用户上一级的企业发起，大多是通过逆向物流进行返修，可以溯源。

5）生产报废与副品回收

这是指供应链节点中生产制造企业由于生产冗余、产品质量问题所造成的残次品、不合格品及副品等的逆向回收，大多是批量进行的。

6）包装回收

产品的包装属于逆向物流的重要内容，除通常意义上的产品包装外，还包括储运托盘、物流包装。包装回收及循环使用已经成为当前逆向物流的重要课题，国内在包装物流循环方面做了许多尝试，不断有新的模式和材料出现，尤其是商业领域与工业领域的联动，如路凯托盘循环。商务部组织的商业体系托盘循环使用等课题都在一定程度减少了社会资源浪费，起到了降低成本、增加收益的作用。

6.逆向物流的战略意义

随着人们生活水平和文化素质的提高，环境保护意识的不断增强，无论是个人的消费观念还是企业的消费观念都发生了巨大的变化，许多企业开始重视逆向物流，这不仅仅是提升客户满意度的低层级需求，更是提升自身竞争力的重要手段。逆向物流的战略意义如下。

1）提升企业的竞争力

企业的发展要以提高客户满意度为基本目标，逐步放宽退换货政策，从而有效提高客户忠诚度，最终提升企业的竞争力。

企业实施逆向物流能够提高市场占有率，在当今的管理理论和实战中，以客户为中心已经不仅仅体现在企业为其提供高质量的产品，更体现在企业为其提供全面的服务保障，而逆向物流的顺畅是提供全面的服务保障的重要内容。

2）加快建立多级渠道库存

逆向物流能够快速减少瑕疵品和滞销品数量，减少企业的无效成本占用，在销售渠道和网络中可以起到净化供应链无效冗余的作用，加快全链路的周转。

3）促进法律法规不断完善

国内法律法规的不断出台，倒逼着企业不断增强环保意识，尤其是不可再生资源的稀缺以及环境污染日益加重已经成为任何一个企业都必须要考虑的因素。

国外对于资源和环境的保护较为严格，例如德国的《循环经济法》强制要求制造商、进口商和零售商共同负责包装的回收；而荷兰更是规定回收材料的比例必须达到一定标准；欧盟也有同样的规定。

我国在硬性指标规定方面尚没有明确的标准，但未来一定会有要强制执行的数量标准，因此企业要有充分的思想准备。

4）重新获取产品价值

废弃物中有一部分确实已经丧失了功能，甚至含有有毒物质，而另外一部分完全可以进行回收和二次使用，这种废弃物具有再生产价值，回收这种废弃物对于企业而言可以降低成本，对于社会而言有助于增加就业。

5）有效恢复资产价值

对不良品、残次品进行处理，可以有效减少物料消耗，并且能够使得回收产品得到二次使用，是有效恢复资产价值的重要方式。

6）获取利润的新途径

企业在管理逆向物流的过程中，可以主动进行市场占有率的保持，对残次品进行回收，从而保持优质品的利润，还有可能使市场占有率提升。

不仅仅是企业，对于我国的逆向物流产业而言，也可以说是市场潜力巨大。一些企业并没有逆向回收能力，因此，完全可以建立公共的逆向回收体系，从而实现社会、企业和消费者的多方共赢。

7. 逆向物流的理论基础

实施逆向物流不仅是企业以及社会发展的现实要求，也有相应的理论支撑，具体如下。

1）可持续发展理论

可持续发展是指不仅要满足当代人的需要，还要不对未来的发展构成危害的发展方式，以公平性、持续性、共同性为三大基本原则。可持续发展理论要求实现共同、协调、公平、高效、多维的发展。

2）循环经济理论

循环经济理论强调地球的资源是有限性资源，必须实现循环使用方能永续发展，所以我们对于可以再利用的资源应该进行循环使用。

3）生态经济学理论

生态经济学强调物质文明与精神文明的统一，为打造和谐宜居的社会，我们应该关注各种功能要素的再利用，这在一定程度上从经济学的分支为企业和社会的经济效益提供了理论支撑。

4）交易成本和网络组织理论

交易成本与网络组织形态的变革是实施逆向物流的组织基础。需求主体通过让渡合理利润，从而获得较为专业的服务，同时，服务商较为全面的网络组织可以降低需求方再次筹建服务网络的成本投入。

5）产品生命周期理论

产品生命周期理论决定了产品需要不断更新换代的发展趋势，从而使得企业主动回收旧产品，为新产品的面世提供机会。

6）闭环供应链理论

就供应链本身而言，打造闭环供应链已经成为供应链优化的重要课题，尤其是逆向物流向逆向供应链转移的趋势决定了企业和社会在逆向物流方面必须重点发力，从而实现供应链的优化和竞争力的提升。

| 第 2 节 | 生产制造企业中的逆向物流

生产制造企业的逆向物流越来越受到重视。为了提升整个供应链的竞争力，同时降低后续逆向作业的难度，众多生产制造企业从工艺和环保角度开始不断进行新材料和新工艺的研发，比如，从产品设计角度考虑产品是否可以有效分解；产品是否能够实现循环利用；是否可以对更多的零部件进行回收；是否可以使得产品的生命周期延长或者可以自动进行产品的更新迭代、新功能的再次灌装。在网络复杂度更高的信息时代，生产制造企业要充分考虑易于分解和回收等因素。

1. 企业生产中的逆向物料类型

生产制造企业的逆向物流围绕着生产制造企业的上游原材料、内部半成品和下游产成品进行，其商业主体是生产制造企业。无论是质量问题，还是工艺制造问题所造成的需要批量回收、退货返修和原材料退回等，都属于生产制造企业所管控的逆向物流范畴。

生产制造企业除非遇到较大规模的质量问题或者具有重大意义的单品，一般不直接面对终端消费者，更多的是与其他企业共同组织物料的逆向流动。

企业生产中的逆向物料主要包括以下几种类型。

1）废料

生产中的废料主要是指已经没有利用价值的物料，或只能通过二次转化进行再利用的物料。

2）呆滞物料

呆滞物料一般是由于产品模型的变化或销售预估错误造成的冗余物料，可以进行加工重构，也可以作为备品备件分发至各地的备品备件仓库中使用。

3）陈旧物料

陈旧物料指已经没有使用价值，需要重新构造或者变更用途的物料。

以上 3 种需要回收的逆向物料大多产生于企业级客户之间，因此具有一次性和批量性的特点。

2. 废旧物料处理的方针

在逆向物流中，企业对于废旧物料的处理需要给予足够的重视，不能采取一扔了之的方式，应按照如下方针进行处理。

1）事前防范重于事后处理

在生产制造领域，企业应强调一次性质量合格品的生产。但是我国一些企业往往重视检验，将质量控制环节后延，从而造成产品出厂乃至到达最终客户手中时出现质量不过关的情况。

日本与德国的企业在质量控制等方面做得较好，更加注重生产的一次性质量交付率。随着自动化、信息化等水平的提高，我国企业的生产质量交付率提升得非常快，这在一定程度上保证了事前防范的成功，从而保证了事后回收率较低。

2）事中加强抽检监测

随着技术的发展，事中生产制造环节可以由计算机和机器人完成，因此事中抽检更加频繁，这在一定程度上保证了产品质量的提升。

3）事后快速处理，降低二次消耗

生产制造企业在产品出厂后，同样承担着售后维护的责任，因此加强售后逆向回收和二次拆解，与销售企业共同建立回收生态体系，可以快速处理问题，有效降低成本，同时提升客户满意度。

3. 废旧物料逆向物流的特点

废旧物料逆向物流既有一般逆向物流的特点，又具有自己独特的特点，具体如下。

1）分散性

电子商务的无边界化使得销售网络也具有全球化的特征，在这种情况下，产品可以遍布全球，分散性极强。而因产品质量产生的售后问题和因客户自身问题产生的售后问题更具有散点式的特征，这在一定程度上给生产制造企业的废旧物料回收增加了难度。

2）缓慢性

因为销售的全球化特征，再加上售后问题的散点式特征，而且全球各地的物流服务水平并不一致，逆向物流不像正向物流具有批量化特征，所以逆向物流具有缓慢性。从散点分布到小量集合再到批量汇总，然后统一发运至产品源点，将会是一个较长的业务流，这是逆向物流缓慢性的重要表现。

例如，从我国通过航空运输批量发货可以在一周的时间内将产品运至南非的大多数地方，但是当零散的售后问题出现后，客户从提出售后退回到产品真正回到我国的时间可能需要 30 天，甚至更长。

3）混杂性

在产品的售后过程中，终端客户以及上一个环节并不能很好地区分质量问题、使用问题或者是其他问题，物流服务企业在收取发运的过程中，经常将各种产品，甚至是物理、化学属性互斥的产品混杂在一起，从而导致产品的二次损害，同时给源头企业在处理售后问题时增加了难度。

4）逆向性

销售网络具有全球性，并不代表维修保养体系也具有全球性，因此很多产品无论是要更换还是要维修，都可能会产生逆向物流，而不能在当地快速处理。

4. 主要预防方法

生产制造企业为减少逆向物流量，应在设计、工艺、运营管理等方面加强预防，具体如下。

1）内部实行全面物料控制、综合调剂管理

企业内部要提升物料管控的水平，首先要进行计算机系统管控，逐渐剔除之前的完全靠人管理的方式，形成先进先出的管理习惯和效期管理意识，采用全面质量管理和品管圈等方法，将所有物料纳入 WMS。

而且，企业应尽量对物料进行集中管控，综合调剂，从而形成共用的方式，这样能避免不同部门、不同体系自行采购，最终避免浪费。

2）针对物料性质采取恰当的保管条件

产生废旧物料的因素有多种，诸如预测不准、商业环境变化、生产工艺落后等，其中最重要的一个因素就是未考虑物料性质而造成保管失当。因此，企业要针对物料性质采取恰当的保管条件。

比如，对于金属物料需要考虑到阳光、雨水、温湿度等，防止其氧化、生锈等；对木材等，务必要保证其干燥；粮食等物料要求保持干燥，同时要能有效避免虫咬鼠盗情况的发生。

3）多部门协调，尽量将原存储物料全部用完后再用新物料

企业应强化内部管理，尤其是企业内上下游业务部门要达成共识，即在条件允许的情况下，尽量将原存储物料全部用完后再用新物料。

4）合理预测并提前准备，以避免重大损失

对于生产制造企业而言，废旧物料的产生多缘于在销售预测环节因为销量的不可预见性和销量预测的不准确性所造成的采购过多。因此，生产部门、采购部门与销售部门

应加强联动，强化销量预测的准确性，同时制定有效的保守政策和续订政策，在续订与售后成本之间找到最佳的平衡点。制定合理的安全库存和应急采购制度也是非常有必要的一件事情。

5. 生产制造企业中的逆向物流的流程控制和决策

生产制造企业在进行逆向物流管理时要考虑其所具有的特点，应保证流程可控，全球服务，尽量供应标准件，最大限度地降低逆向物流作业难度。

1）逆向物流流程：收货前审定、收货时分类、收货后处置

逆向物流流程主要包括：收货前审定（产品质量投诉—客服判定—明确退换货）、收货时分类（快递或物流公司上门收货—简单分类—发运至商户或指定维修场所）、收货后处置（判定问题—拆分—翻新—换货—二次销售或销毁）。

逆向物流流程并不是简单的物流流程，它是和客服体系紧密相连的。在逆向物流流程中，企业一定要进行客户关系管理（Customer Relationship Management，CRM）。对于客户而言，最主要的是便捷性和时效性，因此提供便捷高效的逆向物流服务则成为企业制胜的关键。

2）进出口产品换货的海关应对、进口返运、出口退运

从流程角度而言，进出口产品的正向与逆向物流具有一致性，企业都需要提供销售合同、发票、产品信息、完税证明等材料。但是物流进口返运对单据有其他要求，客户应出具检测报告，企业方可进口进行维修，维修完毕后企业可以再次发运或者更换新的设备发出。

因此，进出口商品换货在物流流程上并无太多需要关注的地方，一般采用国际水路运输或者航空运输，流程控制点多出现在单据和证明材料上，这是与一般的逆向物流流程稍显不同的地方。

3）设备返修、销售货物的退货

设备返修更多地体现为因产品出现质量问题或者是使用过程中出现问题需要进行维修而发起的退货行为，从发起点开始按照责任主体可分为用户退回和商家及制造企业上门回收，而维修完毕后的发回一般由维修单位负责。

销售货物的退货更多是因为产品出现质量问题，可以由用户发起，也可以由销售单位发起，但是无论由谁发起，产生的费用均应由上游商家负责。

4）实现物料标准化、一品多用途

实现物料标准化、有效共用标准件（一品多用途）是减少呆废料和冗余物料的重要举

措。企业应该对自身的生产制造工艺进行有效的整改，尽量将标准件进行标准化，避免物料陈旧和呆滞，有效降低管理难度。

| 第3节 | 商业领域中的逆向物流

商业领域中的逆向物流指的是商贸流通企业在运作过程中发生的逆向物流，主要包括客户产品退回，以及自己上门回收、自己向上游供应商退回等内容。

1. 产品退回物流的定义

产品退回物流是指产品自零售商开始沿着供应链向最初供应商或其他处理点的整个回流过程，强调逆向物流中的退回作业节点。

但是，在商业领域，商贸流通企业一般而言真正面对的都是终端消费者，因此更加强调逆向物流的便捷性和时效性，这才是提升客户满意度的有效方式，也是企业真正提高核心竞争力的关键。

2. 客户产品退回的原因

客户退回产品有多种原因，有的是因为产品本身存在的质量问题，有的是因为产品的规格或性能问题，还有一些是出于用户的主观原因，另外不排除恶意退货的情况存在。

1）客户购买产品后，在接收时或使用过程中发现产品存在严重缺陷

客户在接收时，发现产品存在严重缺陷，如玻璃制品破损，产品零配件掉落等问题，购买的产品颜色、规格与所订购产品不符等，都会直接拒收，因此导致产品退货的情况发生。

客户在使用过程中也可能发现产品存在严重缺陷，比如计算机开机不能正常显示、手机屏幕出现非正常花纹，以及手机在使用一段时间后出现发烫等情况，因此需要进行退货处理。

2）产品的功能或质量未能满足客户需要

客户在购买产品时，因对产品的功能描述并没有完全理解或者产品本身的描述不清晰，在确认产品外观无误后，在使用过程中发现产品的功能或者质量不能满足自身需求，

就会要求退货。

3）产品的使用技术与操作方法过于复杂，导致客户难以正常使用产品

客户在使用产品的过程中，发现产品的使用技术或操作方法过于复杂，体验感很差，最终要求退货。

4）某些客户滥用一些零售商在销售产品时承诺的"无理由退货"的销售政策

以上 3 种情况均为正常原因的退货，而另外一种情况属于滥用"无理由退货"的销售政策。

这类退货大多为客户在使用产品一段时间后，自身感觉发生变化或者感觉实际意义并不大，且产品处于可退货期间，因此客户根据零售商承诺的"无理由退货"政策进行退货。

5）进口退运、出口返运

进口退运、出口返运是指在国际贸易中因各种政策、环境的变化，如汇率发生变化、客户所处地区不能正常接收货物，以及因产品质量问题所导致的产品退货。

3.零售商产品退回的原因

流通渠道中的零售商因为直接面向终端消费者，而终端消费者需求众多，所以产品退回的原因众多，具体如下。

1）库存产品即将过期或已经过期，按规定零售商不能再销售该产品

产品订购策略出现失误或者销售环境发生变化，导致零售商库存发生积压，未能在有效的时间内销售产品；或者在销售的过程中，由于批次管理不当，零售商未能遵循先进先出原则，导致产品临期或者已经过期，从而不能再售卖，进而发生退货。尤其是对于食品类产品而言，这种情况更为严重。

2）库存产品的包装已过时

随着"00 后"消费群体登上舞台，受个性化、"宅经济"等因素的影响，尤其是圈子文化的影响，包装的冲动效果以及个性因子要求加强，早期的耐用、结实、稳重的文化因素和购物要素逐渐降低。所以，为了获得新生代客户的喜爱，零售商不得不加快包装的迭代和更换。

3）季节性产品错过销售时间点

季节性产品具有明显的时间属性，尤其是具有节日属性的产品，如元宵、粽子与月饼等。这些产品一旦错过了销售时间点，就意味着失去了商机，而在这个时间点之后的冗余库存要么以极低的价格进行促销，要么退回上游生产厂家进行后续处理。

4）库存产品已被新款产品替代

在鞋服领域以及电子产品领域，由于新款产品的出现，老款产品不能正常销售而产生退货，属于正常的商业现象。但是一般而言，上游生产厂家在进行产品迭代的过程中通常会考虑老款产品的库存问题，或者是通过价保等手段对零售商进行利益补偿。

5）库存产品已被新的法律法规禁止销售

在零售商产品退回的原因中，有一种是产品因具有与现行法律法规相抵触的要素而强制退回，比如产品可能含有能对人体造成伤害的物质、产品中的物质标准参数发生变化、外包装的内容不完善及使用被禁止的字样、图片等，因此必须退回。

在当今自媒体时代，任何细节的不注意都会造成这种情况的发生。比如，娃哈哈的一款产品的包装上出现了日本"福岛"字样，即意味着水源位于福岛，因为福岛涉及核辐射问题，所以无论娃哈哈如何解释最终都会形成一种尴尬的境界：如果承认是真的，那就意味着产品含有有害物质；如果否认，那么娃哈哈"我们不生产水，我们只是大自然的搬运工"的宣传口号就大大减少了说服力。

在这种情况下，娃哈哈最终只能对该款产品全部进行回收，采取静默处理的方式。我们通过这件事情可以看出，产品质量问题是个致命的问题，但是因为产品宣传、包装不当所造成的影响同样不可小觑。

6）某些产品库存过多

产品库存过多造成的退回现象并不少见，这在一定程度上验证了供应链的不完美性。因此，如何实现供应链全链路库存的透明化，提升内部矩阵式管理水平，实现库存网络间的合理调度，真正从采购源头进行有效预测就显得非常重要。

7）零售商由于各种各样的原因退出零售行业或破产

网络经济时代的商业发展步伐非常快，在这种情况下，变更经济赛道是一种常见现象。另外，也有一些极端事情的出现会导致实体企业倒闭。比如，2020年生鲜社区团购对生鲜零售体系的冲击导致众多生鲜零售实体企业倒闭。

以上情况都显示出零售商的业务会受到多种因素的影响，零售商在外部和内部因素的影响下，退出零售行业，甚至破产，最终会进行产品的清盘，导致批量化的产品退货现象发生。

4.逆向物流的管控步骤

零售商在实施逆向物流的过程中，尤其是针对大批量产品的退回，大多会按照"方案制定、成本核算、审核确定、操作实施"4个步骤执行。

1）方案制定

逆向物流的方案制定更多考虑产品属性、数量、发出地与退回地、车辆使用状况等要素。逆向物流方案一般在逆向物流数量较多、影响面较大的情况下才需要制定，比如曾经的奶粉事件是波及全国的重要事件，因此必须要制定可行的逆向物流方案。

2）成本核算

成本核算是方案制定的一部分，因为在退回过程中本身就有成本或费用支出。因此成本的测算是重中之重的事情，如何尽量降低成本是整体方案制定中最重要的部分。

3）审核确定

逆向物流方案经过财务部门、采购部门等相关部门的审核，最终由物流部门执行。逆向物流方案的执行主要需要解决的问题是判责问题，第一是产品的损失，第二是企业商誉的降低，第三是成本的损失，因此明确各个环节的权责归属十分重要。

4）操作实施

在逆向物流方案的具体执行过程中，相关部门应做好产品分类、数量清点等活动，尽量不对产品价值造成二次损害。

5.产品逆向物流管理的作用

以某食品企业为例，该食品企业为世界 500 强企业，具有全球采购的能力，在向国内进行产品供应的过程中，逐步推出以欧洲奶源为主的高品质低脂牛奶。

夏季炎热，牛奶从欧洲通过海运到达中国境内，运输周期长达 30 天，在集装箱内发生了高温胀包的情况。牛奶被收下之后，该企业开始对牛奶进行检测，发现牛奶存在结块的问题。因此，该企业与欧洲生产公司商讨处理方案，最终，双方达成一致，由专业回收公司对这批牛奶进行回收处理。

该企业根据这一情况开始进行方案制定，首先遴选有资质的专业回收公司，要求专业回收公司具备回收处理经验，不能造成二次污染，不能进行二次售卖；然后核算成本，计算车辆费用、装卸人工费用、装卸设备工时使用费用等各项费用。

方案确定后，先由该企业内部采购部门和财务部门审核，审核通过后提报给欧洲生产公司进行审核，取得多方的一致认可后，最终进行方案的执行。该企业还要求专业回收公司提供实际的牛奶处理照片，因为考虑到牛奶处理不当可能会对土地造成伤害，要确认牛奶确实是倒入饲料池中作为饲料的原材料才算取得圆满的处理结果。

通过以上案例，我们可以看到，加强对逆向物流和售后品的管理，能够达成如下目的。

1）减少资源消耗、节约成本、增加企业利润及减少对环境的污染

对产品逆向物流的管控，可以有效减少资源消耗，实现二次分解及循环利用；对于企业而言，也是降低成本、增加企业利润的手段之一，最主要的是在碳达峰和碳中和的现实要求下可以减少环境污染。

2）提高客户满意度，是培养忠诚客户群的有效手段

互联网时代，商家对客户满意度的关注度不断提高，根据长期的实践可以得出，逆向物流是能够培养忠诚客户群的手段之一，因此所有的商家都在不断提升逆向物流的管理水平，尤其是电子商务企业更是把售后包邮作为开拓市场的利器。

3）使企业获得社会效益，树立良好的企业形象

无论是从国家法律法规层面还是从企业自身的社会责任感层面而言，加强产品逆向物流管理，企业不仅可以实现降低成本、提高效益，在一定程度上也能够提升社会效益，树立良好的企业形象，尤其是作为一家"有良心"的责任企业往往可以快速得到大量消费者的认可和极大的支持。

4）建设逆向供应链生态群落，取得"多赢"效果

当前的逆向物流已经开始逐渐向逆向供应链转变，单打独斗地实施企业逆向物流已经不能满足当前的供应链管理需要，因此建设供应链逆向物流的多级库存体系，打造公开透明的供应链逆向管理系统，实现内部信息的自由流转，最终为实现逆向供应链生态群落的建设而努力，可以形成供应链上下游企业、生态群落的多赢局面。

6.逆向物流管理原则

企业如果不对逆向物流加以重视或者无原则地承诺，可能会遭受重大损失，因此，企业在进行逆向物流管理时应遵循如下原则。

1）加强对逆向物流起始点的控制

逆向物流最大的问题在于起始点的散点化和非集中化，而通过对正向物流数据的解读，结合大数据，并进行长期的追踪、观察，企业可以实现对区域销售的有效预测。

企业可以加强逆向节点网络建设，实现对逆向物流起始点的控制，从而为后续的管理提供更好的网络支持。

2）尽量缩短产品退回处理周期

缩短产品退回处理周期是所有企业在进行逆向物流管理时都应该遵循的原则，商业零售领域是直接面向消费者提供服务的，如果消费者退货时，商家同步换货，消费者的体验会更好。尤其是产品需要维修或者鉴定再返回消费者手中或判定下一步该如何处理时，缩短产品退回处理周期对于消费者的满意度就会产生很大的积极影响。

缩短产品退回处理周期并不仅仅是运输速度的问题，还与零售商、经销商、生产商在逆向物流体系中的网络布局及售后库存有关，这些因素在一定程度上都会对产品退回处理周期产生影响。

3）建立一套完善的物流信息系统

建立完善的物流信息系统已经成为当前众多企业的重要管理手段，将物流信息系统与CRM 系统打通，同时实现与 WMS 的有效对接，如果涉及退费等行为则应与财务收费系统进行对接，就能在企业内部形成透明、自由、流畅的信息流，这样逆向物流管理效果将会得到极大的改善。

4）建立集中的退回产品处理中心

影响产品退回处理周期的因素还包括整体的售后处理系统，尤其是在大数据的应用背景下，根据区域和历史数据的有效判定建立退回产品处理中心，能有效提升处理速度，提高客户满意度。

在我国，退回产品处理中心一般围绕着大的经济区域建立，企业大多在北京、上海、广州、深圳、武汉、成都、西安、沈阳 8 个城市建立退回产品处理中心，可以实现两天内产品的返回集中处理。一般而言，退回产品处理中心能够能在 7 天内完成任一的全国散点逆向产品从收到返的全链路过程。

5）实行零返回产品流策略

零返回产品流策略指上游生产商或经销商根据自身产品的质量情况，以及考虑到产品返回的成本和解决普遍存在的问题的难易程度，给予下游零售商的一个可以自行处理的额度，额度一般控制在 5% 之内。

这种策略在一定程度上可以有效减少物流费用，缩短对产品的处理周期，实现当场退还，有效提升客户满意度。

6）对退回产品实现资产恢复

对于退回产品的处理主要分为质量问题可以进行维修、破损损坏能够进行拆解、无法进行拆解且不再具有二次维修的必要性则会进行报废 3 种方式。对于退回产品的处理应本着先维修以二次售卖，然后进行拆解的优先回收的原则实现资产恢复，这是实现企业效益和社会效益最大化的一种环保方式。

7.逆向物流中退回产品的处理方法

零售商在收到退回产品之后，会根据产品的质量以及是否可以进行维修或者二次销售等，进行多种处理，具体如下。

1）把产品退回至制造商

退回产品确实需要进行维修，且维修所需技术水平超出零售商自身能力，零售商便会将其退回至产品源头，即制造商处进行维修或者直接退回。

2）将退回产品作为新产品出售

产品质量与外观均没有任何问题，并且包装没有被打开过以及产品没有被真正使用过，零售商完全可以将其作为新产品销售，但是，现实中采取这种方式的零售商比较少。

3）将退回产品打折扣出售

一般而言，凡是退回的产品尽管质量没问题，外观也完好，均会打折出售，但此种方式在实际的零售体系中较少使用。零售商可以将其放在专门的二手店或者是折扣店销售，但是在零售体系的现有框架下一般不会这样操作。

4）将退回产品卖给二级市场

将退回产品作为新品出售或打折出售的方式都不是真正意义上零售商的退回产品处理方式，零售商通常在保证退回产品没有质量问题后，根据产品等级向二级市场批量售卖而不使产品在本体系内循环。甚至，比较常见的一种方式就是直接通过回收公司进行整体回收，然后进行分类处理。

5）将退回产品捐赠给慈善机构

一些零售商会对质量没有任何问题的产品根据外观进行分类，同时考虑到企业社会责任感，有部分退回产品会被直接捐赠给慈善机构，这样既能实现产品的循环，又能为这些慈善机构提供与生活有关的设备、产品等，是一种多方共赢的处理方式。

6）将退回产品进行重造、整修后再出售

将退回产品进行重造、整修然后再出售的方式一般不是由经销商、零售商来做的，大多由上游生产厂家操作。他们有重造、整修产品的能力，重造、整修后的产品与新品其实并没有区别，因此完全可以再次进行售卖。

7）将退回产品中的物料进行回收、循环使用、掩埋

对于退回产品的处理，经过判定首先应该遵循恢复的原则；然后是拆解，将可以循环使用的再次利用，因此回收与循环使用是处理退回产品的较佳途径。

原则上，即使工业品无法拆解，也不应进行掩埋处理，而应通过专业渠道进行重铸、融解等。掩埋处理具有较高的标准，一般应用于易于分解和降解并对土地和空气没有伤害的物料，如食品腐烂物、废弃的纸张等；而对于塑料制品、油污、化学品等尽量不要采取掩埋的方式进行处理，最好统一由专业回收公司回收。

8.电商逆向物流

电子商务模式是零售模式的一种，主要基于互联网，是实现网络订购、线下实体交付或者线上虚拟物品交付的模式。电商逆向物流主要是指通过互联网销售的产品进行逆向物流的过程，更多地体现在终端客户对于因产品数量、质量不符合要求引发的拒收、退回、换货等需求而产生的逆向物流活动。

1）标准电商逆向物流流程

电子商务与众多人的生活、工作息息相关，一般而言，电子商务模式分成 B2B、B2C、C2C、C2B2C 模式。B2B 模式可以理解为一种展示、撮合模式，其本质依然是传统的贸易方式，而其他 3 种模式都是由平台公司提供展示机会连接供需双方或者由平台公司直接服务需方的模式。

涉及消费终端的模式包括两种。

一种是平台模式，以淘宝、拼多多为代表。这类平台就像传统的卖场，提供的是店铺租赁和秩序维护服务，平台上的所有产品均为入驻商户的产品。

另一种是自营模式，以京东商城、天猫和唯品会为代表，其中，京东商城较为典型（京东商城也有平台模式）。自营模式下，自营电商公司向上游供应商采购，进行产品的统一管理。

平台模式和自营模式衍生出两种不同的逆向物流流程，如图 3-2 和图 3-3 所示。

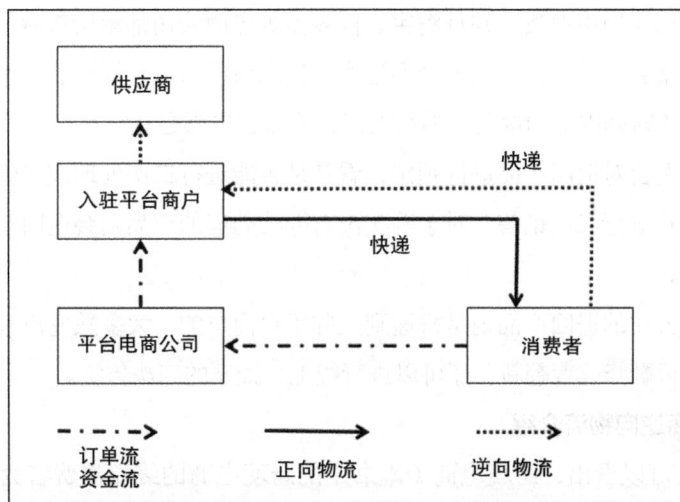

图 3-2　平台模式逆向物流示意图

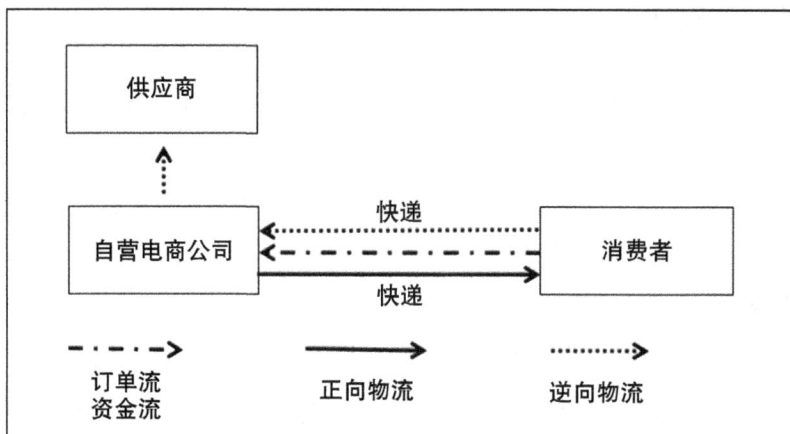

图 3-3　自营模式逆向物流示意图

平台模式与自营模式下的订单流、资金流是相同的，都是消费者直接在网上下单。在平台模式下，由入驻平台商户发货；而在自营模式下，由自营电商公司发货。

在进行售后处理时，消费者的退货请求均需得到电商公司的确认，但是在平台模式下，消费者可通过快递或者物流公司直接将产品回寄给入驻平台商户，而在自营模式下，则是消费者将产品寄到自营电商公司的指定仓库或者自营电商公司上门收取。

2）标准电商逆向物流操作标准

在电商领域，对于客户满意度的重视程度是各个商业板块最为成熟的一个板块，客户基本上都能够实现无理由退货。并且淘宝、拼多多等电商公司都承诺售后包邮，客户能够获得良好的售后服务体验，且电商公司通过物流信息系统自动选择快递公司，快递公司基本上都会在约定的时间内上门取货并随后发出，无须客户操心。

自营电商公司会对退回产品进行判定，看其是否能进行二次处理或者降价销售，一般都会以打折的方式进行二次销售，对于确实没有办法处理的产品则会退回至上游供应商或售卖给回收公司。

而平台电商公司的退回产品则是寄递到入驻平台商户的，大多数商户本身就是生产厂家，可以直接进行翻修或者翻新，还可以进行线上、线下的二次售卖。

3）跨境电商逆向物流介绍

通过图 3-4 可以看出，跨境电商（本书中的跨境电商的终端消费者为个人消费者在理论上是存在逆向物流的，但是考虑到实际情况，即逆向流程过长、烦琐，单据繁多、零散，起始点散点化严重，尤其是非洲、南美洲、中东等地的情况特殊，返回周期太长，且单品返回运费往往超过了产品本身的价值，所以在实际的操作过程中，商家会直接进行补发而不建议消费者退回产品。

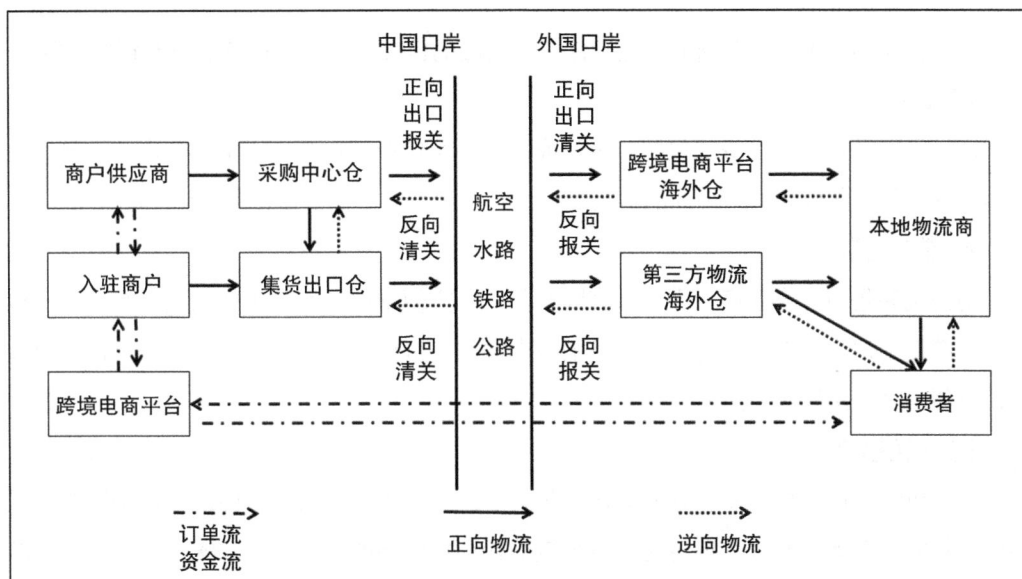

图 3-4 跨境电商逆向物流示意图

我国企业积极构建全球逆向物流服务网络，以菜鸟物流为代表的企业正在积极建立覆盖全球的仓运配送网络，未来将建立消费地的售后中心，使加快周转成为现实。同时，我国有一家快时尚领域的跨境电商公司——Shein，除正向供应链管控能力强外，还在全球建立了三大回转中心，主要围绕着中东、欧洲、美国等市场实现退回产品的快速回收、快速翻新、二次降价售卖。

菜鸟物流与 Shein 的示范作用，在一定程度上加快了国内的物流与电商公司的跨境网络布局速度，这也可能成为我国物流公司实现全球布局、弯道超车的重要机遇。

|第4节| 包装回收中的逆向物流

在商品流通过程中，包装主要起到保护商品、促进销售、储运便捷的作用，大包装是对所有的容器、材料和辅助物的总称。

1. 逆向物流中包装的分类

逆向物流不仅仅是针对商品的逆向作业，商品的包装也是逆向物流的重要管控内容。

1）商品包装

商品包装是指商品本身的包装，也是商品的最小单位的包装。以笔记本电脑为例，笔记本电脑外层贴的膜即为一种商品包装。

2）销售包装

销售包装是为促进销售、满足顾客购买需求，方便拿放及盛放主商品及配套耗材的包装。如销售笔记本电脑时，通常会将电脑与电源线、鼠标、说明书等都放在一个销售包装中，方便顾客一次性购买。

3）运输包装

运输包装是指保护商品、方便运输的包装。以笔记本电脑为例，假设生产基地在广东某地，其需要发运至北京，则会将一定数量的含销售包装的笔记本电脑统一放在一个运输包装中运输至北京。

如果是大规模调拨货物，就会采取带板运输，即将一定数量的笔记本电脑的销售包装全部按照一定的高度在托盘上码放好，然后用塑料膜进行缠绕并运输，也会将托盘与缠绕好的物品用大规格的纸质包装进行覆盖。

对于以上包装，企业在实际运作中也称之为"小、中、大包装"，或者称之为"内、中、外包装"。

在企业经营过程中，运输包装的种类、材质、规格多种多样，有些托盘可能会进行回收，有些则会直接作为废料进行处理。

2. 包装逆向物流的特点

1）多样性

基于包装的物理属性、化学属性、规格、数量、分布地点等的多样性，逆向物流包装也具有多样性的特点。

包装的多样性体现在材质的多样性、规格的多样性、技术要素的多样性等方面，因此在处理的过程中就会出现多样化要求。

材质的多样性指包装可使用纸质材料、塑料材料、玻璃材料、金属材料、陶瓷材料、竹木材料、皮质材料、其他复合材料以及一些辅助材料（黏合剂、涂料和油墨等）。各种材料在回收或逆向物流的过程中需要有不同的处理方式，要定制运输方案，不能按照完全标准的方式进行运输、存放。

规格的多样性即包装样式的多样性，主要包括正方形、长方形，甚至还有圆形、三角形及其他不规则形状等。因此在具体的逆向物流过程中，企业首先需要根据材质对其进行分类，然后将不同样式的包装进行扁平化拆解，从而使其适合运输和存放。

不同材质、不同规格的包装，在技术要素方面具有物理要素的多样性和包装成型的多样性。比如有些包装是一次压缩成型的，有些是拼装的，压缩成型的包装可以进行拆解，但是有些包装只能整体返回或者在打碎、切割后进行回收。

2）地点的广泛性和不可预见性

包装逆向物流与商品逆向物流同样具有地点的广泛性和不可预见性的特点，既有企业端的逆向物流，也有个人端的逆向物流，但是个人端的逆向物流大多是通过回收公司来完成的，企业端的逆向物流则一般是企业自身统一安排实施的。

以国内商品消费为例，中秋节的月饼销售将会是全国性的，月饼包装的管控也是全国性的，而月饼的包装包括运输包装、销售包装——手提袋，且销售包装有金属材质的，也有纸质材质的，还有塑料材质等，单个月饼有的用纸包装，有的用纸盒包装，还有的用塑料盒包装。通过这一简单的商品描述，我们可以更好地理解包装逆向物流具有地点的广泛性、影响因素的广泛性，以及对于不同材质的回收处理具有不可预见性等特点，如对于铁盒有些人可能会保留，有些人可能会扔掉，还有些人会卖掉。

3）时间的不确定性

包装逆向物流在时间上的不确定性主要体现在个人端，企业端的包装逆向物流往往发生在商品的批量购买之后，具有一定的可预测性。

同样以中秋节销售月饼为例进行说明，月饼的消费具有明确的时间，但是其售后需求的发生并没有明确的时间范畴；还有，电子商务企业销售的商品，一些消费者可能当场拒收，一些消费者可能在收货后才发现有数量问题、质量问题，还有一些消费者可能是使用一段时间之后才发现有问题并需要进行售后处理，这些都会导致时间的不确定性。

4）一次性使用或循环使用

对于消费者而言，所有的包装都属于"一次性"的材料；而对于企业而言，包装可能需要循环使用。

因此，包装是具有一次性使用特点还是循环使用特点，则需要根据包装逆向物流的主体进行确定。

3. 运输包装的分类

运输包装是逆向物流过程中非常重要的处理对象，包括集装箱、托盘、纸板箱以及一些特殊包装（如玻璃瓶等）。

1）集装箱

集装箱是能装载包装货或无包装货进行运输，以便于用机械设备进行装卸搬运的一种成组工具。

集装箱的发展过程可以反映为物流模式以及物流标准化不断发展的过程，当今的集装箱规格已经实现了在海、陆、空运输中的通用性和互换性，而且能够提高集装箱运输的安全性和经济性，促进国际集装箱多式联运的发展。同时，集装箱的标准化还给集装箱的载运工具和装卸机械提供了选型、设计和制造的依据，从而使集装箱运输成为相互衔接配套、专业化和高效率的运输方式。集装箱标准按使用范围分，有国际标准、国家标准、地区标准和公司标准 4 种。

国际标准化组织 ISO/TC104 技术委员会自 1961 年成立以来，对集装箱国际标准做过多次补充、增减和修改，现行的国际标准为第 1 系列，共 13 种规格。国际标准下，集装箱的宽度均一样（2,438 毫米）、长度有 4 种（12,192 毫米、9,125 毫米、6,058 毫米、2,991 毫米）、高度有 3 种（2,896 毫米、2,591 毫米、2,438 毫米）。

2）托盘

托盘是成组运输的载重工具，是使静态货物转变为动态货物的媒介，是一种载货平台，也是活动的平台，或者说是可移动的地面。

参考中国国家标准《物流术语》（GB/T 18354—2021），托盘可以定义为用于集装、堆放、搬运和运输的过程，作为单元负荷的货物和制品的水平平台装置。

搬运作业的原则就是作业量最少。托盘的使用不仅可以显著提升装卸效率，还可以使材料流动过程有序化，在降低生产成本和提高生产效率方面起着巨大的作用，而带板运输就是能够达到这种效果的最佳方式之一。

托盘的种类繁多，如柱式托盘、箱式托盘、轮式托盘、特种专用托盘、平板玻璃集装托盘、滑板托盘、植绒内托等；还可以按照绝缘性、材质（木托盘、金属托盘、纸质托盘、塑料托盘等）、规格大小等进行划分。

在国际运输过程中，为了解决与集装箱的兼容性问题，大多采用 1,200 毫米 ×1,000 毫米、1,200 毫米 ×800 毫米、1,219 毫米 ×1,016 毫米、1,140 毫米 ×1,140 毫米、1,100 毫米 ×1,100 毫米和 1,067 毫米 ×1,067 毫米等 6 种托盘规格。

3）纸板箱

纸板箱，俗称纸箱，是最常见、最常用的包装制品之一。

纸箱的使用一般按照商品的不同而进行选择，有瓦楞纸箱、单层纸板箱等，各种纸箱的规格和型号不一。常见的纸箱有 3 层的、5 层的，7 层的使用较少。

4）玻璃瓶

玻璃瓶属于特殊包装，一般都是使用玻璃材质，由企业根据自身商品的不同进行定制化开发。有些玻璃瓶在完成商品销售后会被作为废弃物回收，有些则是连同商品一同售卖。比较典型的商品就是液体商品，塑料瓶等与玻璃品具有类似的属性。

4.托盘及集装箱租赁与循环公用

托盘及集装箱租赁与循环公用有两种模式；第一种是应用企业向出租企业进行长期租赁，应用企业在内部使用，如图 3-5 所示；第二种是应用企业的短期租赁行为，如图 3-6 所示。

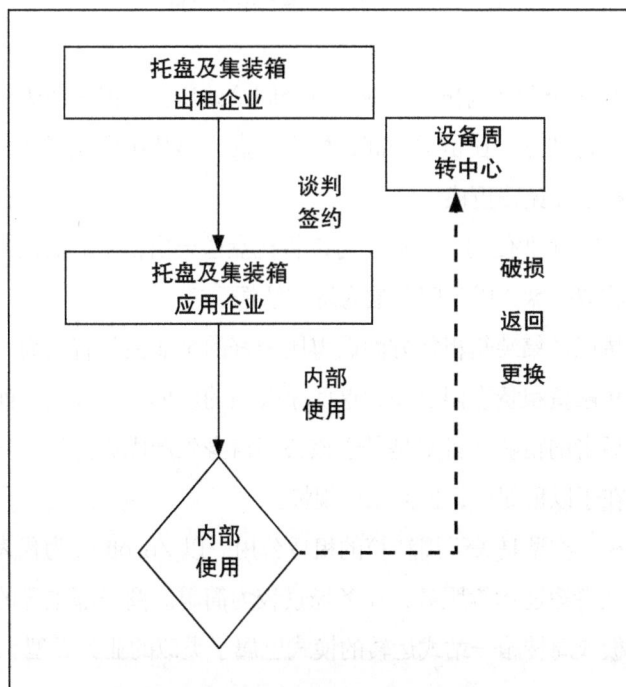

图 3-5　应用企业长期租赁流程图

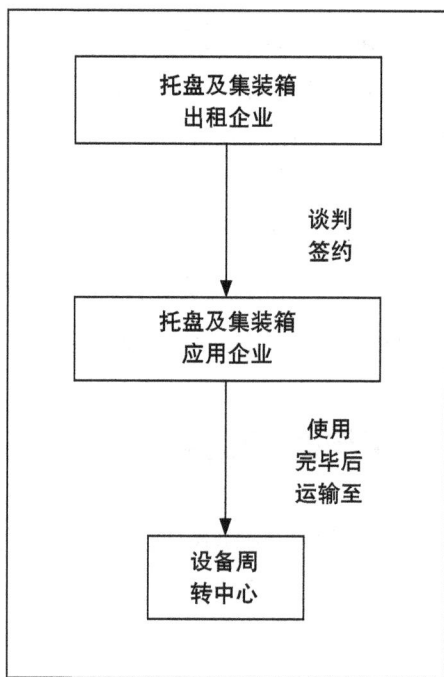

图 3-6　应用企业短期租赁流程图

在图 3-5 中，应用企业在与出租企业进行合同洽谈后，一般按照天或者月，以每个托盘或集装箱多少钱进行结算，在租赁期间，如果托盘或集装箱出现损坏，经过判责不属于人为损坏，则由出租企业免费更换。

在图 3-6 中，应用企业使用完毕后，可以将托盘送至出租企业的设备周转中心，也可以由出租企业自己收取托盘，以合同条款为运作依据。

国内在托盘租赁以及集装箱租赁方面做得比较好的企业主要有招商路凯（中国）投资控股有限公司和中集融资租赁有限公司，这两家公司的规模都比较大。前者是一家专门的托盘租赁公司，而后者的租赁业务则是基于该公司自身生产优势衍生出来的一个新兴业务板块，更多的意义在于以租促产，扩大生产规模。

一种新的包装租赁类型是关于周转箱的租赁公用。以 Zerobox 为代表，该企业主要为电商公司提供短驳或者短途运输服务，业务场景较为简单。商务部主导的商业连锁企业与上游供应商进行带板或周转箱一站式运转的模式也属于类似的业务类型。

5. 包装逆向物流的相关标准与法律

1）德国包装条例

1991 年，《包装条例》在德国生效。所有向德国市场销售商品的企业，都必须为其商品包装的回收和处理负责。二元制回收体系相应成立，企业必须通过缴纳相应费用获得授权许可，从而加入该体系中，加入该体系后，由该体系的服务商负责组织管理，对客户的商品废旧包装进行收运和处理。时至今日，二元制回收体系仍在不断地发展和完善。然而，当时的《包装条例》由于缺乏相应的监管措施，实施效果不尽如人意。即使德国政府对其进行了修订也没有达到预期目标。

2019 年 1 月 1 日，《包装法》取代《包装条例》并正式实施，德国政府设立了专门的监管机构——德国包装品中央登记处，所有相关企业都必须在该登记处登记注册。该登记处在加强监管力度的同时，与二元制回收体系密切合作。《包装法》实施之后，效果显著。履行相关义务的企业在两年之内，从 6 万家增加到约 20 万家，极大促进了德国循环经济的发展。虽然 2019 版的《包装法》实施后有一定效果，但至今仍有企业没有履行相关义务，于是，德国政府便开始着手实施 2021 版的《包装法》修正案。

2）法国包装条例

2014 年 12 月 23 日，法国第 2014-1577 号法令在法国官方公报上发布，对新的 Triman 标识（可循环再造的产品标识）进行说明，法令于 2015 年 1 月 1 日正式生效，对生产商的责任进行了延伸，所有在法国的可回收的产品必须印有 Triman 标识。通过该标识，消费者可以明白：在产品废弃之时，需要将产品送至单独的收集点进行回收。

《法国环境法案》第 L541-9-3 节对关于 Triman 标识的规定进行了更新：自 2022 年 1 月 1 日起，Triman 标识除了是所有（家居）包装、纺织品、鞋、家具、轮胎和纸制品的强制性标志，还适用于电子产品、电池和类似产品。

3）中国《开放式托盘共用系统运营指南》

我国托盘标准众多，且国际标准、国家标准、行业标准以及企业标准都不统一，这对于资源是一种巨大的浪费。因此，中国商贸物流标准化行动联盟、中国仓储与配送协会、中国百货商业协会、中国条码技术与应用协会联合国内众多企业发布了《开放式托盘共用系统运营指南》。

该指南规定了开放式托盘共用系统框架、基本运营模式、评价认证与管理要求、运营网点分类、相关企业基本条件、作业要求、平台与信息处理、体系维护与监督等内容。该指南结合了国内企业应用的实际，同时参考国际经验，增加了托盘标识的相关内容，可有效保障开放式托盘共用系统中流转托盘的质量。

4）全国标准托盘开放式循环公用评价与认证办法

全国标准托盘开放式循环公用评价与认证办法分为两种，分别是企业评价与托盘认证。

企业评价是适用于开放式托盘共用系统中托盘生产企业、托盘运营企业和第三方托盘运营管理平台企业的评价，其主要依据是《开放式托盘共用系统运营指南》。评价项目分为资质评价和运营水平评价（第三方托盘运营管理平台企业不进行运营水平评价）。资质评价的内容包括基础条件、业务规模、设施设备条件、人员管理、运作管理和质量管理等；运营水平评价的内容包括好评率、订单按时完成率、及时送达率、平台使用率、标准化率、平均周转次数等。资质评价由中国商贸物流标准化行动联盟组织专家进行，评价合格的企业才能在联盟中开展与开放式循环相关的业务。运营水平评价由联盟每年根据各运营管理平台提供的数据进行。资质级别分为 A 级和 AA 级两个等级，AA 级为较高级，企业首次申请只能获得 A 级资质，晋级后才能获得 AA 级资质。

托盘认证即开放式托盘共用系统中托盘的准入认证，获得标准托盘生产资质的企业按照《开放式循环木质平托盘日字形周底托盘》生产的所有新托盘在交付前应申请联盟的托盘质量认证，认证内容包括尺寸及公差、部件结构、部件材料、部件要求、加工要求、外观要求、标识等。认证结果分为合格和不合格，认证合格的托盘烫印联盟商标和安装带有托盘编码的标牌后，进入开放式托盘共用系统进行循环使用。

参考文献

［1］科学百科词条编写与应用工作项目. 集装箱［DB/OL］.［2022-03-22］.

［2］科学百科词条编写与应用工作项目. 托盘［DB/OL］.［2022-03-22］.

［3］INTER SEROH Managing Director.《德国包装法》简史[EB/OL].（2021-03-24）［2021-06-04］.

［4］找我测. 法国、意大利最新包装法规标识等相关要求[EB/OL].（2021-03-24）［2021-11-02］.

［5］深圳艾普检测认证有限公司. 欧洲多国包装法规最新要求[EB/OL].（2021-03-24）［2021-10-22］.

［6］物流技术与应用. 开放式托盘循环共用有标准可依啦[EB/OL].（2017-09-01）［2021-03-27］.

第 4 章

物流服务

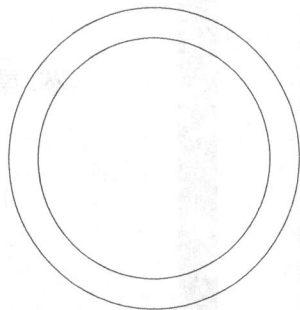

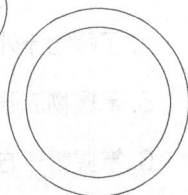

众多的货主企业现在都是将物流业务外包给第三方物流公司，通过第三方物流公司来实现成本的降低、服务水平及产品质量的提升。所以对于第三方物流公司的管理是供应链管理者的一项非常重要的工作。选择和引入第三方物流公司，管理既有的第三方物流公司以及打造战略合作伙伴是管理第三方物流公司的 3 个阶段。

另外，第三方物流公司应该从企业品牌建立、品牌维护、方案制定、运营管控、异常事件处理、客户服务、信息系统对接、数据反馈等方面建立相应的专业能力，并具有能够进行有效的项目管理、商务谈判和对客户的服务进行持续优化的能力。

学习流程

本章目标

1. 了解物流外包的动因。

2. 理解物流外包可行性分析及财务分析。

3. 掌握物流外包的风险。

4. 了解物流外包的风险防范措施。

5. 掌握物流服务商的选择。

6. 掌握第三方物流服务项目招投标要点。

7. 掌握物流服务商服务管理。

8. 掌握第三方物流服务项目合同管理。

|第 1 节|　物流外包的分析

在《物流术语》（GB/T 18354—2021）中，物流服务首先对应的是物流外包，物流外包即"企业将其部分或全部物流的业务交由合作企业完成的物流运作模式"。

通俗地解释，物流外包即甲方企业包括但不限于生产制造企业、商业企业为节省费用、集中资源、增强企业自身核心竞争能力，将其物流业务委托给专业的物流公司进行运作的方式。

物流服务的基础内容是物流外包，不仅包括货主企业对于自身战略定位、第三方物流公司的选择、运营监控、项目运作、项目考评等全过程的管理，还包括第三方物流公司的招投标业务管理、合同管理等活动。

参考《物流术语》（GB/T 18354—2021），对于第三方物流与第四方物流的定义分别如下。

第三方物流（3PL）：由独立于物流服务供需双方之外且以物流服务为主营业务的组织提供物流服务的模式。

第四方物流（4PL），为其他企业提供进出港材料、零部件、供应品和成品管理的实体。第四方物流通常是一个独立的实体，作为合资企业或主要客户和一个或多个合作伙伴之间的长期合同，作为客户和多个物流服务提供商之间的单一接口。理想情况下，客户供应链的所有方面都由第四方物流管理，第四方物流大多数是以信息系统为手段对上下游资源进行整合的，并与第五方物流、网络或云平台具有较强的联系。

对于第五方物流，无论是学术界还是企业界并没有完全统一的定义，但相对具有共性的解释是，第五方物流即物流信息服务提供商。它的主要业务是提供信息处理设施设备、技术手段和管理方法等，物流信息可能只是其提供信息的一部分，它并不从事任何具体的物流活动。严格地讲，它属于电子商务企业或信息中介企业。

网络货运就是充分利用了互联网技术，通过互联网与大数据、物联网、云计算等技术的组合，对车货进行有效匹配，在地理信息系统（Geographic Information System，GIS）技术的介入下，使得运输信息能够实现上下游的连接，最终通过 GIS 进行业务流、物流的监控，从而促使行业进行升级。

进行网络货运经营通常是指网络货运经营主体利用互联网平台，一头连接甲方，即货主企业，一头连接乙方，即运输企业，以承运人的身份与货主企业签订相应的运输服务合同，同时又将运输业务委托给实际的运输企业来完成货物运输，承担主体责任的经营活动。

网络货运模式从理论上讲是一种非常高效、便利、合规的运输资源调配模式，尤其是在互联网平台中，利用信息系统可以实现订单流、物流、线路流、资金流和司机的有效配合。但是，考虑到实际运营中，需要多主体的配合，因此需要财税、司机、平台运营方、货主企业共同努力，才能真正保证网络货运模式合规、高速发展，也才能真正达到降低成本，助力企业做大做强的目的。

通常意义上，第五方物流也可以理解成为"数字物流"。

1. 物流外包的动因

物流自营还是外包，一直是行业里热烈讨论的问题。从财务角度，多数企业无法承担物流自营的成本。以运输行业为例，这些企业的物流多是单向的，很难实现均衡的往返物流。但是，是否进行物流外包的关键影响因素是如何对物流业务进行定位，即是否把物流当作核心竞争工具。如墨西哥的宾堡集团本身是休闲食品领域的市场领导者，它在欧洲、美洲、亚洲的众多国家（地区）拥有研发和生产基地，现有 10 万多名员工，4 万多条配送线路，其配送体系是美洲覆盖范围最为广泛的分销系统之一。该集团一直坚持认为自营配送体系是支持集团业务发展的核心，从而很少将物流业务外包。麦当劳却相反，几十年来在世界各地，都是把物流业务外包给它的战略合作伙伴——夏晖公司。

企业外包物流业务，不仅是为了追求成本的降低，也旨在获取更专业的服务、提高企业的核心竞争力、降低交易费用、减少固定资产投资，同时还能更灵活地选择外部物流服务商、使用外部物流服务商的专业 IT 系统、提高客户服务水平、支持供应链的整合等。

1）物流外包具有基础理论支持

物流外包理论随着供应水平的提升、成本的有效降低、可以获得更专业的服务而不断深入人心，尤其是 20 世纪五六十年代后期各种理论基础逐步完善，人们对于物流外包的研究也更加深入，同时实务操作水平不断提升，从而使得物流外包具有深厚的理论基础和大量的现实需求。

支持物流外包的基础理论包括社会分工理论、核心能力理论、业务外包理论、交易费用理论、委托代理理论等。

（1）社会分工理论

该理论主要由亚当·斯密（Adam Smith）提出，大卫·李嘉图（David Ricardo）不断深入。分工学派认为分工使得工作细化、效率提升，从而提高劳动生产率，刺激国民经济的发展。同时，人民生活水平的提高不仅仅是技术、设备的发展和创新的结果，也是分工的结果。马克思认为亚当·斯密的社会分工理论意义重大，并指出分工既是商品经济发展的必然产物，又是商品经济发展的必要因素。

建国初期，在小农经济和计划经济体制下，我国整体的分工专业化程度、社会化程度都不高，这在一定程度上影响了生产力的提高。20 世纪 80 年代中后期，随着经济体制从计划经济向双轨制、市场经济体制转型，我国整体的分工专业化程度越来越高。尤其是到了 21 世纪初，专业的物流服务公司越来越多，理论与实际的结合就有了更好的契机。

（2）核心能力理论

核心能力理论是随着社会分工理论的产生而提出的，分工的出现必然导致一个问题，即何种能力是企业的独特能力。社会分工理论被马歇尔的企业内部成长论吸收，形成了企业内部各个部门、能力的"差异分工"，而这种差异则代表着各自的专业能力和核心要素，最终发展成为今天的核心能力理论。基于这一理论，企业可以有效梳理自身的业务，按照发展战略进行定位，不断提高核心竞争力，逐渐将非核心业务进行外包。

（3）业务外包理论

所谓业务外包理论，即将企业非核心业务以一种长期、战略、互惠互利的方式进行外包，不断降低各种成本，以不断集中企业优势和资源，提高自己的核心竞争力。

（4）交易费用理论

这一理论是现代产权理论的基础之一，罗纳德·科斯（Ronald Coase）首次提出"交易费用"的概念。该理论认为因为机会主义、边际效益等的原因，不同的资源配比会产生不同的结果。自营和外包的本质区别是交易资源配置模式的不同，企业可以通过数学方法对自营和外包进行费用核算，进一步比较自营与外包的费用高低，再结合其他考量因素来判断是自营还是外包。最终可以明确得出外包会使交易费用降低的结论。

一般而言，物流业务极少是生产制造企业及商贸流通企业的核心业务，即使是亚马逊、京东在一开始也是因为市场供应能力不足才开始自建物流体系，多数企业还是将物流业务外包给专业物流公司运作，以不断优化企业自身的成本结构，降低管理费用，从而不断提高自身竞争力。

（5）委托代理理论

所谓委托代理理论，即通常意义上的将企业所有权和经营权进行分离，而企业的所有者只保留剩余所有权，将经营权让渡的一种行为。企业管理中存在着许多看不见的管理费用，统称为管理冰山。而将业务进行外包可以将隐性费用显性化，从而可以有效避免企业管理黑洞出现，让费用更加透明化。但是委托代理会导致另一种企业管理现象，即权力寻租的出现，因此如何加强项目管理成为重中之重。

2）提高核心竞争力

通过物流外包，企业可以集中资源，将有限的精力放在更为关键的核心能力的构建上，这是企业核心竞争力不断提高的重要途径。如阿里巴巴成立菜鸟物流、京东将京东物流进行剥离，前者是为了补全自己的核心竞争力，后者是为了提高京东物流的社会化程度，两者都在一定程度上提高了自身的核心竞争力。

3）获得内部不可获得的资源

企业自营物流存在天然的缺陷，如专业工具的缺陷，像购置大件运输车辆对于某些企业而言可能是短期行为，因此，企业很少为了做出短期行为而购置特种车辆；在一些节假日，企业在人员储备、仓储资源冗余和车辆储备等方面的需求难以得到满足。

另外，就信息系统等资源而言，生产制造企业或商贸流通企业通常难以像专业的物流公司那样对其不断地研发迭代。通过与专业的物流公司进行合作，企业可以实现接口对接，并且不断地改进，以满足自身需求。最后，物流公司的专业化程度是通过不断地培训员工、及时更新技术等方式实现的。生产制造企业或商贸流通企业可以更多地将自身的资源和精力投入到核心竞争力的打造上，有效地通过物流公司的优势弥补自身物流服务的不足，提高企业竞争力。

4）整合供应链

物流外包可以强化企业在供应链中的核心地位。将管理的重点放到对供应链的整合上，无论是对内整合还是对外整合，供应链上下游合作伙伴都可以充分地检视企业内部和相互合作中最关键的问题。因此，供应链的整合才可能更有效果。

5）开发其他资源

企业将物流外包之后，可以获得专业服务和边际效用，有效降低交易费用，从而具有高收益能力和获取更多资源的可能性。企业如果将所有的资源和精力放在非核心业务上，相当于放弃了其他高收益领域，如企业核心产品的设计、研发等。

总之，物流外包的核心理念就是，将非核心业务外包给第三方物流公司运作。一家企业难以在整个产业链上实现运营资源的最佳配置，必然会有核心业务和非核心业务，因此企业应逐渐将自己的非核心业务进行外包，留下自己的核心业务。企业进行物流外包时首先要判断什么是自己的核心业务，力争将资源全部集中到核心业务上，然后将非核心业务进行外包（在不涉密、成本较低的情况下综合考量），从而合理配置资源，提高自身的核心竞争力。将非核心业务进行外包能使企业不断地利用其他企业专业的服务来提高客户满意度，因此使用第三方物流公司提供的专业物流服务是生产制造企业和商贸流通企业打造优秀的客户服务体系的重要方法。

2. 物流外包可行性分析

供应链管理者在进行物流外包可行性分析时，通常需要考虑以下几个重要因素。

1）物流服务市场

供应链管理者应考虑目标市场是否有足够的竞争性？在一些地区，可能仅有少数处于相对垄断地位的物流公司从事物流外包业务。物流服务供应是否长期稳定？比如，在一些气温较低的月份，我国北方的很多冷藏冷冻车辆"迁徙"到南方气温相对较高的地区作业，因而带来了局部的供应短缺。

2）运输服务质量

货主企业往往在物流外包初期担心物流公司的运输服务能否达到自营时的质量水平。物流公司接手业务初期，对产品、客户、线路和政策流程不熟悉，可能会降低运输服务水平。从现实情况来看，经过几十年的发展，物流公司运作能力不断提高、运输服务质量不断提升，正逐步打消货主企业的顾虑。对于食品、药品等冷链产品的运输，货主企业就更加注重物流外包的质量管控。特别是在信息传播高度发达的今天，因为信息传播的快速性和广泛性，企业稍有不慎，就会将自身长时间建立的品牌形象毁于一旦，因此，企业对于运输服务质量务必要给予足够的重视。

3）劳动力资源

企业从自营物流转为外包物流，不得不面对可能由现有人员转岗或解约等引起的劳动合同纠纷。在一些发达国家（地区），供应链管理者还要谨慎考虑与工会的关系。同时，在选择物流公司时，也要考虑物流公司的司机罢工对业务的影响。2014 年下半年到 2015年年初，美国的国际码头与仓库工会参与的罢工，就严重影响到洛杉矶长滩港口 29 个码头的卸货和运输作业，造成了来往亚洲和美国间的货物的大量滞留。

4）风险管控

对供应链管理者来说，外包任何业务都需要考虑未来是否需要收回经营权。原本外包物流的货主企业如果日后改回自营模式，车辆的购置或租赁都需要时间和资金，运输配送线路的优化或其他一些特殊技术也需要进一步研发或采购。在物流外包过程中，供应链管理者也要考虑混货、丢失、破损等运作风险，以及泄密、与终端客户出现矛盾等风险。

5）仓储功能考量

随着土地成本的不断高涨、城市发展外扩，仓库合规性要求越来越高，尤其是仓储人员的招聘和管理越来越难。节假日期间的订单量高峰与低谷的预测难度越来越大，如何有效平抑业务量和仓储使用量对企业经营者而言是个较大的挑战，而将仓储业务进行外包，如果按照订单量或者作业量、托盘数等最小颗粒度进行计费，可以避免出现以上问题。

但是，考虑到地租和房租存在上涨的可能性，因此，如何进行价格谈判与锁定涨幅区间，企业经营者需要有一个清晰的思路。另外，对于仓储业务外包，企业经营者必须要考虑到服务供应商是否与本企业同类型的客户合作过，以及是否有各种证照资质，如土地许可证、建筑许可证、消防资质等，另外如果进行仓储业务外包的是高价值商品，企业则需要考虑自己购置仓内货物险等事宜。

3.物流外包财务分析

以运输外包为例，企业在进行运输外包决策时，除需要做定性的可行性分析之外，定量分析也必不可少，其中比较关键的就是财务分析。通常，企业自营运输就需要购置运输工具、雇用运作人员（非计件工人），这就产生了一定的固定成本。供应链管理者可以借鉴典型的财务分析手段——盈亏平衡分析，来计算自营运输与外包运输的盈亏平衡点，并与企业对外来运输货量的预计进行比较，从而辅助决策。

例如，北京某企业有到上海的长期运输业务，该企业的供应链经理面临着自营运输还是外包运输的抉择。考虑到两地的装卸货等待时间和司机休息时间，单程运输时间为 2 天。假设每趟运输都能满载 20 吨。市场上物流公司的报价为 0.25 元 / 吨·千米，而企业自行购置车辆并改装要花费 36 万元，车辆折旧（按直线折旧）年限为 5 年，残值为 4 万元。北京到上海的行驶距离大致为 1,300 千米，路桥费为 1,400 元，卡车油耗为 38 升 / 百千米，柴油价格为 7.5 元 / 升。另外，卡车每月分摊的维修保养费用为 2,200 元，司机工资为 8,000 元 / 月。请帮该供应链经理计算企业运输量每月要达到多少车次，外包或自营才合适。

$$固定成本 = 车辆折旧 + 人工支出 + 维修保养$$
$$= （360,000-40,000）\div 5 \div 12+8,000+2,200$$
$$\approx 15,533（元）$$

可以汇总出，如果自营，每月的固定成本涉及车辆折旧、人工支出和维修保养，合计约为 15,533 元；而单程每趟运输的变动成本包括燃油费和路桥费，为 5,105 元。另外，如果外包运输，每趟运输的成本为 6,500 元。可以很容易地通过一元一次方程，求解运输量的盈亏平衡点。设每月运输趟数为 X，那么，如果仅单程运输，方程如下：

$$6,500X=15,533+5,105X$$

则 $X \approx 11$，很明显是不可能的，因为单程时间就要 2 天，11 趟的来回时间就为 44 天，这就意味着，这种情况下，将运输外包比自营更经济。而如果假设该企业往返有对等的运输量，设往返趟数为 X，那么方程如下：

$$2 \times 6,500X = 15,533 + 2 \times 5,105X$$

可以求得 $X \approx 6$，即该企业在京沪两地间如有对等的运输量，往返 6 趟是自营与外包运输的"盈亏平衡点"：往返趟数小于 6 时，外包运输（租车）更经济；往返趟数大于 6 时，自营运输会更经济。我们也可使用 Excel 列出每月运输趟数为 1~8 趟的情况，找出盈亏平衡点，如图 4-1 所示。

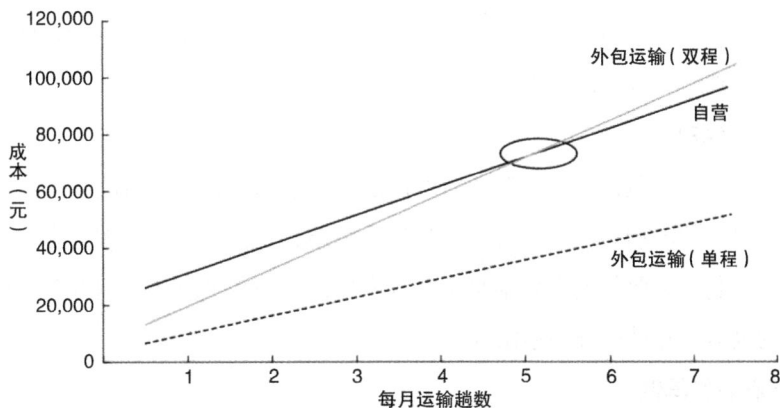

图 4-1　货运盈亏平衡点示例

4.物流外包的风险

物流外包确实对货主企业有降低成本的作用，也有可能提升其物流服务水平，但是，如果货主企业对外包的风险没有很好的预估或防范措施，可能遭受较大的损失。

1）控制失效

外包并不是一包了之，企业如果对外包不能很好地控制，同样会遭受灾难性的打击。比如客户信息泄露、客户服务品质不能得到保证、到货周期不稳定等，所有这些都会对货主企业的日常经营活动造成很大的影响。如何有效管理控制失效风险是企业将物流外包时的主要考虑因素。

2）委托时间过长或过短

委托行为是长期的还是短期的，需要企业结合自身的战略发展方向而定。如果委托时间过长，则未来企业收回运营权或者寻找新的服务供应商会较困难；如果委托时间过短，则可能不能体现服务供应商的专业实力。因此在运输领域，委托时间一般是一年，长则不会超过 3 年；仓储服务的委托时间一般为 3 年，长则不会超过 5 年。企业在面对战略性合作伙伴时更应该慎重，务必要经过长时间、全方位、多因素的考核才能确定最终的委托时间。

3）透明度不高

物流公司与货主企业的信息系统没有实现对接，且缺乏服务主动性，从而导致透明度不高；另外，物流公司对于自身各项运作成本没有细分，从而使得货主企业不能很好地了解各项作业成本，没有进一步改进的依据。

4）无效管理

无效管理其实就是一种依赖路径的风险，战略合作达到一定程度是一件好事，但同时可能会增长合作服务方的自满情绪，尤其是当业务范围严重依赖时会造成管理难度增加，到最后相应的管理考核就会形同虚设。

5）内部人员抵制

将物流业务进行外包，往往会触动企业内部员工的利益，另外可能会改变现有的业务流程，造成人员岗位波动等，这些都会对员工的情绪、工作效率有较大的影响，物流外包则往往会受到抵制。因此如何有效地平衡企业内外部利益是供应链管理者在做物流外包决策时要考虑的因素，并且最好能够做好应对预案。

6）客户满意度降低

当物流公司不能有效被管理时，尤其是合作时间较长的情况下，其可能会对企业造成较大的恶性影响，这样必然会导致企业的客户满意度降低。

7）信息泄露或其他利益受损

企业信息泄露是物流外包的主要风险之一。因此，如何实现信息的保密，是货主企业应该考虑的事情，更是物流公司必须承诺做到的事情。如果不能对货主企业的信息（包括但不限于货量、客户、服务标准等）做到尽职尽责的保密，物流公司就不可能获得货主企业的真正认可，因为这将会给货主企业造成重大的损失。

同时，货主企业应该不断加强保密技术的开发，国内现在的快递面单在一定程度上降低了客户信息泄密的可能性，但是依然存在线下人工录单获取客户信息的可能性，因此加大处罚力度和法律法规管控将会成为重要手段。

5.物流外包的风险防范措施

在物流外包的过程中，存在风险失控的情况，因此，货主企业提前做好预判和防范措施，是保证物流外包风险可控的重要基础。

1）确定工作范围

企业应确定工作范围，比如要有流程图、明确的业务标准、考核条件、作业方式、时间、费用、应急预案等内容，且这些事项应该是具体、详细的，同时是具有可操作性的，这是物流外包是否能够成功的重要因素之一。

2）协助第三方物流公司认识企业

第三方物流公司往往以利益为第一要素。为提高双方的合作匹配度，货主企业进行物流外包时需要将第三方物流公司当成自身的一部分来对待，详细地向其讲述本企业的历史、文化、客户要求等，协助其了解本企业，以有效合作。

3）建立沟通渠道

多数合作都不是一帆风顺的，冲突大多来源于对判断标准的不同解释，因此供需双方需要建立有效的沟通渠道，以共同服务用户为终极目标，进而实现供需双方利益最大化。例如，供需双方可以建立正式的沟通渠道，如月度经营分析会、季度经营分析会、年度优秀合作伙伴的评选等，这在一定程度上均可以达到有效减少冲突的目的。

4）业务信息不断调整

实际上，很多问题是由于供需双方信息不对称造成的，货主企业必须要清楚一件事情——物流是现场管理，物流业务不能脱离实际现场的条件而开展。货主企业将物流外包不能采取一包了之的方式，比如对于人员用工问题、作业环境问题、作业动线问题等，其都需要到现场考察。因此，货主企业应该经常到市场一线和作业现场。虽然进行了物流外包，但货主企业仍然需要不断观察和监督，只有自己了解真实情况，才能真正知道问题所在，这样供需双方才能有效沟通、改进。

5）保持弹性

保持弹性就是实现管理的柔性化，也就是要注意灾备管理。灾备管理是指突发灾害下的应急管理，但弹性不仅是针对灾备管理而言的，需求发生变化、供应发生变化等生产经营中的变动都需要实现管理的柔性化。

很多时候，管理是数据化的过程，也是艺术化的过程，不一定所有的事情都可以用数字来衡量。因此在作业流程中，考虑到人员的实际状况、特殊事件的发生等因素，对于时效的达成、服务标准的承诺等方面，企业的管理都要有一定的弹性，争取以灵活的方式取得最佳的效果。

| 第 2 节 | 物流服务商的选择

物流服务商的选择不仅是简单的成本比较的过程，而且是一个定量财务比较、定性资质评估、服务能力评判、发展历史和实地考察、战略匹配度沟通、服务等级协议沟通等综合内容的评判过程。

物流服务商的选择，就是企业针对商品采购、销售所产生的物流需求选择合适的物流供应商，需要历经寻源、评估和选择等环节，最后签订物流服务合同。货主企业应该定期了解物流市场的供应、服务状况，不断地审视自身的物流战略和绩效指标，才有可能选到合适的物流服务商。

1. 物流服务商现状的分析

货主企业选择物流服务商前，要了解我国物流行业的现状、发展，以及物流平台的演化过程，只有对相关基本信息有了解之后才可能做好物流服务商的选择。

1）物流服务商的背景

据推算，我国目前大大小小从事物流业务的公司及个体户有 70 万 ~110 万家。2019年，物流市场总收入大概为 10.5 万亿元。但其中最大的一家——中国远洋海运集团有限公司的收入不到物流市场总收入的 2.3%。可见，我国物流市场的第一个特征是极度分散。市场上的物流服务商除了提供运输、仓储和搬运等基本服务外，还包括一些增值服务，如订单处理、再加工、质量管理、代保险、代收款和逆向物流等，甚至少数物流服务商还能为客户提供更高级的服务，如网络设计和优化、库存管理、IT 系统对接或分享等。假如，某大型企业在全国拥有多个生产中心，而且拥有全国销售网络，其如果想要挑选一家能在全国各个地区提供完整的物流服务且服务水平高的物流服务商，还是比较困难的。

供应链管理者要选择适合企业业务和服务要求的物流服务商，首先要了解潜在的物流服务商的背景。随着我国加入 WTO，物流业也逐渐开放。在中国物流市场提供服务的既有国有企业、民营企业，也有大批外资物流公司。不同的物流服务商来源不同，其擅长的业务和重点也就不同。各物流服务商的背景和发展重点归纳如下。

● 以提供运输服务为主：最早作为承运人，以从事运输业务起家，后延伸到不同服务领域，如马士基物流、中远物流、山东荣庆物流、海航华日飞天等。

● 以提供仓储服务为主：最早作为仓储提供商起家，后延伸到不同服务领域，如中储、叶水福等。

● 以提供货物代理服务为主：最开始从事国际货运代理业务，后延伸到不同服务领域，如嘉里物流、DHL、广东宏远物流、中外运等。

● 以提供终端服务为主：最开始以服务港口、站场为主，后延伸到不同服务领域，如招商物流、中铁物流、新加坡讯通等。

● 以提供第三方物流服务为主：最开始作为某个行业的全球或地区经销商，后来利用自身的网络，提供第三方物流服务或转型成为第三方物流公司，如原来 IT 行业的全球分销商英迈国际（Ingram Micro）、北京地区冷链食品物流服务商快行线。

●从原厂家物流部门独立发展：从原厂家的储运部分拆分演变成物流公司，先承接原厂家的物流服务，后向市场拓展，如顶通物流（康师傅）、安得物流（美的集团）、百胜物流（百胜餐饮）等。

2）物流服务商的发展策略

物流外包企业的管理者要了解各个潜在物流服务商的发展策略，并结合自身的发展策略，进行合理的选择。不同的物流服务商有不同的发展策略，比如，有的物流服务商希望日后能从区域物流服务商转变成全国性作业的服务商；有的物流服务商希望从专项服务商发展为综合服务商；而有的物流服务商仅希望维持现状，坚持开展仓储或运输、城市配送等某一专项功能业务。

目前，国内的物流服务商普遍面临的情况是，未实现服务差别化，什么业务都开展。多数物流服务商对待所有的客户都是一种态度，并没有形成"倾向客户"的概念。同时，很多物流服务商的高级管理者缺乏一个清晰的战略目标或者构建了一个不切实际的战略目标，却没有达成战略目标的路线图和可操作办法。

由于服务与客户无差别、核心竞争力不明显，再加上处于激烈的市场竞争环境中，一些物流服务商的毛利率很低，甚至会亏损。因此，物流服务商应根据自身的状况、外部市场的环境，尽快对服务、客户、核心竞争力等内容进行梳理，才能在未来站稳脚跟并有发展的可能性。

当然，我们也要看到 10 多年来中国物流服务水平的整体提升，一些领先的物流服务商在各自的细分行业表现得愈发出色，比如商超配送、医药物流、电商物流以及快递板块的物流服务水平和专业能力提升明显。

2. 我国物流行业的发展

我国物流行业的发展从 2000 年到现在历经 20 余年的发展，逐步摆脱了过去多乱、散、小的局面，向着规模化、信息化、品牌化的方向前进，并在以下几个方面有了长足的发展。

1）资源配置最优化，综合服务能力不断增强

我国物流企业随着互联网、信息技术以及资本的深度介入，在运输、仓储、配送、软硬件等方面，都有了长足的进步：从过去单纯地从事运输业务、仓储业务、配送业务逐步向其他业务板块扩展，慢慢打造综合性物流服务企业，为客户提供一站式服务，即使自身

能力不足，其整合资源的能力也在逐步加强。

2）国际化程度提高，全球化布局速度加快

我国众多物流服务商以电子商务为契机，加速实现境外布局，国际化趋势明显。例如，递四方是一家专门提供跨境物流服务的企业，由菜鸟网络科技有限公司（简称"菜鸟"）控股。菜鸟在拥有递四方全球仓储资源的基础上，加紧布局境外基础设施，以不断完善自身在全球化道路上的布局。现在的菜鸟已经是国内企业全球化仓储布局最为全面、面积最大的物流基础服务商之一。

截至 2021 年，菜鸟运营的全球仓库面积达 300 万平方米以上，其中有上百万平方米的保税仓和海外仓。

3）信息化程度提高，"三无化"趋势明显

信息化已经成为物流服务商的一大特征，顺丰速运、京东物流、菜鸟等物流企业在技术研发方面的投入较大，其技术研发人员的数量、水平与典型的科技公司相差无几，甚至依托于业务的支撑，专业程度更高。

面向未来的无人机、无人仓、无人车等技术已经有物流服务商应用，如顺丰速运、京东物流等，"三无化"趋势明显。

在仓储板块，京东的"亚洲一号"仓的自动化程度较高，是国内较为先进的仓储设备。

4）网络布局更加全面，向供应链金融服务领域延伸

我国物流公司的网络布局从早期的中央配送中心延伸到区域配送中心，再到现在的前端配送中心，甚至已经出现了同省内按照地市级别建立仓库的地步，如京东围绕着北京，在天津、河北至少建立了 10 余个仓库，服务更为便捷。

同时，基于仓储布局的广泛性，物流服务商已经不满足于物流服务的提供，开始主动介入销售、回收等领域，甚至向供应链金融服务领域延伸。

5）行业发展进入强势整合阶段

近年来，我国物流、快递公司纷纷上市，加上资本的加持，行业整合趋势明显，如安能物流、京东物流、顺丰速运、中通快递、韵达快递、圆通快递等的上市都在一定程度上推动着行业的整合。

顺丰速运收购 DHL 的中国业务、嘉里大通，京东物流收购德邦物流，极兔快递收购百世快递等都是知名的整合案例。此外，区域间的整合已经拉开序幕，如聚盟货运就是以整合区域龙头企业进行联合发展的。

3. 物流平台的演化过程

物流平台的发展基于早期的第三方物流的发展，即随着信息技术和互联网技术的不断发展，第三方物流公司逐渐演变成为物流平台。

早期的第三方物流概念可以追溯到 1985 年美国物流管理协会的年会上，肯·阿克曼（Ken Arkerman）和迪安·怀斯（Dean Wise）提交的报告。30 多年来，物流行业迅猛发展。世界上主要的物流公司几乎都是重资产型的，一般通过收购等方式不断地扩大自身的规模；而轻资产型物流公司更多采取供应链控制的方式不断地提升自己的业务能力，更注重提高信息化水平和管理水平。

因此，不同的企业应根据自身的发展策略选择不同的发展道路，但从现状和未来的发展趋势来看，物流行业还是以重资产型物流服务商为主，轻资产型物流暂时还不具有普遍性。

下面以罗宾逊全球物流有限公司（简称"罗宾逊"）为案例进行分析。该公司作为一家全球知名的、最大的公路货运企业之一，在美国并没有一辆卡车，但是拥有全美最大的卡车运输网络，主要原因就在于它采用的是以轻资产进行信息化网络管控的模式。

罗宾逊并不是以货运起家的，早期是蔬菜、农产品及水果供应商，但是在业务拓展的过程中，为了有效降低物流成本，其经常与其他农户一起进行拼凑送货，在运营的过程中逐渐将运输业务做大做强，至今依然从事着农产品批发供应业务。

1980 年之后，美国的货运市场开放，为了保证运输业务的发展，罗宾逊将全船承运人的概念应用在汽车货运领域，走上了一条无车承运人的道路。它将自己的车辆抛弃，开始对全美的运输车辆进行整合，从而实现了一条轻资产运营的道路并快速发展，在营业收入方面更是迅速超越了一些老牌公路运输企业，且利润率较高。

罗宾逊的成功主要基于轻资产模式的实施、信息技术的普及与应用、全链路的物流环节运作的掌控及直客市场的开发等。基于罗宾逊的成功经验，美国埃森哲公司在 1996 年提出了第四方物流的概念，即物流公司作为一个供应链的整合者，来集合和管理其组织内的资源、能力和技术，并与其他互补的服务提供商一同交付全面的供应链物流解决方案。

第四方物流与第三方物流的主要区别如下。

● 第四方物流通常是一个主要客户和一个或多个合作伙伴，以合资或长期合约形式单独设立的。

● 第四方物流是其客户与众多物流公司的单一接口。

● 客户供应链的各个方面由第四方物流管理。

● 在既有形式下，一家主要的第三方物流公司或咨询公司可能发展为第四方物流公司。

1）我国数字物流平台的发展

数字物流平台在某些领域也被称为第五方物流（5PL）。基于互联网、大数据、基于位置的服务（Location Based Services，LBS）等技术的发展，以及基于互联网思维的创新模式对传统的货运散货领域的整合，市场上涌现了一批基于干线运输、零散配货、城配整合的数字物流平台，如货拉拉、运满满等。

数字物流平台的特点是虚实结合、强化信息平台搭建、信息撮合、收取服务费，通俗地讲，它是传统物流信息部的网络模式，主要围绕货物、车辆、司机、上下游客户进行信息发放和资源整合。

某些企业可能是从物流资源的其他方面进入这一领域的，比如早期的满帮集团便以车后市场为切入点进入该领域，随后向运输领域扩展，不断扩大业务规模。

2）我国网络货运的发展现状

网络货运是基于互联网技术对传统物流进行改造的一种货运模式，旨在通过互联网技术实现货主信息和运输车辆信息的有效匹配。

但是，我们必须要看到，传统物流服务商的信息化水平还未达到一定高度，很难开展网络货运，因此网络货运平台一定是具有互联网性质的企业对传统行业的改造结果，其通过信息技术、数据技术，将传统业务转化为数字化业务，从而实现业务信息的收集、整理、发布、撮合或者直接进行业务交易，同时能够有效监控业务流和资金流，最终实现全链路的信息化监控和管理。

截至 2021 年 12 月 31 日，我国有网络货运企业（含分公司）1,968 家、社会零散运力 360 万辆、驾驶员 390 万人，全年完成运单量 6,912 万单，总运单量是 2020 年的 3.9 倍。

我国网络货运发展迅猛，对于规范行业、整合社会资源、减少空返浪费具有一定的作用，但是其在发展的过程中也存在不规范的情况，比如虚假开票、虚假轨迹等，因此加强网络监管与实际业务监管是重中之重。未来的网络货运应向场景化进行拓展，单纯地整合社会散货以及以低价开拓市场的方式并不可取。

4.物流服务商的选择与考核

货主企业如何选择一家与自身的文化、战略高度匹配，业务功能符合，而又能够持续改进、互相提高的物流服务商呢？

一般，货主企业可从以下几个方面进行考量。

1）战略定位

对于货主企业来说，物流服务商属于服务供应商，因此，其应遵从间接采购管理中服务类供应商选择的规则来选择物流服务商，这涉及寻源策略、选择过程及合同签署等环节。货主企业首先要判断物流服务是否属于自身的核心业务，进而决定是否将物流业务外包。例如，京东认为物流业务是其战略竞争优势的核心构成要素，因而选择了走物流自营的道路。但是大多数企业的物流业务都是非核心业务，如海尔电器，因此这类企业可以采取将物流业务外包的方式从而重点打造自身的生产制造、研发能力。

因此，做好战略定位，明确走自营还是外包的道路，是选择物流服务商的第一步。

2）竞争性

物流业务外包能够帮助货主企业将更多的精力放到核心能力的打造上面，同时可以减少货主企业因非核心业务而遭受的风险损失。通过物流公司的专业服务，货主企业可以获取更多的优势资源，从而为客户提供更多的服务，为客户创造更大的价值。

货主企业将物流业务外包，利用物流服务商的专业服务还可以获取更大的服务竞争优势，促进本企业在所属行业取得更大的话语权，从而强化自身的核心竞争力。

3）功能

货主企业一般是根据物流功能，如仓储、干线运输、区域／短途配送、仓储加工、物流 IT 等，选择服务侧重点不同的物流服务商。

近些年，多数货主企业都把物流业务视为杠杆型业务，但也有一些企业开始把仓储业务视为战略型业务，这是因为仓储的作业效率以及物流中心的地理位置将是影响企业未来的网络布局和运输线路的重要因素。

随着当前物流服务商不断丰富自己的服务功能，越来越多的单项目、单功能的物流服务商开始向综合物流服务商转变。这在一定程度上使得货主企业外包物流业务更加简便，也使货主企业的管理更加便捷。但是我们必须清楚地认识到，即使同样是综合物流服务商，不同物流服务商的核心服务能力也有差异。比如，中外运虽然是综合物流服务商，但是其外贸报关能力更强；京东物流也是综合物流服务商，但是其仓储管理能力和末端递送能力更强。

对于是集中物流业务给少数物流服务商，还是将物流业务分散给多数物流服务商，要视货主企业的情况而定。物流市场上逐渐产生了中小物流（虚拟）联盟、物流平台公司等新形式的物流服务组织或企业，供货主企业选择。

4）选择过程

将物流业务进行外包已经成为货主企业的一项重要战略手段。货主企业在实施的过程中需要不断地进行业务评估、追溯，及时与物流服务商进行沟通，对合作过程进行有效管控，才能取得良好的效果。

货主企业在对物流服务商进行考评的过程中一般遵循以下原则。

（1）梳理自身能力，明确合作方向，制定切实可行的战略

很多货主企业对于物流外包并没有完全想明白应该如何做，往往只是觉得自营物流成本较高，而不考虑外包物流的功效和实际结果，这是非常不正确的一种心态。其应该以自身的经营方式、服务目标和成本要求作为基准，梳理自身能力，明确自己到底为什么要做这件事情，在此基础上才能明确合作方向，也才能知道物流服务商应该在哪些方面对自己有帮助，从而制定切实可行的战略。

（2）选择物流服务商的程序要严格且合规

选择物流服务商不能靠道听途说，货主企业首先应该广泛获取物流服务商信息，然后整理信息，以服务过与自身类似的企业的物流服务商作为优先选择对象，再进行实地考察，最好能够和其服务过的企业进行沟通，了解真实情况，然后对其企业文化、战略方向等内容进行了解，最后在选择物流服务商的过程中要尽量避免一言堂和招标黑洞。

（3）明确企业需求和期望值

业务合作以失望为结局，这是前期工作做得不到位和货主企业抱有不切实际的期望的必然结果。因此，货主企业在选择物流服务商的过程中一定要降低自身的期望，同时绝对不能抱着一包了之的态度去做事，务必要进行脚踏实地的考察和全过程的跟踪，否则，失败是必然的结果。

（4）合同中要列出明确的、有效的考核指标以及奖惩措施

其目的主要是强调合作的严肃性和避免将来出现问题时发生推诿现象。

（5）规范与流程一定要清晰

货主企业在合作之初就应该非常明确地告知物流服务商合作规范、流程和必要的信息，只有这样才能保证合作的透明以及双方掌握信息的对称，从而避免形成因为信息不对称而导致的双输局面。

（6）加强过程中管控，及时发现潜在的问题

货主企业只有加强现场管控，提前发现问题，并及时进行有效沟通，才能达到良好的效果。

（7）有效沟通、绩效评估与奖惩并举的措施同步实施

合作失败的原因首先是前期的沟通不深入、目标不明确，然后是运作过程中的失控或者问题不能及时得到纠正，最后就是绩效评估标准不明确，奖惩制度不完善，最终造成了非常不好的结果，而双方只是互相指责，却不为了共同的目标去努力，这是非常可怕的一件事情。因此货主企业只有摆正态度，明确绩效评估标准，奖惩并举，在物流外包过程中与物流服务商有效沟通才有可能取得良好的合作效果。

| 第 3 节 | 物流服务商服务管理

物流服务商服务管理指的是针对物流服务商的物流运作流程、质量及服务能力进行管理的过程。货主企业将物流业务进行外包后，不能采取一包了之的态度，而应该加强对服务伙伴的服务过程、服务指标、服务反馈的有效监管，才能真正实现最初决定外包时想要实现的良好愿景。

1. 第三方物流客户界定与需求分析

第三方物流客户是指第三方物流公司所服务的上下游企业或终端客户。

1）物流服务创新方法

在当今服务同质化严重、竞争激烈的时代，物流服务商必须要加强自身的创新，才可能取得服务差异化、成本低廉化、质量满意度高的结果。因此，众多物流服务商开始进行物流服务创新。

物流服务创新是物流服务商根据自身的资源要素进行搭配组合的过程。在当今的经济发展环境下，不创新就代表着落后，就代表着市场份额的不断缩减，因此积极推进物流服务的创新是物流服务商保持市场份额，进而有望扩大市场份额的重要工具。通常，物流服务领域的创新可以归结为物流制度创新、物流技术创新和物流管理创新 3 方面。

（1）物流制度创新

物流制度创新一般是指物流服务商必须要充分调动人的主观能动性，加强本公司人员的服务意识、市场意识、沟通意识、问题解决意识，从而调动人的积极性，为物流服务创新提供更多的积极性措施和动力。例如，20 世纪 90 年代末，顺丰速运首创收派件计提制；2002 年，顺丰从加盟制走向直营化；2009 年，顺丰航空首航成功。顺丰速运通过员工合伙人制度创新，成长为一个业务范围遍布全球的庞大物流王国，并成为全球快递四强之一。

（2）物流技术创新

传统的物流管理技术已经过时，为了实现更高的目标，物流服务商必须应用更尖端的技术，如区块链、大数据、物联网等技术，毕竟技术创新是物流服务创新的有效保障。

（3）物流管理创新

物流管理创新是指物流服务商整合内外部资源，提高管理水平，从而为客户提供最佳的服务产品。物流管理创新从范畴上可以分为经营模式创新、组织模式创新、管理模式创新。

经营模式创新是企业自主地适应和利用环境，面向市场实现自身目标的经济活动。现代企业要想保持竞争力，就必须在经营模式上保持创新，形成自身的特色和优势。比如顺丰速运在我国农村市场采取的鼓励员工内部创业模式，极大地刺激了员工的积极性，从而保证农村配送网络快速扩张。

今天的世界是个飞速发展的世界，组织模式要不断地适应商业环境的变化。以海尔为例，从早期的流水线组织模式到现在的小群组组织模式，就是组织模式不断适应市场变化的结果。

管理模式的创新是一个持续迭代的过程，白光利曾提出"OSO"模式，即Outsourcing-Self-Outsourcing（外包—自建—外包）。以京东物流为例，一开始京东将物流业务进行外包，发现市场并不能满足其需求，即开始自营物流，当自身的业务量饱和之后，剩余的物流服务就可以对外开放，这种管理模式的创新使得京东物流跻身中国物流 Top10 的行列。

2）客户服务

物流服务商提供服务的目的是什么？最简单的目的就是帮助货主企业完成交易，而物流服务商可以通过其提供的服务获取收益。

货主企业和物流服务商交易的过程是一个价值增加的过程，这种价值增加不仅反映在物流服务商的客户身上，也体现在货主企业服务的终端客户身上。因此，物流服务商提供的服务是货主企业提供的客户服务的重要组成部分。

物流服务商提供的服务必须要满足终端客户最基础的商品需求，即在合适的时间，通过合适的方式，将正确的商品送到正确的地址、正确的客户的手中，具体内容如下。

- 保证在规定的时间内送达货物。
- 保证交付适合销售或使用的货物。
- 提供完善的物流服务体系。
- 能够及时提供真实有效的数据。
- 提供财务与信贷支持。
- 提供安装服务。

物流服务包括基础服务和增值服务。

- 基础服务：仓储、运输、包装、装卸、搬运、配送、简单加工、信息处理等。
- 增值服务：流通加工、订单处理、货物验收、库存管理、代理货物保险、送货代收货款、货物回收、产品替代等。

3）物流需求分析

物流需求包括显性需求和隐性需求，显性需求是具体的看得见、摸得着的需求，如仓储服务、运输服务；而信息服务、专业咨询提供、资源对接等即为隐性需求。

物流需求分析的内容包括以下几点。

●需求现状分析：了解货主企业的经营状况、物流状况，清楚地了解货主企业的需求，从而判断自身的服务供给能力是否达到要求。

●需求趋势分析：了解货主企业物流改进的目标和路径是否可以与自身相对应，如果自身达不到这样的要求，即使合作，最终的结果也不一定能够得到货主企业的认可。

●成本效益分析：任何一项交易最终都会体现在成本和效益上，也就是投入产出比是否能够达到双方的要求，因此货主企业的费效比是否合理，自我的价费比是否能够覆盖运营成本都是要重点考虑的；如果在短期内不能覆盖运营成本，那么还需要多长时间，双方的合作是否具有战略意义等都需要进行定量分析。

物流需求分析步骤如下。

●确认物流需求分析的目标。

●设计流程度量要素及其标准。

●确定方法和技术工具。

●收集分析数据。

●实施物流需求分析。

●得出结论，主要包括成本、效益、风险评估等内容。

●提交分析报告。

2.第三方物流公司的客户服务满意度

客户服务满意度包含以下两点。

1）客户服务及其满意度

客户服务水平与客户服务满意度之间通常是正相关的关系。物流服务商进行市场营销的基础逻辑均是在有效降低成本的前提下提升客户服务满意度，无论是针对客户还是客户的客户都应如此。

物流服务商具有服务属性，如果想要保持并不断扩大市场份额，就必须不断地保持并提高客户服务满意度，这是其持续发展的重要动力。根据有关数据，物流服务商如能将客户流失率控制在 5% 以下，则至少可以增加 25% 的利润。

提高客户服务满意度是留住客户的重要措施之一，一般物流服务商可以通过以下方式提高客户服务满意度。

（1）明确客户需求

物流服务商拥有何种能力、提供何种服务是其需要重点考虑的，但是更重要的是明确货主企业需要何种服务。因此物流基础设施的建设等应该在明确客户需求之后进行。提高市场营销的分析、预测水平，真正意义上研究和了解货主企业和消费者的需求，物流服务商才能做到有的放矢。以需求推动供应，从而将自己真正打造成市场驱动型企业才是物流服务商的发展方向。

（2）满足客户需求

物流服务商首先应该制定切实可行的物流解决方案，基于方案满足客户的关键需求，解决客户的痛点；其次，方案必须要能够落地，许多方案看起来非常有吸引力，但是实施条件不足，不能有效落地，那么意义就不大。所以，解决方案一定要在满足客户需求的基础上具有可实施性，同时物流服务商要加强与货主企业的沟通，时时保持信息畅通，才能不断地深入了解并满足客户需求。

要满足客户需求，就要注意客户是否有特殊需求、是否已与其进行充分沟通、是否有应急方案。有些需求是显性需求，而有些需求是隐性需求，只有挖掘出真正的特殊需求才有可能超出客户预期。不能充分有效沟通则可能会造成双方信息不对称，另外物流服务商应准备好应急方案，一旦出现意外便能用替代方案满足客户的基础需求。以上这些内容，都是基本的满足客户需求的方法。

（3）加强自身管理，持续提升客户服务满意度

传统的物流服务商更多强调自身的功能满足水平，比如运输车辆、仓储面积、网络布局、人员数量，这些当然重要，但是考虑到当前客户的需求的不断增长，仅仅强调自身的基础资源已经不再适用了。物流服务商只有不断地加强自身管理，不断地进行管理创新、模式创新、技术创新，不断地提升客户服务满意度才有可能获得市场。因此，在这种情况下，物流服务商应该加强信息水平、沟通水平建设，通过软实力的提升不断增强自我管理能力。

2）客户忠诚度

客户忠诚度是以客户服务满意度为基础的扩张概念，一般而言，是指客户对某一服务或产品产生依赖，并有意继续或重复使用的心理状况。在物流服务领域，客户忠城度则表示物流服务商通过自身高品质的物流服务不断满足客户的基本需求和增值需求，使得客户对于物流服务商产生依赖，并持续签订合同的过程。通常意义上，客户忠诚度表现为客户对于服务供应商的意愿忠诚及行为忠诚，客户的意愿忠诚可以使服务供应商获得好评，但是行为忠诚则更可能使服务供应商获得价值。

物流服务商如何才能提升客户忠诚度？第一，提高自身服务水平，持续性地为客户提

供高水平的服务，不断帮助客户降低各项成本，这也是提高客户忠诚度的基本条件；第二，增强客户对物流服务商的信任，通过有效沟通、真实数据提供、信息透明展现，以成就客户为目的，才有望获得客户的信任；第三，夯实管理基础，提高转换门槛，挖深物流服务商的护城河，尤其是在仓储服务、信息服务等方面增加转化的成本，能使客户对物流服务商的依赖性不断增强。

3. 第三方物流客户服务

客户服务的要求包括 4 点。

1）订单前置期

有效的物流管理是通过控制物流作业的各项时间来达成的，物流服务商主要应考量如下环节。

●订单传输。订单传输的时间是指客户的订单从发出到被接受的时间。第三方物流公司可以进行信息交换，实时进行传输对接。

●订单处理。第三方物流公司在收到客户信息时，需要对订单进行转换，提前做好货物分拣和发送的准备工作，一般这一环节可以和电子数据交换系统同步进行。

●订单准备。订单准备的时间是整体作业时间中实践类活动的时间，主要包括分拣货物时间、订单的分拣匹配时间、货物的简单加工及包装时间等。在整体的订单准备过程中，装卸与搬运同样会影响订单准备时间，货物满足率、差异化程度也都是重要的影响因素。

●订单发送。订单发送时间包括 3 个部分，第一是分拣完毕后的在库等待时间，第二是装车时间，第三是车辆发运到下一个卸货点的时间。

2）可靠性

服务质量水平高是赢得客户信任和忠诚的重要基础，同时，保持服务的稳定是双方能够持续合作的重要条件。这种可靠性包括时间的稳定性、服务质量的一致性，可靠性是物流服务商真正赢得客户忠诚的最主要因素。

3）灵活性

灵活性主要指物流服务商对多个客户需求的适应程度，也指遇到重大问题时的应变能力。一般而言，灵活性是指服务的柔性化，即遇到突发事件具有快速反应并解决的能力。物流服务商在实际运作过程中应该根据不同客户的需求提供最佳的方案。

4）共享性

信息共享已经逐渐成为标准服务内容，主要是通过信息接口对接，对货物信息、客户信息等进行实时化、在线化同步传输。

共享性最强的合作企业之间，完全可以基于信任进行成本共享，从而获得管理收益，夏晖物流与麦当劳就是采取信息共享、成本共享的典型案例，两者达到了背靠背的互信程度，从而形成真正意义上的战略合作关系。

4.第三方物流客户服务能力提升

要做好第三方物流客户服务，物流服务商不仅要提供基础服务，在未来更应该加强数据分析能力、个性化方案提供能力和持续改进能力。

1）提供基础服务

物流服务商要了解自身的能力状况、客户行业类型、数据指标状况，同时要了解客户的物流需求，以及经营环境、经营状况、竞争状况、销售地区的不同配比等，从而更加有针对性地提供物流服务。

若能了解客户当下的物流经营状况，物流服务商就能在真正意义上做到知己知彼。

2）加强数据分析能力

物流服务商通过对自身的了解以及对客户的需求分析，利用绩效考核评估表，找到自身服务能力与客户需求之间的差距，就能有效评估自己是否能够满足客户的需求。通过对业务运作数据进行有效分析，物流服务商可以为客户提供物流改善方案，从而实现客户的销售状况改善或其他能力的提升。

3）加强个性化方案提供能力

找到与客户需求之间的差距是物流服务商确定自身能否满足客户需求的基本条件，如果想要打动客户，物流服务商则需要了解自身与竞争对手之间的差别，这可以通过相对绩效评估法来实现。

根据自身服务能力与客户需求的直接差异和自身与竞争对手的相对差异，物流服务商按照客户的特殊要求或者重点关注点提供个性化方案，将会有更高的概率获得客户青睐。

4）加强持续改进能力

在当前不断变化的商业环境下，物流服务商应该随时做好应变的准备，不断检验自己的核心能力，不断优化作业流，开发或引入先进的智慧系统，强化服务内容等，增强自己的服务能力，提升核心竞争力。

|第4节| 第三方物流服务项目招投标及履约监控

本节内容主要包括第三方物流服务项目招投标流程、招投标要点、合同管理、履约监控和评价 5 个方面。

1. 第三方物流服务项目招投标流程

第三方物流服务项目招投标遵循一般的招投标流程。

1）招投标的方式

物流服务的需求企业一般是采取项目招投标的方式对物流公司进行遴选的，希望能够以较低的价格获得较好的物流服务。招投标已经成为货主企业获取物流服务的主要方式，因此加强第三方物流服务项目招投标管控和中标后的履约监控将是货主企业日常管理的主要内容。

招投标的相关概念简单介绍如下。

- 招标：招标一般是针对需求方，即货主企业而言的。
- 投标：投标一般是针对供应方，即物流公司而言的。
- 流标：在招投标活动中，因投标人较少或者投标人未能满足招标要求而造成废标或者需要重新进行招投标邀请的一种情况。
- 围标与串标：围标与串标可能发生在招标人和投标人之间，也可能发生在不同投标人之间，这是一种不正当的手段，会影响正常业务，从而损害招标人的利益。

招标按照公开与否分为两种形式。

- 公开招标：是指招标人以招标公告的方式邀请众多企业或单位参与投标，并没有特定的潜在合作意向，只要是感兴趣的满足条件的企业或单位都可以参与。
- 邀请招标：又称有限招标，招标人一般都是定向选择投标人的；一般在投标人数量不多或者因要求特殊而不适合大规模公开招标的情况下进行；需要注意的是，邀请招标往往隐藏着巨大的交易黑洞。

2）程序

一般物流服务项目的招投标工作包括以下 7 个步骤。

（1）招标人编制招标文件

招标文件是重要的法律文件，所有的投标人的各项准备工作都应该以招标文件的要求作为标准，同时招标文件应该包括合同的一些主要条件和必要条件，并给出相关的可以参考的信息，包括须知、主要条款和注意事项等，并做到合规、严谨。

（2）招标人发布招标公告

招标人做好招标文件后，即可发布相关信息。

（3）投标人响应招标

投标人在得知招标信息后，根据招标文件约定的时间、地点、流程索取或者购买相应的招标文件。

（4）投标人编制投标文件

在取得招标文件后，投标人应根据自身的实际情况做出合理答复和准备相应的投标文件，避免重大问题的发生，一般而言，投标文件应包括以下内容。

- ●投标人资格证明：营业执照、经营许可证等。
- ●投标书：投标人的企业简介、解决方案、报价等。
- ●履约保证书：一般包括违约承诺或履约保证金支付承诺。

（5）投标人向招标人送达投标文件

送达投标文件时需要注意截止时间、密封、盖骑缝章、封面名称准确无误等。

（6）开标

招标文件中一般都会明确开标时间、地点，严格讲，开标时间和递交投标文件的时间应该一致，从而防止作弊；招标人在之前也可能安排讲标的情况，以帮助投标人做好准备工作。

（7）评标

按照招标文件规定，投标人进行商务标和技术标的评比，且评标办法应该提前公布，以便选出最合适的合作伙伴。

2.第三方物流服务项目招投标要点

第三方物流服务项目招投标要点主要如下。

1）规格与服务等级协议

在进行物流服务项目招投标时，货主企业一般需要考虑一般性规格与功能性规格，在实际的招投标过程中可分为商务标与技术标两种情况。商务标主要评选的是物流公司的行政背景，而技术标主要评选的是物流公司的专业服务能力。

服务等级协议（Service Level Agreement，SLA）是指物流公司和客户之间的有效合约，即合同，其中定义了一般性规格的项目介绍、功能性规格的服务类型、服务质量和客户付款等术语。物流服务项目的SLA一般包括以下内容。

●项目介绍。

●服务内容。

●服务要求。

●应急保障措施。

●服务标准及量化指标。

●奖惩规定。

●不可预测项及其他注意事项、纠纷条款等。

2）评估服务能力

在评估物流公司的服务能力时，也有一个专业术语——服务水平评价（Service Level Assessment，SLA），它是指对物流服务企业的服务能力进行评价。

表 4-1 所示为某物流公司服务能力评价表，实际运作过程中各货主企业根据侧重点不同会对该表有所添加、删改。

表 4-1　某物流公司服务能力评价表

	全域资源（公司全部）	服务资源（定制服务）
一、企业背景	公司名称	
1. 成立时间	年　月　日	
2. 营业收入	亿元	
3. 资产总额	亿元	
4. 资产负债率		
5. 证照资质	（公司证照、运营资质）	
二、设备资源		
1. 车辆资源	辆	辆
2. 仓储面积	万平方米	万平方米
3. 人员数量	人	人
4. 营业网点	个	个
三、业务指标		
1. 投诉响应率		
2. 及时率		
3. 破损率		
4. 投诉率		

服务能力评价一般围绕着企业背景、设备资源、业务指标等几个方面进行。

根据表 4-1 我们可以得知物流公司的综合服务能力和一般性规格的服务标准，并能对物流需求方即货主企业的服务要求和所需要的服务能力进行明确的定义，从而可以对物流公司的服务能力进行很好的评价。

3）针对特殊品的物流与仓储服务资质要求

物流服务领域的特殊品一般指化学危险品、生鲜食品以及医药用品等商品。

为了有效保障民众安全，国家对于化学危险品的仓储与运输有严格规定。按照国家标准《危险货物分类和品名编号》（GB 6944—2012）的划分，化学危险品分为爆炸品，气体，易燃液体，易燃固体、易于自燃的物质、遇水放出易燃气体的物质，氧化性物质和有机过氧化物，毒性物质和感染性物质，放射性物质，腐蚀性物质，杂项危险物质和物品（包括危害环境物质）等 9 类。所有的储运公司必须要满足相应的硬件条件才能从事相应的业务，否则将会被吊销经营资格，严重者将会被视作违法处理。

同样，从事生鲜食品、医药用品等的储运业务的企业，一样需要相应的专业资质。一般而言，国家相关管理单位，如各级药品监督管理局、市场监督管理局都会对这些企业进行审核并现场勘查是否符合经营条件，甚至对相关从业人员也有类似的管理要求。货主企业对于涉及国计民生的冷链运输、仓储业务服务商的考核应给予足够的重视，不能将其视为一般的物流服务商。否则，一旦物流公司出现问题，将会对货主企业造成较大的影响。

4）仓库和车辆资质

选择物流服务商，通常可以采用招投标或谈判的方式进行。供应链管理者在开展物流服务项目的招标活动时，除了要遵守其基本规则和流程之外，还要充分考虑物流服务的业务特殊性。物流服务商除了提供企业营业执照、税务登记证、车辆运营证、土地证、房产证等外，对于有特殊要求的规定，如消防证、危险品作业资格证等也应一并提供。

由于越来越多的货主企业逐渐把仓储服务商看作战略性供应商，仓库的地理位置将显得更为重要。除了价格之外，仓库周边的环境，道路状况，学校、医院、居民区的分布等也都是考量因素。通常，招标人应该根据自身的业务要求，制定候选仓库的基本物理条件，如仓间面积、长宽尺寸、地面状况及承重、净高、柱距、库门及作业平台数目、灯光情况、防雨防尘情况等。这些条件，既可作为所有投标仓库的必备条件，也可作为招标人的评估项目。其他可供考虑的仓库硬件设施条件包括仓库内的设备，如叉车、货架、打包机、升降平台、IT 设备和通信设备等。

在实际业务咨询和供应商寻找过程中，有些供应链管理者认为，不应强行要求潜在的物流服务商提供具体的设施设备。一般，他们会提供 SLA 给投标人，而由投标人根据 SLA 中的具体服务和作业要求，自行配置设施设备。这种做法与采购管理中经常谈到的规格可能分为以结果为导向的功能型或绩效型规格，或以过程为导向的设计型规格的道理一样。

　　评估仓储服务商的服务能力，更重要的评估内容在于投标人的软性服务能力，这包括紧急情况下的决定权归属和对策，内部货物摆放原则、分区原则、进出库流程、物流线路，货物重新包装（打印标签、再包装等）能力，库存管控程序（如看板的可视化要求等），关键绩效指标的记录，货物破损、丢失的处理程序，能提供的作业时间等评估点。在招标过程中，供应链管理者还可开展对投标人的现场考察，并通过对投标书的阅读分析以及聆听投标人的陈述，确定其管理流程是否符合作业要求。同时，招标人应该清楚地认识到其对仓储条件和作业时间的要求将影响投标人的报价。

　　运输招标与仓储招标不同。对于后者，招标人有更多的机会在现场对投标人的运作管理能力进行考察。对于前者，招标人通常需要了解投标人的车辆配置和车况、签约车队的情况、主要城市间固定货运班车情况、运输安全情况、质量管理流程、在途监控和货物追踪能力，以及异常事件的响应能力。招标人应该理解其对时效性的要求将影响投标人的报价。在运输招标中，投标人可以按照不同的运输方式，如公路运输、水路运输、铁路运输和航空运输，分别设计标段；也可以按照干线运输、配送运输来设计标段。考虑到运输成本，投标人在设计标段时最好兼顾运输线路与区域的搭配。

　　无论是仓储招标，还是运输招标，招标人可选择应用各种招标形式，如公开招标、邀请招标、密封招标、竞争性招标或二步法招标等。招标人如能提供更多的作业信息给投标人，则能使得后者进行更充分的成本分析，最终给出更合理的报价。

3.第三方物流服务项目合同管理

　　在招投标流程合规、要点明确的情况下，货主企业进行招投标活动，选择出合适的物流服务商之后，即进入合同签订以及履约环节。

1）合同签订及合同当事人确定

　　物流服务合同是货主企业与物流服务商协商后共同确认的合同。合同当事人一般包括：

- ●物流服务需求方。
- ●第三方物流经营方。
- ●物流合同的实际履行方。

　　物流服务合同的主体内容本身就是物流服务项目招投标的重要组成部分，一般都是事前沟通好的事情，所以双方对于合同的内容应该没有较大的分歧，可以按照约定以及在满足相应的前提条件时（比如保证金支付完成后）签订合同。

2）合同履行

所谓合同履行，指的是合同的履行主体根据合同中约定的内容提供服务的过程。在履约的过程中，物流服务商必须要注意考核指标的要求、相应的后果、异常情况的快速解决机制等内容，这也是未来容易出现纠纷的地方。

3）合同变更与续约管理

原则上，合同一经签订，在合同期内是不允许更改的。但是如果遇到特殊情况，如发生自然灾害等不可控事件，双方则可能会变更合同。同时，如果合同执行到位也会有优先续约或自动续约的情况发生。

物流服务合同的变更和解除条件如下。

●必须得到合同当事人同意，且不能损害社会利益。

●有不可抗力事件发生。

●一方在合同期内未能履约，且经过沟通可以解约或变更合同条款。

一般而言，合同的变更应采取书面形式通知对方，而不是以口头形式进行通知。

4.第三方物流服务项目履约监控

货主企业将物流业务外包后，应根据合同条款对物流服务商的运作过程、结果进行有效的跟进和监控，从而保证物流业务外包的顺利执行。

1）原则

物流服务项目的监控必须要尊重事实，不能以主观意识为标准，而主要基于以下两点。

●集中于重要的事实或数据。

●确定合适的监控频率。

2）运作过程监控

货主企业首先要确定物流业务的运作节点，如存储业务、分拣业务、包装业务、运输业务、配送业务等，然后确定关键绩效指标。关键绩效指标在合作双方信息系统对接的情况下是可以实现实时监控的。货主企业完全可以通过对运作节点进行有效监控，从而第一时间发现问题，并且与对方尽快协商解决办法，从而为后续的良好合作建立基础。

3）费效比监控

费效比指的是费用与效率之间的关系。一旦进入运作环节，货主企业就会发生各种活动费用，但是是否达到相应的效果则需要在一个运作周期之后进行有效评估。费效比一般由3部分构成。

● 直接价格成本、设施设备的投入分摊等。

● 信息系统的软硬件成本。

● 对以上软硬件所投入的管理费用。

针对费效比的考核，一般是通过考核关键绩效指标来完成的，比如仓储库存率、周转率、满载率、单位时间出库率等。

物流生产率是费效比，是经营应用的指标体系，它通常包括设备生产率指标、资源使用率和利用率指标、行为动作的指标、成本指标和与货物相关的库存流转指标。

4）物流服务质量监控

物流服务质量监控的内容如下。

● 客户投诉率：即一段时间内客户投诉总次数与总送货次数的比值。

● 客户投诉处理时间：一般为2小时，但可以根据具体情形适当调节。

● 回单返回及时率：指运输完成后，交接记录返回的比率，在信息系统对接和智能手机应用的情况下，一般都是通过拍照、电子签名的方式直接进行回传，不再采用传统的签单回传方式。

5. 第三方物流服务项目评价

第三方物流服务项目评价指的是按照合同约定的时间进行回顾或者重大问题发生后的评价过程。

1）特点

第三方物流服务项目评价是指第三方物流公司开始运作项目后，在合同约定的情况下，在一段时间内及时与货主企业、具体实施企业进行深度沟通，回顾运作状况是否达成要求的过程。

第三方物流服务项目评价具有滞后性，这一点需要明确。在整体评价过程中，货主企业应做到公平公正、全面及时、经济便捷、真实反馈，这既是第三方物流服务项目评价的要求又是它的特点。

引入第三方物流服务后，货主企业应及时有效地对第三方物流服务项目进行全面、公正的分析，从物流质量、交付状况、服务态度、承诺达成等方面，评估经济效益，进行双向沟通。这具有较强的现实性，能够帮助双方迅速探究问题所在，从而使得双方的合作质量有效提升。

2）内容

第三方物流服务项目评价主要包括以下内容。

●第三方物流服务项目目标评价。货主企业与第三方物流公司在沟通过程中必然会对货主企业的需求和第三方物流公司的服务能力进行深度沟通，尤其是针对关键绩效指标等关键要素进行商讨，从经济效益角度去思考，从而有效设立各项目标。在合作过程中，货主企业一般在第一个季度内以月为单位进行目标评价，随后以季度为单位进行目标评价。

●第三方物流服务项目实施过程评价。第三方物流服务项目实施过程评价主要是对作业流程、运作节点进行有效跟踪，在当前的信息化过程中，通常是以运作节点或流程关键点作为考核对象，通过数据体现过程评价结果。

●第三方物流服务项目效益评价。任何一项业务合作最终都要进行效益的评价，因为这是最重要的指标，货主企业应对该指标的表现给予重视。

●第三方物流服务项目影响评价。此项评价更强调第三方物流服务的引入是否对终端客户造成不良影响，一般围绕着质量目标进行考核。

3）方法

第三方物流服务项目的评价方法如下。

●统计预测法。统计预测法是基于过去运营的数据和对未来的发展趋势的预判，建立有效的数据模型，利用数学方法进行有效分析的一种方法，一般利用指数平滑法或加权平均法进行预测。

●对比法。对比法主要有3种方式：一是从第三方物流公司的时间维度进行纵向对比；二是在第三方物流公司之间进行横向对比；三是对第三方物流公司的任务完成效果与货主企业的要求进行对比，然后找出差距，分析问题所在。

4）反馈和处罚与激励

反馈是指货主企业针对第三方物流服务项目评价的结果与第三方物流公司进行沟通，针对问题进行深度研究，寻找解决方法并予以实施。

针对评价结果，货主企业可依据合同要求进行处罚与激励，依据必须要明确，并且一定要体现及时性，如果处罚、激励滞后，可能会造成合作伙伴的动力减弱、得过且过；尤其是对合同规定的激励措施执行不到位会使合作伙伴认为货主企业不诚信而拒绝贯彻合同的履行。

参考文献

［1］好伙伴网络货运科技.盘点2022网络货运行业现状和发展趋势［EB/OL］.（2021-04-01）［2022-03-16］.

［2］跨境电商物流百晓生.菜鸟、顺丰、京东全球化布局追逐战［EB/OL］.（2021-04-01）［2022-03-14］.

第5章

物流设施与设备

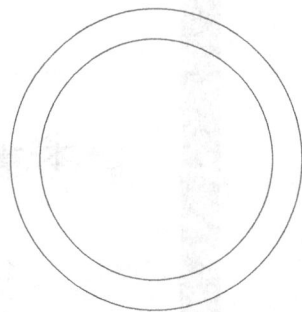

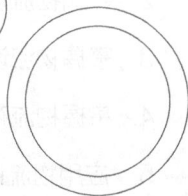

　　物流过程包括干线运输、物资仓储、终端配送三大主要环节，这三大环节又包含包装、加工、转运、信息处理等各种增值活动。要有效地完成整个物流过程，企业需要相应场所的支撑，支撑完成物流过程的固定场所就是物流设施；要有效地完成整个物流过程，企业也需要有效率的工具来支撑，支撑完成物流过程的工具就是物流设备。物流设施和物流设备共同使整个物流过程有效率地完成。本章首先概述物流设施与设备，之后分析物流设施规划、物流设备的类型与选择，进而对物流设施设备方案进行评估，最后对物流设施设备维护保养加以讨论。

本章目标

1. 掌握物流设施与设备的作用与分类。

2. 熟知物流设施功能组成。

3. 掌握物流设施规划的步骤。

4. 掌握物流存储和搬运设备的类型及适用范围。

5. 应用物流设施设备投资分析。

6. 熟悉物流设施设备的维护保养。

| 第 1 节 | 物流设施与设备概述

1. 物流设施的作用

物流设施是支撑干线运输、物资仓储、终端配送三大主要物流环节，以及三大环节中包装、加工、转运、信息处理等各种增值活动的固定场所。

物流设施可用来储存分配商品，其功能如下。

● 收货：接收从货源地发出的商品。

● 储存：商品的存储保管与养护。

● 分拣：将商品从储存区移动到分拣区或者发货区。

● 出货：将分拣好的商品装载到发往客户的运输工具上。

随着全渠道分销需求的增加，提高物流设施吞吐率和增加物流设施效益的要求也变得急迫。为了顺应这个变化趋势，企业开始对物流设施的基本功能进行自动化改造。物流设施引入计算机及相关的数据采集设备后，除了具有收货、储存、分拣、出货功能外，还增加了供应链信息管理功能。

传统学派认为，物流设施不能给商品增加价值，配备物流设施仅仅是企业不得不做的基础性工作，因此物流设施的成本会被划归为间接成本、一般管理费用或者其他营运费用。这些成本或费用的分摊方式导致物流设施的价值被企业大大低估，从而使相关管理及决策人员轻视物流设施的作用。

如果没有物流设施来储存门店每日所需要的补货，企业将不得不租用几千平方米的、昂贵的零售店面，因此，物流设施的价值就很明显了。如果企业的工程师每需要一根钢条就得跑一趟当地的钢材市场，这种成本将是巨大的。物流设施功能将减少机器宕机、工人怠工造成的损失。

将正确的商品在正确的时间送到正确的地方是物流的主要功能。物流设施通过商品的时间性、空间性转移来实现商品价值增加。随着物流的发展，物流设施不再局限于 4 个基本功能——收货、储存、分拣、出货，它还包含许多有附加值的功能。例如，有些家具厂的部分装配工作会在物流设施里面进行。

从宏观角度看，物流设施是控制经济活动中商品在生产和消费环节流通的阀门。

2. 物流设施的分类

基础型物流设施和功能型物流设施共同组成了常见的物流设施。

1）基础型物流设施

基础型物流设施是国家宏观经济的物流动脉，主要由政府或者公共机构投资建设，具有普惠性，能够被所有企业利用。其特点是战略地位高、辐射范围大，大多为公共设施，适用范围不限于物流领域。其一般包括以下几种。

●货运枢纽，如全国性或区域性铁路货运枢纽、公路货运枢纽、航空货运枢纽港、水路货运枢纽港和国家战略物流储备基地等。

●货运线路，包括铁路、公路、航线、航道和输送管道等。

●基础物流信息平台，其为企业物流信息系统提供基础物流信息服务，为企业间信息交换提供支持，为政府进行行业管理和决策提供支持，如物流导航信息系统（全球定位系统、北斗卫星导航系统）、物流数据信息系统（大数据和云计算平台）。

2）功能型物流设施

功能型物流设施是企业提供物流服务的基本手段，其主要具有物流业务处理功能、衔接功能、信息功能以及管理功能，适用范围主要聚焦于物流领域。其一般包括以下几种。

●转运型物流设施。转运型物流设施一般会靠近主要交通枢纽，其主要起到转运、分配货物的作用，即在不同的物流设施之间实现发往不同地点的货物的交换，比较典型的有沃尔玛的 Cross-dock 中心、顺丰的转运中心等。

●仓储型物流设施。仓储型物流设施指从事商品、货物、物料的收货、整理、储存和分发等工作的场所，典型如京东的亚洲一号仓库。

●综合型物流设施。综合型物流设施指在物流作业集中的地区或多式联运衔接地，将多种物流设施和不同的从事仓储、干线运输、城市配送等业务的物流公司在空间上集中布局的场所，如多式联运物流园区等。

由于基础型物流设施具有普惠性，企业一般会把基础型物流设施作为物流设施规划和设计的前提，因此在后面的小节中我们主要讨论功能型物流设施。

3. 物流中心介绍

依据《物流术语》（GB/T 18354—2021）的定义，物流中心是指具有完善的物流设施及信息网络，可便捷地连接外部交通运输网络，物流功能健全，集聚辐射范围大，存储、吞吐能力强，为客户提供专业化公共物流服务的场所。

对物流中心的理解，不同的企业与机构均有不同。我们一般认为，物流中心是相对于传统仓库而言具备健全的物流功能，从事商品、货物、物料的收货、整理、储存和分发等工作的场所。

例如，某办公用品生产商为满足其未来 5 年的业务发展需求，计划通过改造位于上海市的一栋工业厂房，建立支持华东区域办公用品订单（B2B 和 B2C 订单）的物流中心。

由于其商品系列涉及办公室文具及个人日用品，品项数量多达 8,000 种，包装各式各样，订单数量多而订单行项短且数量多，日均出货量为 6,000 箱（峰值系数为 2），拆零比例为 80%，这使得订单拣选具有复杂程度高的特点。

该生产商在订单拣选作业区域通过数据分析，确定了整箱拣选作业（以 B2B 订单为主）、拆零拣选作业（以 B2C 订单为主）以及特殊包装外形商品拣选作业的特点及效率要求，并根据这些不同特性的作业需求，设计了在不同作业区域采用的作业模式，配置了相应的设备。

在总体运行成本最低的原则下，该生产商根据物流动线及各分项作业需求，采用传统设备（系统）与先进设备（系统）结合的配置选型设计，既有传统的托盘式货架存储设备及前移式叉车作业配置，也有采用输送线串联起来的阁楼式拣选模组和螺旋式提升系统的订单拣选、合流、复核及包装作业配置。

该生产商在建筑面积约 8,000 平方米、高度为 7 米的现有厂房的基础上，根据物流动线，充分利用现有厂房结构特点，在不影响厂房建筑结构的强度的前提下，通过改变原有的消防间隔布局，采用合理的布局规划，最大限度地利用了厂房的空间，建立了高效、低运行成本的 B2B 和 B2C 订单配送物流中心。

4. 物流设备的作用

物流设备是有效地提高物流生产效率和物流存储效率、辅助人工完成物流处理过程的设备。它的作用主要如下。

1）降低成本

使用物流设备的主要目标之一是降低货物移动和存储的成本。直接或间接的成本降低通常以以下形式出现：减少物料搬运劳动力，减少运输、包装、交通管制和检查等活动的间接劳动力，通过优化减少包装材料、货架、容器等其他保护装置，降低潜在的货物损坏的风险，确保更大的吞吐量，减少设施的占地面积。

2）增强存储和处理能力

精心规划的物流设备可以使企业更好地利用厂房空间和改进厂房的仓储布局，从而增强存储能力。例如，企业可以使用高空起重机及专门设计的货架或集装箱来利用之前未能利用的空间，如生产线上方的区域；还可以改进生产线的布局，以减少行走距离和避免过度使用厂房空间。缩短物料流动路径和减少移动时间将进一步提高整体物流设备的通过能力。

3）改善工作条件

手动处理重物既费时又危险。相对恶劣的劳动条件和环境可能导致员工流失率增加，也会影响员工的士气。企业使用自动化系统可以相对舒适地提升员工处理任何尺寸、形状和体积的货物的能力，这反过来提高了员工的士气和产出率，从而提高了生产力。因此，物流设备可以显着改善工作条件。

4）提高安全性

人工处理物料具有很高的安全风险。事故可能导致致命的伤害、不可恢复的货物损坏以及代价高昂的宕机时间。但是，优化的物流设备可以显著降低安全风险，为员工提供更安全的工作场所。

5）提高客户服务水平

适当改进物流设备通常会带来更高的效率、更低的生产成本以及可靠和及时的供应，所有这些因素将显著提高客户服务水平。

5. 物流设备的分类

基于物流过程的关键环节，物流设备可划分为运输设备、仓储设备、装卸搬运设备、包装设备、分拣设备、流通加工设备、集装单元化设备、信息采集与处理设备等。

●运输设备：运输设备是指为了实现干线运输和城市配送功能所需要的设备，干线运输设备以火车、飞机、轮船、集装卡车、箱式卡车、管道为主，城市配送设备主要为轻型卡车、电动摩托等。

●仓储设备：仓储设备是指用于物料存储和监控的设备，包括货架、自动化货柜等。

●装卸搬运设备：装卸搬运设备是用来在功能型物流设施内对物料进行垂直或者水平移动的设备，常用的装卸搬运设备包括叉车、输送线、堆垛机、穿梭车和自动导引车等。

●包装设备：包装设备是提高包装效率的设备，常用的包装设备有充填机、裹包机、封口机、贴标机、捆扎机和集装机等。

●分拣设备：分拣设备即将货物按不同品种或不同地点分配到所设置场地的设备，常用的分拣设备有推挡分拣机、导引分拣机、滑靴分拣机、翻板分拣机和交叉带分拣机等。

●流通加工设备：流通加工设备是将货物根据需要进行包装、分割、计量分拣、添加标签条码、组装等作业时需要的设备，常用的流通加工设备有贴标机、电子秤、喷码机、覆膜机等。

●集装单元化设备：集装单元化设备是对储存、运输作业中的物料进行集装化的物流设备，主要包括集装箱、托盘和周转箱等。

●信息采集与处理设备：信息采集与处理设备主要用于物流信息的采集、传输和处理，主要包括数据采集设备（扫描枪、电子标签）、数据处理设备（服务器）、数据传输设备（路由器、光纤）等。

| 第 2 节 | 物流设施规划

1. 物流设施规划原则

物流设施匹配指的是企业选择合适的物流设施来满足企业的需求。物流设施的应用只有匹配对应的物流需求，才能起到良好的应用效果。然而，不同的商业环境、不同的产品特性将产生不同的物流需求。物流设施有其特定的使用场景。企业要想根据不同的物流需求规划合适的物流实施，需要遵循以下原则。

1）物流服务优先原则

根据物流设施的功能，物流设施规划方案中必须体现以服务水平需求为主导，并树立物流是为业务提供服务的意识，明确优良的物流服务是为实现企业业务目标的初衷。在具体规划的设计过程中，各种物料的基础数据和物流特性数据均来自服务范围内的基础数据和物流作业数据，同时企业需考虑到未来发展战略变化带来的影响。这将使物流设施的运作模式符合或贴近企业在自身服务范围内对物料的物流服务需求。

2）灵活和柔性原则

基于企业业务的持续发展和物流体系的不断完善，规划应该在明确现代物流技术的现状和未来发展方向的基础上，保证在一定程度上实现业务模式与物流系统的配合，从而使物流系统长期支持业务模式的变化和调整。在具体规划的设计过程中，对于物流设施的功能区域规划、物流设施设备规划、物流管理系统和物流设备选型过程及决策，企业必须考虑灵活和柔性原则。在符合现代物流管理和作业要求的前提下，企业不能盲目追求所谓的片面的现代化和无目的的自动化。企业应使规划既可以满足目前业务需求现状，又留有合理的拓展冗余，以便适应将来物料管理模式和物流设备种类的变化。

3）统筹规划、逐步推进原则

企业需要制定出相应的物料管理策略和运营模式，在规划方案中需要对入库物料的类别选定、物流设备管理集中化、设备选型和作业流程标准化、供应链上的全程信息化需求进行综合评估，进而形成整体规划。因此，企业需要在数据分析和作业策略制定的过程中，不以单个的产品特性为基准。

4）风险管控原则

风险管控，即对物流设施的运行风险进行分析，并指出如何管控各类风险，提高物流设施规划的成功概率。

5）环保节能原则

当今世界，环保节能是个热门的话题，也是一个负责任的企业回报社会的具体体现。制定物流设施规划方案时，企业需要对库内外的作业动线规划、环保型设备选型、物流设施规划等各个方面进行充分的考虑，制定出符合环保要求和能最大限度减少能耗的规划方案。

2. 物流设施规划步骤

物流设施规划必须在一开始就确定工作方法，以便确定业务需求、目标功能和性能规格等内容。物流设施规划是规划人员和用户以及设备获益者相互协商制定而成的，应及时反映企业的战略目标，实行现有问题、预期目标、技术和经济的约束的协调一致，达成统一的目标，并反对天马行空般不受约束的设计。

基于以上内容，我们将物流设施规划的过程分为以下 4 个阶段、8 个步骤，如图 5-1 所示。

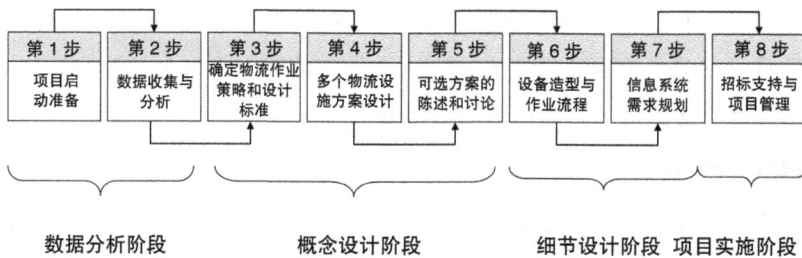

图 5-1　物流设施规划的过程

1）阶段一：数据分析

各企业不同的商业模式决定了其物流各有特点，规划人员如果不能很好地把握企业的物流特点，就不可能做出合理的物流设施规划。

规划人员要掌握企业的物流特点，就需要对企业的物流数据进行分析，因此数据分析是物流设施规划的基础。科学、细致的数据分析可以帮助企业更好地掌握自身的业务特点和物流特点。只有对数据进行细致的分析，规划人员才能发现企业物流运作的特性，才能为物流设施规划提供详实可信的依据。

步骤 1：项目启动准备。

在物流设施规划的初始阶段，规划人员需以理解企业物流发展战略为主，了解企业业务现状、物料存储结构、增长预期、物流设施规模等内容，并明确定义项目的规划目标及策略方向。

步骤 2：数据收集与分析。

数据收集一般由规划人员提出数据需求，由企业中比较熟悉相关数据情况的 IT 开发人员给出数据。

在数据收集的起始阶段，需要收集的数据如表 5-1 所示。

表 5-1　起始阶段需要收集的数据

采集项目	包含信息	采集意义
物料主文件	物料编码和名称、规格、单位、重量、特性说明、外包装方式、内含包装数量等数据	提供物料基础信息
实测基础数据	在库物料对应的包装规格、包装数量、存储条件、重量等单元化数据	作为单元化依据，为物流设施规划提供依据
入库文件	物料编码和名称、日期、数量、单位、体积、重量、金额等数据	帮助了解出入库峰值、库存水平和周期、物料存储分类方法等
库存文件		
出库文件		
货车到达信息	车辆型号及数量、配载时间、装卸方式等数据	掌握每日仓库收发货时间及装卸方式
装车发运信息		
当前设施基本资料	仓库面积、信息系统模块、作业流程等数据	提供现有设施的仓储、运输等的能力信息
供应商文件	供应商名称、地点，物料名称、单位、金额，日期，订单号等数据	提供供应商编码、订单采购情况等信息
配送地文件	各配送地面积和位置、库容、存储物料类别、所有权等数据	了解各配送地的面积、拥有方式等
关键假设	历年的资本性开支或者企业规划的未来发展数据	为满足物流设施规划提供依据

规划人员分析收集到的数据，制定物流作业策略和物流设施规划设计标准。同时，规划人员需要绘制详细的物料平衡图。该物料平衡图将使规划人员及相关参与方知道哪里是最大的瓶颈。

数据分析的内容如下。

● 订单分析。

● 存储结构分析（通道深度、货架类型等）。

● 月台分析。

● 产品流动数量分析。

● 库存分析（峰值与均值）。

2）阶段二：概念设计

步骤3：确定物流作业策略和设计标准。

进行数据分析之后，物流设施的使用方需要对数据分析结果进行确认。数据分析是整个物流设施规划的基础，因此对数据分析结果进行确认是必须的、重要的。数据分析结果得到确认之后，规划人员需给出存储、拣选等不同作业环节的可用物流作业策略。物流设施的使用方需要对上述策略进行确认，规划人员根据最终确认的内容形成物流设施规划的纲领性文件。

步骤4：多个物流设施规划方案设计。

规划人员需根据上一步得出的设计标准形成多个可能的物流设施规划方案。每个方案都会形成一张CAD平面图纸，该图纸将显示相应的存储、拣选区域等，同时会显示相关拟采用的物流设施等。

步骤5：可选方案的陈述和讨论。

规划人员将与相关使用方等讨论多个可行的方案，并在讨论了多个方案的优缺点之后从当前运作的瓶颈出发，尝试通过非传统的技术来突破当前运作的瓶颈。同时，规划人员还需讨论企业未来可能的发展变化，物流运作如何适应未来的发展变化等。

3）阶段三：细节设计

步骤6：设备选型与作业流程。

针对确定的物流设施规划方案，规划人员需对所有的物流作业进行描述，同时形成设备规格等技术文件。

步骤7：信息系统需求规划。

规划人员基于详细的物流运作流程，描述支持未来物流设施运作的信息系统的功能需求。相应需求文件可以支持IT开发人员开发或修改现有的信息系统或者支持采购人员采购一个新的信息系统。

4）阶段四：项目实施

步骤 8：招标支持与项目管理。

一旦物流信息系统的功能需求和物流设施的参数需求规划完毕，规划人员将开始准备物流信息系统招标技术文件和物流设施招标技术文件。所有的功能需求和参数需求都会包括在招标技术文件中。

招标工作完成后，规划人员将参与物流信息系统和物流设施的项目管理工作，包括物流信息系统与物流设施的生产、安装、调试和培训等工作，直至物流信息系统和物流设施上线并通过验收。

3. 物流设施功能组成

物流设施内的功能区域通常可分为一般物流作业区、物流配合作业区。一般物流作业区包括车辆进场、进货卸载、进货验收、条码粘贴、物料入库、订单拣选、集货、直驳、出货清点、出货装载等一系列与主要物流作业相关的功能区域；物流配合作业区则包括车辆货物出入管理、车辆停泊、空箱／空托盘存取、退货暂存、人员车辆通行、叉车充电和停放、办公活动、业务活动、值班执勤、园区交通等配合物流作业的功能区域。具体如表 5-2 所示。

表 5-2　物流设施内的功能区域

作业类别	作业项目	作业性质说明	作业区域规划
一般物流作业区	车辆进场	运输车辆进入物流中心并停靠在卸货区域	停车场、收发货月台
	进货卸载	物料从运输车辆上卸下	收发货月台
	进货验收	清点进货物料数量及检查外包装	收发货月台
	条码粘贴	粘贴物料条码	收货暂存区
	物料入库	物料放入相应区域的指定储位上	托盘存储区／散件存储区／自动立体库区／直驳区／其他区域
	订单拣选	依据订单内容拣选出货	托盘存储区／散件存储区／自动立体库区／直驳区／其他区域
	集货	集配物料	发货暂存（集货）区
	直驳	对仅在库内做短暂停留、无须上架的物料进行直驳作业	直驳区
	出货清点	确认出货物料品项及数量	发货暂存（集货）区
	出货装载	物料装载至运输车辆	收发货月台

作业类别	作业项目	作业性质说明	作业区域规划
	车辆货物出入管理	管制出入物流中心的运输车辆	库区大门
	车辆停泊	运输车辆临时停车与回车	运输车辆停车场 / 一般停车场
物流配合作业区	空箱 / 空托盘存取	空集装单元器具（托盘、周转箱）的存取	空箱 / 空托盘存储区
	退货暂存	从客户处退回的商品的暂存处理	退货品区
	人员车辆通行	供人员、车辆在物流设施之间通行	主要通道 / 辅助通道
	叉车充电和停放	叉车充电和停放	叉车充电区
	办公活动	行政办公	办公室
	业务活动	单证处理等	业务室
	值班执勤	值班执勤作业	值班室
	园区交通	园区人员、车辆进出与通行	园区通道 / 园区出入大门 / 其他
其他	安全消防设施及控制室等		
	空调机组室、配电室、动力间等		

1）收发货月台

根据物流设施的日收发货物流量、收发货车辆规格及车型比率可推算出物流设施的日收发货车辆数量和物流设施的进出货码头需求数量。其计算公式如下。

$$N = D \times H \div C \times S$$

$N =$ 码头的总数

$D =$ 码头每天的平均吞吐量

$H =$ 车辆平均卸货时间

$C =$ 车辆装货体积

$S =$ 车辆卸货的可用的工作时间

收发货月台的功能和作业内容如下。

● 接收上游供应商等的到货物料，并根据订单发送物料到配送地。

● 作业内容包括订货单、外包装情况等的确认，发货单、箱号等的确认。

● 收货时，车辆卸载并对卸下物料进行托盘化或者通过叉车转运至进货暂存区；出货时，用托盘或者笼车将出货集货区的物料搬运到车辆处进行装载。

● 部分收发货月台搭配调节板使用，以满足不同运输车辆的装卸货要求，以及方便叉车进入车厢内进行搬运作业。

2）收货暂存区

根据日收货物流量和收货处理次数，可推算出需要的收货暂存区的面积。需要注意的是，收货暂存区包括直驳区、不合格品区及退货品区。

收货暂存区的功能和作业内容如下。

● 对于没有商品标签的物料贴上商品条码。

● 按物料类别进行堆码暂存，准备送至不同的存储区。

3）存储区

对符合码盘条件的物料和标准的自带托盘的物料单元化后，选用横梁式托盘货架进行存储。

横梁式托盘货架区的功能和作业内容如下。

● 存储符合码盘条件的物料和标准的自带托盘的物料。

● 进货时，对收货暂存区内确定要存储在横梁式托盘货架中的物料，采用前移式叉车、电动托盘车或手动码垛车将其移至货架指定的位置。

● 出货时，采用前移式叉车、电动托盘车或手动码垛车从正确的位置取下整托盘物料送至发货（集货）暂存区。

● 为满足未来业务发展的存储要求，同时考虑未来库存状态，该区域使用普通托盘货架，货架一般为 4~6 层高，货架通道宽度大于 3,200 毫米。

4）发货暂存（集货）区

根据日发货物流量和收货处理次数，设定发货暂存（集货）区的面积，其中包含直驳区、不合格品及退货品区，具体位置和面积可在发货暂存（集货）区内根据作业需要灵活分配。

发货暂存（集货）区的功能和作业内容如下。

● 在集货暂存区按订单对物料进行集货。

● 对要发出的物料进行品名、数量等的复核。

5）直驳区

对于仅在库内做短暂停留、无须上架的物料，可通过直驳区进行作业，具体位置和面积可在收发货暂存区内根据作业需要灵活分配。

直驳区的功能和作业内容如下。

● 用于存放部分不需要上架或在物流中心内做短时间停留就能立即出库的物料。

● 面积可以根据直驳物料数量确定，位置位于最靠近收货暂存区和发货暂存（集货）区之间的存储区。

6）不合格品区与退货品区

对于检验不合格和客户退货的物料，可暂存在不合格品区和退货品区，具体位置和面积可在收发货暂存区内根据作业需要灵活分配。

不合格品区与退货品区的功能和作业内容：用于可能出现的客户退货和收货时部分检

验不合格物料的存储及后续返厂或调货等作业。

7）叉车充电区

根据物流设施内各类作业用叉车数量，结合仓库整体布局情况灵活布置。

叉车充电区的功能和作业内容如下。

●用于叉车的充电以及其他机械设备的维修。

●该区域应单独进行布置，安装通风设施，可保证在任何天气条件下，充电作业都可进行，同时可对叉车起保护作用。

8）单证处理室

为满足进出货控制、条码打印及员工休息等需要，需要规划单证处理室及办公区，并相应设置进出货控制室、员工休息室、条码打印室等。

单证处理室的功能和作业内容：单证处理室主要用于进出货作业的相关调度；员工休息室用于员工休息；条码打印室设在收发货暂存区附近，方便打印条码，提高工作效率。

9）夹层

为充分利用物流设施内收发货暂存区上部空间，可在收发货暂存区上部设置夹层，用于备品备件、高价值物料的存储，相应设置备品备件存储间、高价值物料存储间，同时还可利用夹层位置较高，便于对物流设施内情况进行观察的特点，设置参观通道。

夹层的功能和作业内容：用于备品备件、高价值物料的存储，以及对物流设施进行参观。

4.物流设施建筑需求

1）主体建筑形式

按照国内通行的建筑消防要求，通常物流设施单栋面积不能超过12,000平方米。在此基础上，单栋物流设施通常采用单体高架物流设施或多层楼库的结构，这两种典型的结构在建筑形式、物流效率等方面都有各自的特点，具体如表5-3所示。

表5-3　单体高架物流设施与多层楼库的特点

项目	内容	单体高架物流设施		多层楼库	
		特点	说明	特点	说明
建筑形式	总体建筑成本	低	建筑结构简单，为大跨度的轻钢结构，施工方便，单位建筑成本较低	高	建筑结构复杂，单位建筑成本高，建筑的辅助功能要求高，维修成本较高

项目	内容	单体高架物流设施		多层楼库	
		特点	说明	特点	说明
建筑形式	土地成本摊分	多	低体积率，单位面积的土地成本摊分多	少	较高的体积率，单位面积的土地成本摊分较少
	单体建筑面积	大	在现有的消防条例下，可以达到 12,000 平方米的单体建筑面积，适合现代化的大型流通型物流中心	小	根据现有的消防条例，单体的建筑面积受到很大的限制，较适合以储存性质为主的仓库
	消防要求	高	要求有较高配置的自动喷淋系统	低	以小面积隔间为主，对于消防系统的配置要求不高
	建筑密度	大	单体建筑面积较大，容易规划建筑密度较大的物流设施建筑群	小	主要为多层和面积较小的单体建筑，需要留出较大的建筑间距
物流效率	周转效率	高	适合现代物流发展的趋势，容易实现货架化和托盘化，作业效率高	低	受到楼层的空间高度限制和承重限制，不利于采用高位货架和进行叉车作业
	作业瓶颈	少	出入库处理场地可灵活调配，方便根据作业状况调整场地安排	多	主要依靠电梯的垂直提升进行作业，容易产生出入库瓶颈
	仓间利用率	高	多用高位货架储存物料，仓间利用率高	低	每层楼都要符合照明、消防及作业要求，仓间利用率低
	作业动线	灵活	可以设计尽量少的物流设施结构立柱及防火通道，方便根据作业需求规划动线	不灵活	由于结构立柱密度的限制及楼层之间的分隔，只能规划固定的动线
	运营管理便利性	较高	管理集中度较高，方便作业资源的集中调配	较低	受到楼层和小面积隔间的限制，不容易实现作业资源的集中管理和统一调配
	规划灵活性	灵活	容易根据业务发展的需求，调整物流设施的配置规划	不灵活	受到楼层结构限制和固定式的垂直提升设备限制，物流设施配置调整不便
其他	建设周期	短	施工方便，能预制物流设施主体结构，现场施工周期短	长	施工难度大，需要进行大量的现场浇注作业
	实际应用	广泛	在区域经济集中度和物流集中度都较高的欧美国家（地区）和国内的沿海发达城市应用普遍	局限	仅在经济集中度较高但是土地再生资源贫乏的区域应用，如香港地区和台湾地区

物流设施作为连接集中仓储管理和干线运输的关键节点，对于物流效率、响应性、灵活性等方面的要求较高，新建的物流设施采用单体高架物流设施的结构居多。

通常，随着单体高架物流设施的高度增加，其仓间利用率会随之增加，相应的建筑成本及设备投资成本也会增加，作业效率也会受到货架高度及设备投资成本等因素的影响。物流设施高度的确定需要规划人员对各方因素进行权衡，在满足作业需求的前提下综合考虑，选取性价比较高的方案。根据物料特性及物流作业需求，结合可能会采用的货架及搬运工具，物流设施空间高度比较示意图如图 5-2 所示。

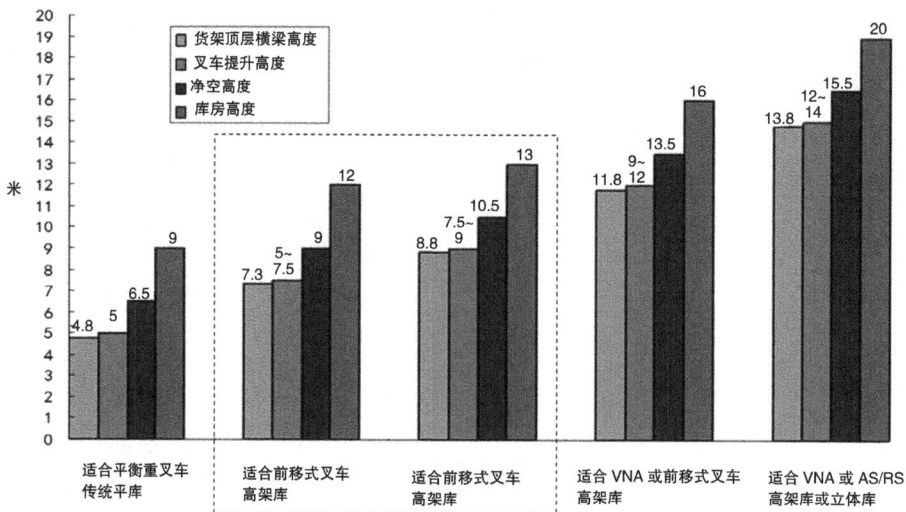

图 5-2　物流设施空间高度比较示意图

前移式叉车的提升高度为 7.5~9 米时，其性能、价格、作业效率等方面表现最好，提升高度为 9 米时，其对应的货架及仓库空间利用效果最佳。实践中，7.5~9 米的高度对应的标准物流设施的应用也最为普遍。

2）物流设施出入口

考虑物流设施中车辆出入频繁及进出货作业时段重叠的因素，物流设施的物流与人流尽量分开。由于物流设施周边道路开口受到市政交通限制，物流设施出入口一般设置于道路的次干道上，同时物流设施出入口处应设有单独的人流通道。

3）物流设施平面布局

考虑到物料进出作业的便利性，物流设施的进深不宜过大，一般以 60~90 米为宜。典型的物流设施平面布局为：物流设施外形尺寸为 126 米 ×96 米；库内净空高度为 10.5 米；月台尺寸为 126 米 ×6 米 ×1.2 米；共设置 4 个尺寸约为 31 米 ×96 米的防火间隔区，如图 5-3 所示。

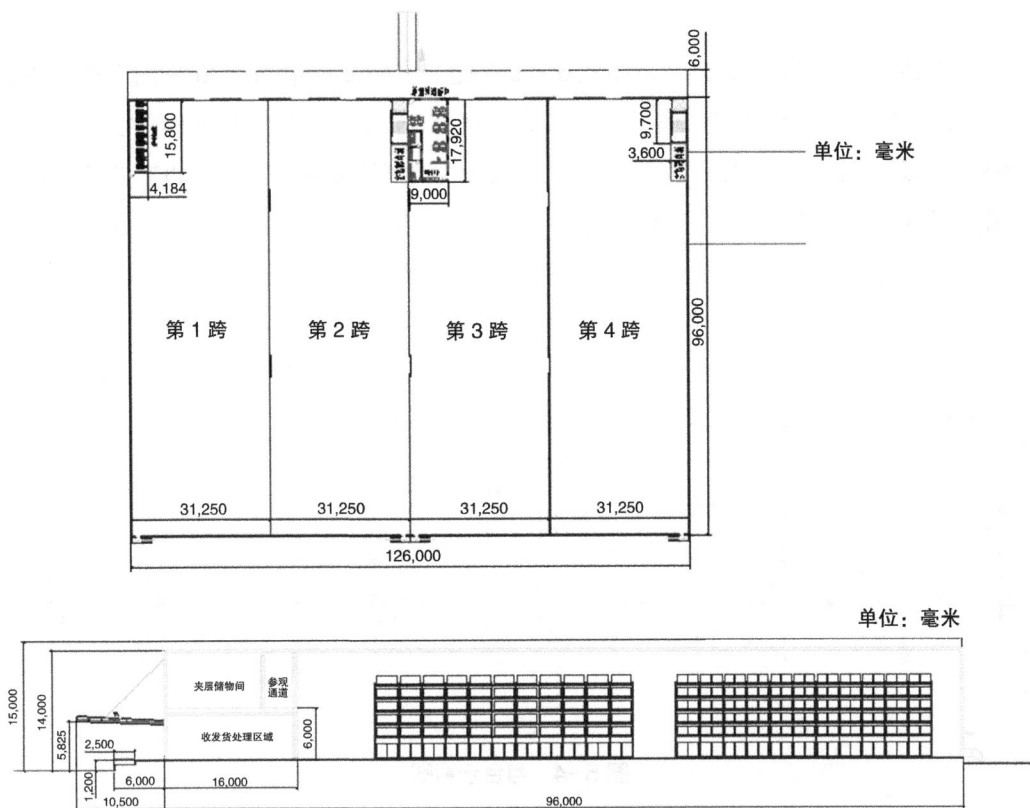

单位：毫米

单位：毫米

图 5-3　典型的物流设施平面布局示意图

（1）物流设施立面说明示例

物流设施高度要求示例如下。

●库内地面高度：1.2 米。

●月台地面高度：1.2 米。

●月台雨棚外缘高度：5.8 米（反向排水坡度为 5°）。

●库内作业净空高度：10.5 米。

●物流设施总体高度：15 米。

库内夹层高度要求示例如下。

●夹层首层高度：4.5 米以上。

●夹层中间层高度：4.5 米以上。

●夹层顶层高度：12 米。

（2）月台设施说明

月台是物料进出的必经之路，月台高度要匹配卡车货箱的高度，但是国内卡车的种类较多，且货箱高度也不太一致。一般而言，载重量为5吨的卡车的货箱高度约为0.95米，而拖车及货柜车的货箱高度约为1.3米。另外空车的高度与载重车的高度也有差别，因此作业人员往往要利用升降平台来辅助装卸。图5-4所示的月台高度为1.2米，配置8个升降平台。此处，月台需要配备防撞装置，避免被卡车撞坏。详细要求如下。

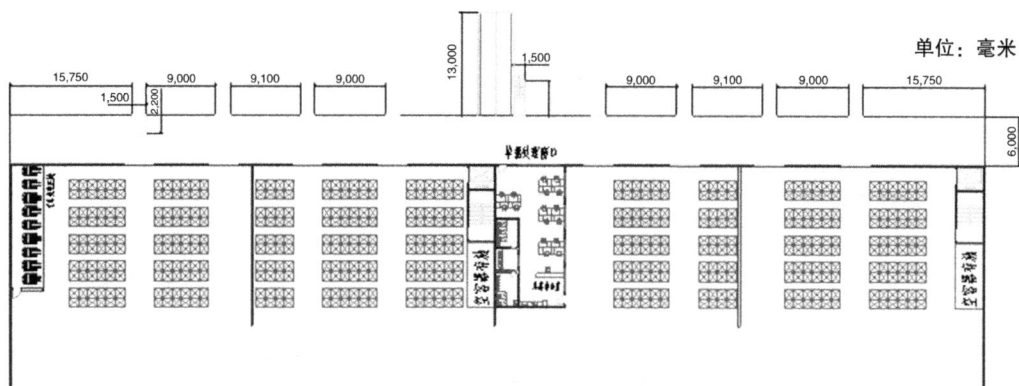

图5-4 月台示意图

● 高度调节板预留地坑尺寸：2米（宽）×2.5米（长）×0.6米（深）。

● 月台边缘要求：预埋护边角钢，规格为100毫米×100毫米×10毫米，沿月台宽边布置。

● 月台防撞要求：在月台宽边前段均匀布置防撞缓冲橡胶块。

● 停车泊位定位块要求：在装卸区域的物流车辆泊位配置用链条连接的三角形定位块。

（3）物流设施内主要作业区域防撞要求

● 防火门防撞要求：防撞栏杆规格为700毫米（高）×100毫米（直径），沿防火门两端布置。

● 物流设施门防撞要求：防撞柱规格为1,000毫米（高）×200毫米（直径），在物流设施门两端布置。

● 防撞设施标识要求：所有的防撞设施均需要采用黄黑相间的醒目标志。

（4）物流设施主要区域承重要求

● 月台地面承重要求：3吨/平方米（装卸作业）。

● 物流设施地面承重要求：3吨/平方米（主要库存作业）。

- 夹层中间层地面承重要求：1 吨 / 平方米（小型物料存放作业）。
- 夹层电梯承重要求：3 吨 。

（5）物流设施墙身要求

- 主体物流设施要求：建议采用夹心保温彩钢板，在高度高于 1.5 米时采用实体墙身。

- 通风导流要求：实体墙身上设置通风导流窗口，采用百叶窗和不锈钢丝网来防雨防盗。

（6）停车场

停车场边缘应留有足够的车辆回转空间。停车场如受到场地面积的限制，可采用倾斜的停车方式布置。

4）物流设施内道路

物流设施内的仓库主体建筑周围需要有环绕道路。

只要可能，车辆进入装卸货平台的运行方向为逆时针方向，这样可以保证倒车时司机可以看到车辆尾部。

物流设施内道路的宽度取决于车道是单向的还是双向的，一般单向车道的宽度至少为 3.6 米，双向车道的宽度至少为 7.2 米。

物流设施大门的宽度至少为 6 米（单向车道）或 9 米（双向车道），若大门同时作为人行通道则需增宽 2 米。

道路交叉处或 Y 形道路需进行圆弧连接，以便于车辆转弯，转弯半径需大于 10 米。

主体物流设施间应留有消防通道。

5）物流设施门岗

根据市政控规要求，物流设施的出入口应该与行政楼宇的入口分开。

考虑到物流设施内车辆出入频繁及进出货作业时段重叠的因素，物流设施的出入口应严格区分，且应在各出入口处设置门岗及相应设施（如挡车器等）；物流设施内应设有单独的人流通道。

6）主要物流设施动力配置需求

随着物流设施自动化程度的提升，相应的电力消耗也随之增加，往往在实际应用过程中面临电力负荷过大的问题。由此，在规划过程中规划人员应仔细计算主要物流设施动力配置需求。物流设施动力配置要充分保证动力的冗余性。为了应对不同的情形，一般会规划备用动力供给方案，常用的备用动力供给方案有双回路供电、备用发电机供电和临时租赁发电机供电。

| 第3节 | 物流设备的类型与选择

1. 物流设备选择的原则

物流设备的作业目标是满足当今客户高频、多量的配送需求，基于传统物流设备的人力作业方式已经不能满足这一需求。规划人员需要解决的重要而且紧迫的问题是物流系统中硬件设备的选用规划。选用何种搬运设备可以保证进货出货顺畅？选用何种存储设备能使货物存取方便，且能达到所需的存储效能？选用何种输送设备可以使货物在工作站间快速有效地移动？这些都是规划人员要考虑的重点。物流设备选型的基本原则如下。

●适应性和灵活性原则。考虑到物流设备的成本，物流设备需要尽可能具有适应性和灵活性，应该能够在不止一种场景中使用，并且可以处理不止一种类型的物料。

●物料匹配性原则。物料的大小、形状、重量、易碎性、存储条件和类型（固体、液体、气体）也会影响物流设备的选择。例如，不能使用钢丝绳吊索来移动大型飞机部件。因此物流设备的选择要充分考虑物料的特征，根据物料来匹配相应的物流设备。

●流程匹配性原则。不同的作业需要不同的作业规划人员进行通过能力，而作业通过能力对于物流设备的选择有很大的影响。对流程和通过量的准确理解，对于规划人员进行物流设备的速度和能力的选择具有重要的作用。

●场地适应性原则。选择物流设备的一个关键因素是空间可用性。例如，较低的天花板高度可能会妨碍桥式起重机的使用，而支柱和立柱可能会限制大型卡车或叉车的移动。在投资物流设备之前，规划人员需要仔细考虑物流设备的使用条件。

经济性原则。规划人员需要考虑物流设备的全生命周期成本、前期购买成本、运营和维护成本以及劳动力成本。在做最后的决定之前，规划人员务必要计算和比较所有这些成本。

2. 物流集装单元器具

集装是指在储运过程中，用集装器具或采用捆扎方法将货物组成标准规格的单元货件，以便于货物的装卸、存放、搬运等，而被集装化的货件就是集装单元。物流集装单元器具就是用于集装货物的工具。目前集装单元器具主要有三大类，即集装箱、托盘和周转箱/零件盒。

1）集装箱

世界上使用最广泛的集装箱类型是干货集装箱，90% 的海运货物采用干货集装箱装载。集装箱由铝或钢制成，适用于装载所有类型的货物。铝制集装箱的负载能力比钢制的略大，钢制集装箱的内部体积比铝制的略大。

标准集装箱有 20 尺（1 尺 ≈ 0.33 米）和 40 尺两种，通常分别用 TEU 和 FEU 来称呼。一个 40 尺集装箱的长度是 20 尺集装箱的两倍，其体积也是 20 尺集装箱的 2 倍左右。20 尺集装箱和 40 尺集装箱参数如表 5-4 所示。集装箱的标准尺寸决定了托盘的标准尺寸。

表 5-4 20 尺集装箱和 40 尺集装箱参数

	20 尺集装箱（TEU）	40 尺集装箱（FEU）
载具重量（千克）	2,300	3,750
负载能力（千克）	25,000	27,600
体积（立方米）	33.2	67.7
内部长度（米）	5.9	12.03
内部宽度（米）	2.35	
内部高度（米）	2.39	
开门宽度（米）	2.34	
开门高度（米）	2.28	

2）托盘

托盘是将物品按一定数量组合放置于一定形状的台面上，以便于有效地装卸、运输、保管的物流集装单元器具。托盘具有可以简化包装、易机械化、易实现高层码垛的特点。

根据尺寸，托盘可以分成 3 种：1210 托盘、1280 托盘、1111 托盘。

● 1210 托盘，长度为 120 厘米，宽度为 100 厘米，高度大约为 15 厘米。40 尺集装箱一层可以装载 22 个标准的 1210 托盘。该托盘标准被美国、中国及部分欧洲国家（地区）广泛采用。

● 1280 托盘，长度为 120 厘米，宽度为 80 厘米，高度大约为 15 厘米。40 尺集装箱一层可以装载 22 个标准的 1280 托盘。该托盘标准被欧洲国家（地区）广泛采用。

● 1111 托盘，长度为 110 厘米，宽度为 110 厘米，高度大约为 15 厘米。40 尺集装箱一层可以装载 20 个标准的 1111 托盘。该托盘标准被日本、韩国等国家（地区）广泛采用。

上述托盘的尺寸对于物流存储系统和搬运系统的设计有重要的影响，因此在做物流存储系统和搬运系统的设计时，规划人员要先定义在各环节流通的托盘的尺寸。

根据底部支撑形式，托盘可以分成九脚托盘、川字托盘、田字托盘、双面托盘。

九脚托盘见图 5-5。九脚托盘的底部有 9 个脚，一般作为仓库轻型货物垫仓板，供叉车周转较轻的货物时使用，因为其四面均可叉。九脚托盘一般载重比较轻，不适用于上货架或者转载大重量的货物。

图 5-5　九脚托盘

川字托盘见图 5-6。川字托盘的底部有 3 道横梁，底部形状非常像"川"字，因此得名。其有两面可叉，适用于绝大多数使用工况，是通用性极强的一款托盘，可与叉车、托盘车、各类货架、托盘输送线、裹包机、打包带以及货物堆叠机等设备配套使用。

图 5-6　川字托盘

田字托盘见图 5-7。田字托盘的底部形状像"田"字，因此得名。田字托盘适用于绝大多数使用工况，是通用性极强的一款托盘，四面可叉，结构强度高，不易变形。其可与叉车、各类货架、托盘输送线、裹包机、打包带以及货物堆叠机等设备配套使用，但是难以与托盘搬运车配套使用。

图 5-7　田字托盘

双面托盘见图 5-8。双面托盘是指正反两面均可使用的托盘。与其他结构的托盘相比，其最主要的功能是可以用于货物码垛，因此广泛使用于化工行业。双面托盘可配合码垛机使用，经常用于货物的码垛，常用于食品饮料、面粉深加工等行业，但不能配合托盘搬运车使用。

图 5-8　双面托盘

从同种材料的托盘成本来看，九脚托盘成本最低，川字托盘其次，田字托盘再次，双面托盘成本最高。

3）周转箱 / 零件盒

周转箱 / 零件盒（见图 5-9）可以实现小货件的单元化存储，便于搬运和存储。

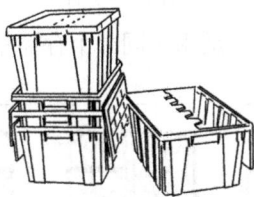

图 5-9　周转箱 / 零件盒

3. 物流存储设备

物流存储设备的形式种类繁多，其所存储物品的形状、重量、体积、包装形式、作业要求等特性决定了存储的方式。

物流存储设备以单元化负载（Unit Load）的货架储存方式为主。本书主要讨论单元化负载存储设备。物流存储设备依据存储的集装单元器具分类，可分为托盘存储设备、箱式存储储备、单品存储设备及其他存储设备等四大类。以下简要介绍前两类。

1）托盘存储设备

（1）拣选式托盘货架

拣选式托盘货架（见图 5-10）是较普遍使用的一类托盘存储设备，其每个货位可以直接触达，存取性强，拣取效率也高，但通道多，存储密度较低。其特点为：适合多品项、中量存储；灵活性高，可任意调整单层高度；施工容易、费用少；100% 可存取，可以灵活满足先进先出、后进后出、按批次出货、按照日期出货等多种需求。规划人员在做拣选式托盘货架的尺寸设计时，为了增加其通用性，横梁长度一般设计为230厘米或者270厘米。230厘米长的横梁上可以放2个120厘米×100厘米的托盘；270厘米长的横梁上可以放2个120厘米×100厘米的托盘或者3个120厘米×80厘米的托盘，通用性更强。

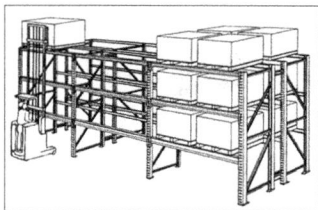

图 5-10　拣选式托盘货架

（2）双深位托盘货架

双深位托盘货架（见图5-11）与拣选式托盘货架的基本组件相同，但其结合了两座拣选式货架第二列的存储位置，因此存储密度可增加1倍，但其存取性及出入库能力有所降低，不能完全满足先进先出需求，适用于同一个存储单位有3~4托盘货物的场景。

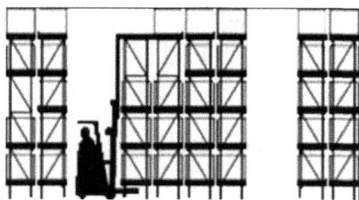

图 5-11　双深位托盘货架

（3）驶入式托盘货架

驶入式托盘货架（见图5-12）的存放方式是堆高机从最里层开始存放至最外层，通常纵深为3~5列，高4层。其存储密度大，存取性很差，很难做到先进先出，作业效率不高，适合少样多量产品的存储，或单一物料托盘数大于20托盘的情形。

图 5-12　驶入式托盘货架

（4）后推式托盘货架

后推式托盘货架（见图 5-13）采用滑座前后梁，滑座跨于滑轨上，滑轨本身具有一定角度，滑座会自动滑向前方入口。托盘货物置于滑座上从前方推入以实现存储，后来填入的托盘会将原先的托盘推到后方，通常具有 5 个单位深度。其特点是：存储密度大，存取性差；适合少样多量产品的存储；托盘会自动滑至最前储位；无法做到先进先出。

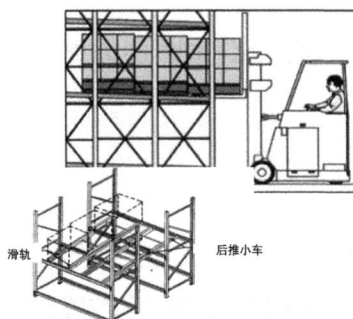

滑轨　　　　　　　后推小车

图 5-13　后推式托盘货架

（5）流动式托盘货架

流动式托盘货架（见图 5-14）一端作为上架口，另外一端作为出货口，货架朝出口的方向稍微向下倾斜，负载置于滚轮上，利用重力向下滑动。其特点为：适合存放少样多量、高频存取的货物；适合先进先出；存储密度大，空间使用率可达 85%；适用于一般堆高机作业；成本较高。

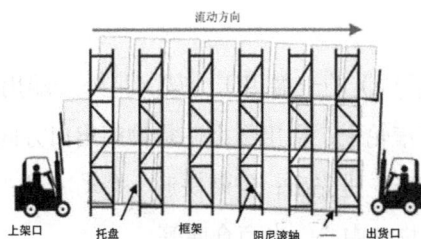

流动方向

上架口　　托盘　　框架　　阻尼滚轴　━　　出货口

图 5-14　流动式托盘货架

（6）悬臂式托盘货架

悬臂式托盘货架（见图 5-15）的样式为外悬臂装在立柱上，一般用于存放长条形货物。其特点为：适用于存放长条状货物。此类托盘货架适用于杆料生产工厂、长条形家具制造商、电梯制造商等。

图 5-15　悬臂式托盘货架

2）箱式存储设备

（1）多层隔板货架

多层隔板货架（见图 5-16）主要用于放置散装货物或者箱装货物，其根据采取设备的不同可以具有不同的高度。如果采用人工拣选和放置，高度可以设置为 2.5 米，如果采用设备拣选和放置，高度可以设置为 9 米。

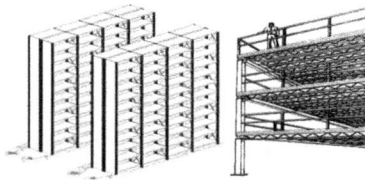

图 5-16　多层隔板货架

（2）箱式流利货架

箱式流利货架（见图 5-17）的一端用于上架，另外一端用于取货。带有滚轮的流利条连接货架前后，负载置于滚轮上，利用重力使货物朝出口方向向下滑动。其特点为：适合存放多样少量货物；货物可先进先出；安装快速、搬动容易；可与电子标签拣货系统配套使用；适用于超级市场、物流中心、电商仓库等。

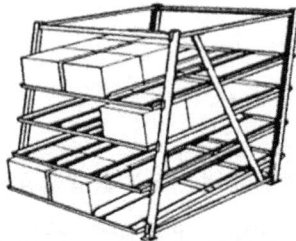

图 5-17　箱式流利货架

（3）旋转式货架

旋转式货架（见图 5-18）具有自动仓储与货架功能，操作简单、存取迅速，适用于电子零件、精密机件等少量多品种小件物品的储存及管理。其特点为：可以减少人力使用，提高空间利用率；模块化，灵活配置；安全性好；购置成本和维修费用高。

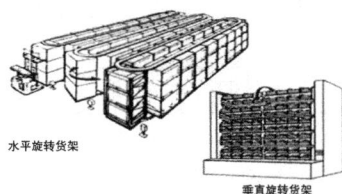

图 5-18 旋转式货架

每种物流存储设备有其特定的使用场景，因此规划人员在进行物流存储设备选型时需要考虑以下因素。

（1）物品特性

存储物品的外形、尺寸、数量、进出库频率决定了存储设备的类型。存储物品的重量决定了货架强度。集装单元器具（托盘、料箱或单品）也需要匹配不同的货架。此外，企业未来的业务发展需求决定了总储位数。

（2）存取性

存取性是指每个单元货物能够上架或者拣选的难易程度。通常，较大的存储密度意味着较差的存取性。立体自动仓库可以通过调整存储空间的高度实现存取性与存储密度的兼顾，但投资成本较高。因此何种类型的存储设备，是多种因素的折中。各类存储设备的存取性与存储密度的比较可参考表 5-5。

表 5-5 各类存储设备的存取性与存储密度的比较

	拣选式托盘货架	窄道式托盘货架	倍深式托盘货架	驶入式托盘货架	流动式托盘货架	后推式托盘货架	自动仓储
货架占用面积	大	中大	中	小	小	中	小
存储密度	低	中	中	高	高	中	高
空间利用	一般	良	良	优	优	优	良
存取性	优	优	一般	差	一般	一般	优
先进先出	可实现	可实现	不可实现	不可实现	可实现	不可实现	可实现
通道数	多	多	中	少	少	少	多

续表

	拣选式托盘货架	窄道式托盘货架	倍深式托盘货架	驶入式托盘货架	流动式托盘货架	后推式托盘货架	自动仓储
单位纵深储位数	1	1	2	15	15	5	1
堆栈高度／米	6	15	10	10	10	10	24
存取设备	平衡重叉车、前移式叉车	窄巷道叉车	倍深式前移叉车	平衡重叉车、前移式叉车	平衡重叉车、前移式叉车	平衡重叉车、前移式叉车	堆垛机
出入库能力	中	中	弱	弱	强	弱	强

（3）出入库量

出入库量是指物流存储设备在一个小时内可以完成的出入库数量。有的货架存储密度很大（比如驶入式托盘货架），出入库能力却不强，适合低频率的作业。有的货架具有较强的出入库能力（比如拣选式托盘货架）。

（4）厂房结构

建筑梁下有效高度决定了物流存储设备的高度，梁柱位置影响物流存储设备布局。地板承重、地面平整度会影响物流存储设备的选型，防火设施和照明设施的安装位置以及消防需求也会影响物流存储设备的选型和成本。

4. 物流搬运设备

物流搬运设备以搬运车辆为主，按照功能来看，可以分为以平面搬运为主的平面搬运车辆和具有举升功能的车辆。

1）平面搬运车辆

（1）手动托盘车／电动托盘车

手动托盘车／电动托盘车（见图 5-19）的负载能力通常为 1,500~3,000 千克。货叉的宽度与 750~1,500 毫米宽的托盘配套。货叉宽度不可调，故要确保托盘尺寸的标准化。

图 5-19　手动托盘车／电动托盘车

（2）拣选台车

拣选台车（见图 5-20）的负载能力为 150~300 千克，主要用于隔板货架区域的小件货物的拣选。

图 5-20　拣选台车

2）具有举升功能的车辆

（1）平衡重叉车

平衡重叉车（见图 5-21）的负载部位为悬吊在前轴的前端，利用底盘的重量来配重。平衡重叉车有坐式及立式两种类型。立式适用作业时时常上下堆高机，坐式适用于长距离的搬运。坐式的负载能力较立式的大。立式所需的通道较窄。坐式的负载能力较强，为 1.5 吨到几十吨；立式的负载能力一般为 1~2.5 吨。

图 5-21　平衡重叉车

（2）前移式叉车

前移式叉车（见图 5-22）具有跨于前端底部的跨架，以起到平衡作用，利用伸缩式的货叉叉取货物，对通道宽度的要求不高，举升高度比较高，且举升时失载不明显。

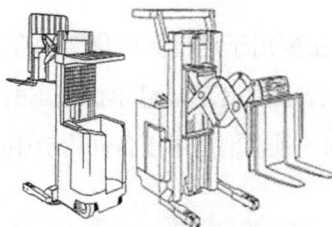

图 5-22　前移式叉车

（3）窄巷道叉车

窄巷道叉车（见图5-23）通过长轴距保持稳定性，融合了侧边负载叉车及平衡重叉车的特性。作业时，其举升负载至所要高度，货叉向左或向右旋转至存放库位，在货位内前后移动托盘，做存取动作。由于其不需要车体的旋转，故所需通道宽度最窄可以为1.6米。其有很好的稳定性，因此可以举升到15米的高度。为了提高其作业效率，通常会有导轨或者磁导线来辅助它作业。

图 5-23　窄巷道叉车

（4）侧载式堆高机

侧载式堆高机（见图5-24）的移动方式如同螃蟹一样，故也称作螃蟹堆高机，主要用来搬运长条形、圆柱形的货物。通过该堆高机，货物不需要在通道里面做方向转移，因此对通道宽度的要求不高。

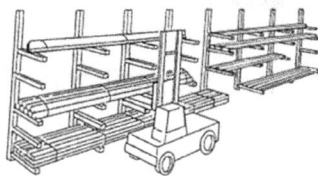

图 5-24　侧载式堆高机

（5）订单拣选车

订单拣选车（见图5-25）主要用于进行高位货架的存储和拣选作业，人可以跟随车升至作业高度，然后完成箱式或者单件拣选。订单拣选车的使用可以有效提高仓库的利用率，存储更多的多样少量的货物，且特别适用于备件物流中心的拣选作业。

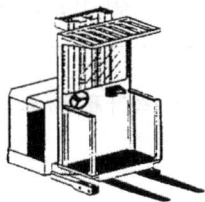

图 5-25　订单拣选车

选用有举升功能的车辆时需要评估以下几个因素：负载能力、通道宽度、举升高度、行走与举升速度、机动性及爬坡力。

● 负载能力。负载能力是首要考虑因素。有举升功能的车辆必须可以举升最重的额定负载至特定的高度。负载能力是以负载中心为基准来计算的，负载中心离车体越远，其有效负载量越低。随着举升高度提高，车辆会有一定的失载。因此考虑负载能力时除了考虑车辆上标注的负载能力，还要考虑所载货物的负载中心和需要举升的高度。车辆厂商会提供车辆负载能力和负载中心的说明图。

● 通道宽度。为了使车辆进行存取或搬运作业时能平顺且不发生其他被干涉的情况，各种不同类型的物流车辆均需不同的通道宽度。例如，平衡重叉车一般需要 3.6~4.6 米宽的通道。通道的宽度对仓库的空间利用率有很大的影响。通道越大，单位面积能够存放的物品就会越少。因此缩小通道占比，能够显著提升仓库的坪效。

● 举升高度。举升高度通常指车辆的扬程，也就是在额定负载下车辆的最大举升高度。规划人员通常要根据物流设施和存储的功能需求配备不同举升高度的车辆。举升高度和车辆的举升门架有很大的关系，在考虑举升高度的同时，还要考虑举升门架的限制。比如，仓库主要作业通道门高 3 米，那么门架高度不应该超过 2.9 米，如果车辆举升高度要达到 7 米，这时就需要采用三级门架。此外，如果车辆要进入集装箱作业，那么车辆的门架高度就不应该超过 2.2 米。

● 行走与举升速度。行走与举升速度直接影响堆高机的作业效率。动力系统的类型直接影响行走与举升速度。电瓶、马达及控制技术的不断进步使车辆的行走与举升速度有很大的提升。

● 机动性及爬坡力。机动性表示堆高机在通道内的作业能力，也就是在相同通道内处理不同规格货物的能力。爬坡力表示车辆在没有损失动力或速度剧降的情况下可越过的最大坡度。坡度的表示为高度与长度的比值。

不同车辆的因素对比如表 5-6 所示。

表 5-6　不同车辆的因素对比

类型	负载能力 /千克	通道宽度 / 米	举升高度 / 米	举升速度 /米·秒$^{-1}$	作业行走速度 / 千米·小时$^{-1}$	爬坡力
坐式平衡重叉车	900~4,500	3.6~4.6	6.7	0.41	8	35%
立式平衡重叉车	900~2,700	3.0~3.6	6.1	0.33	8	35%
前移式叉车	900~2,300	1.8~3.1	9.1	0.25	8	15%
侧载式叉车	900~4,500	1.5~2.1	9.15	0.25	8	20%
窄巷道叉车	900~3,600	1.5~1.8	15	0.25	15	0
订单拣选车	900~1,800	1.5	10	0.30	12	15%

5.物流输送设备

1）重力输送线（Gravity Conveyor）

重力输送线具有成本低、易安装、配置和变更灵活的特点。

（1）重力式滑槽输送线（Gravity Chute Conveyor）

重力式滑槽输送线（见图 5-26）是利用重力，从上方往下方输送的一种滑槽。其可以连接上下不同的设备，一般用于出货区域的集货、上下层的货物的输送。

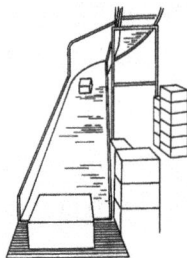

图 5-26　重力式滑槽输送线

（2）重力式滚轮输送线（Gravity Wheel Conveyor）

重力式滚轮输送线（见图 5-27）又称为"溜冰鞋滑轮"（Skate Wheel），主要特点为重量轻，易于部署、组装、拆卸。

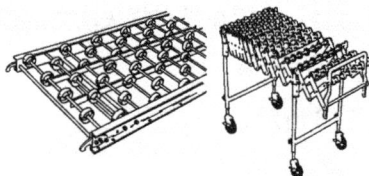

图 5-27　重力式滚轮输送线

（3）重力式滚筒输送线（Gravity Roller Conveyor）

重力式滚筒输送线（见图 5-28）的应用范围比重力式滚轮输送线的应用范围广。重力式滚筒输送线可以用于不适用于重力式滚轮输送线的中重型负载，如塑料篮、容器、桶形物等。重力式滚筒输送线重量大，故在安装和移动方面没有重力式滚轮输送线便捷。

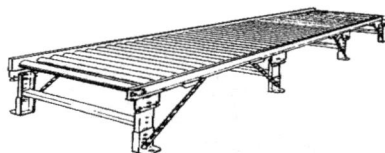

图 5-28　重力式滚筒输送线

（4）重力式滚珠输送线（Gravity Ball Conveyor）

重力式滚珠输送线（见图 5-29）是在台子上装有可向任意方向转动的万向滚珠，用于较硬表面的物品在输送线之间的传送，比如航空集装箱装箱以后的移动。

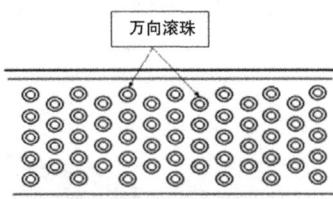

图 5-29　重力式滚珠输送线

2）动力输送线（Powered Conveyor）

（1）动力滚筒输送线（Powered Roller conveyor）

动力滚筒输送线（见图 5-30）就是在滚筒输送线上面加上动力马达。其用于较重物品的输送作业，但是不能用于爬坡，而且对表面非常光滑、重量很小的物体也不能进行处理。

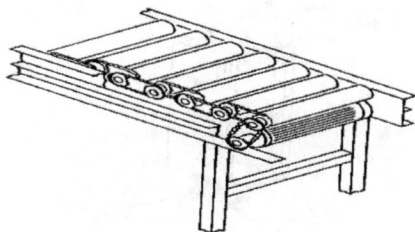

图 5-30　动力滚筒输送线

（2）动力链条输送线（Powered Chain conveyor）

动力链条输送线（见图5-31）是指在钢结构架上面放上链条，然后用动力装置来驱动链条输送货物。其适用于输送单元负载货物，如托盘、塑料箱等。动力链条输送线输送速度慢，构造简单，容易维护。

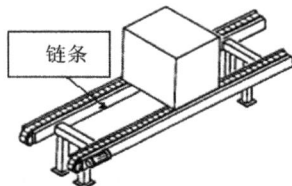

图 5-31　动力链条输送线

（3）动力皮带输送线（Powered Belt conveyor）

动力皮带输送线（见图5-32）是在钢结构两端装有动力装置，然后用动力装置来带动皮带滚动，实现货物输送。其构造简单，比较经济，与货物接触面的摩擦力大，可以用于爬坡。

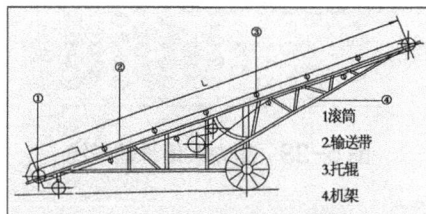

图 5-32　动力皮带输送线

（4）垂直提升机（Vertical Conveyor）

垂直提升机（见图5-33）用于不同水平面货物的提升或者降低，可以手动控制或者自动控制，在末端可以转接水平输送线。

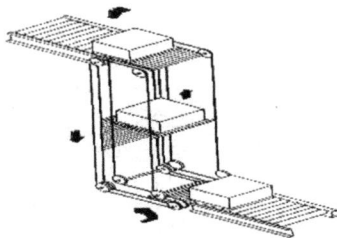

图 5-33　垂直提升机

（5）悬挂链输送线（Hang Chain Conveyor）

悬挂链输送线（见图 5-34）是悬挂在空中的，可以减少地面占用的一种输送方式，可以用于服装等的分拣输送，也可以用于爬坡。

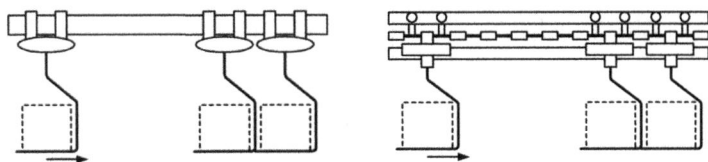

图 5-34　悬挂链输送线

6. 物流分拣设备

物流分拣设备是把货物根据不同的订单、目的地或者其他属性进行分类的设备。合流系统、引导系统和分拣系统 3 个子系统组成了分拣系统（见图 5-35）。常见的分拣机主要有 5 种。

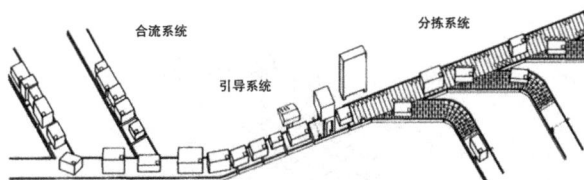

图 5-35　分拣系统

1）推挡式分拣机（Diverter Sorter）

推挡式分拣机（见图 5-36）利用固定或者可移动的推挡臂将货物偏转、推或拉到所需位置。由于它们不与输送线接触，因此几乎可以与任何平面输送线一起使用。推挡式分拣机通常以液压或气动方式操作，但也可以由电机驱动，结构简单，成本较低。

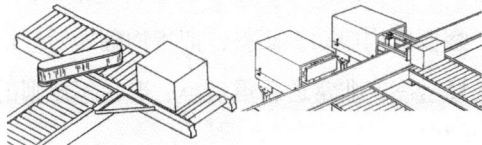

图 5-36　推挡式分拣机

2）导引式分拣机（Pop-up Sorter）

导引式分拣机（见图5-37）利用一排或多排动力滚筒、轮子或链条从输送线表面上方弹出以提升货物，并且以一定角度将货物引导离开输送线；当不需要转移货物时，轮子会降低，让货物直线通过。导引式分拣机只能分拣平底物品，弹出式滚筒的处理速度通常比弹出式滚轮的处理速度要快。

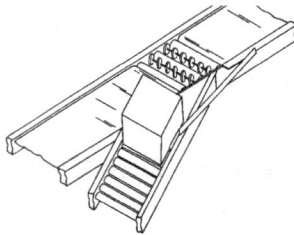

图5-37　导引式分拣机

3）滑靴式分拣机（Sliding Shoe Sorter）

滑靴式分拣机（见图5-38）（又称移动板条式分拣机）使用一系列转向滑条在水平表面上滑动以引导货物离开传送带到达指定格口。滑条从一侧移动到另一侧，以便将货品转移到任意一侧。它可以温和渐进地处理货物，并减少对货物的损害。

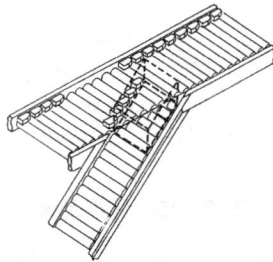

图5-38　滑靴式分拣机

4）翻板式分拣机（Tilting Sorter）

翻板式分拣机（见图5-39）是把小型托盘放置于传送带上，同时托盘带有翻板机构，当托盘到达指定格口时，翻板机构启动、倾斜，把货物翻入对应格口。翻板式分拣机通常设计为连续循环式的，布局紧凑，非常适合重量小、形状不规则的或者薄型货物（书本、邮件）的分拣。

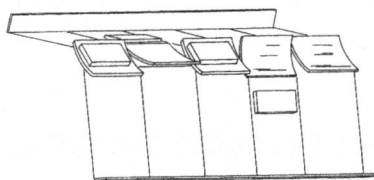

图 5-39　翻板式分拣机

5）交叉带分拣机（Cross-Belt Sorter）

交叉带分拣机（见图 5-40）是一种基于传送带的分拣机。它由一系列独立操作的短传送带组成，传送带横向安装在主轨道上。交叉带分拣机通常用于分拣包裹、服装和难以分拣的小件货物，如易碎或高摩擦产品。即使采用轻柔的处理模式，这项技术也能提供紧凑的分流点和实现超过每分钟 500 个纸箱的高分拣率。

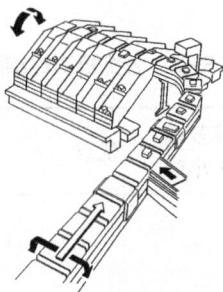

图 5-40　交叉带分拣机

规划人员在进行分拣机的选型时需要考虑下面一些因素。

（1）货物的种类和包装

不同的分拣机适合处理不同种类和包装的货物。因此货物的尺寸、形状和重量决定了分拣机选择的范围，货物的脆弱性和刚性也会影响分拣机的选择。例如，如果企业经营的是易碎的玻璃制品，那么就不适合选用翻板式分拣机。

（2）所需求的处理能力

不同的分拣机有不同的处理能力，但分拣得越快，吞吐量就越高，所需成本可能就越高。出于这个原因，规划人员基于对企业需求的了解，选择具有恰当处理能力的分拣机，就能帮助企业控制运营预算并获得良好的投资回报。

（3）分拣格口需求量

货物被分拣时，有多少个不同的目的地就意味着需要多少个分拣格口。一些跨境运输业务可能只需要少数几个分拣格口，便利店配送业务可能需要数百个分拣格口。分拣格口的需求量影响着分拣机的布局和选型。

（4）用于处理分拣的空间

有些分拣机比其他分拣机需要占用更多的空间，所以这个指标会影响最终决定，仓库可以留出的分拣空间也对分拣机选型有很大影响。规划人员可以通过回答下面几个问题来了解分拣空间是否受到限制：仓库总面积是多少？可用的楼面空间是多少？是否有效利用了物流设施中的垂直空间？分拣机是循环的还是线性的？

（5）分拣系统的灵活性要求

当前处理的货物和包装与在5年、10年、15年后处理的货物和包装一样吗？虽然很难确切地知道未来会怎么操作，但至少有一些概念很重要，因为这可能会影响分拣机的选型。一些分拣机适合处理有限种类的货物，这可能会使它们无法被设置在需要极强灵活性的物流设施中。有些分拣机非常灵活，对于满足未来的操作需求来说，这可能是一个绝佳的选择。表 5-7 展示了分拣机对比结果。

表 5-7　分拣机对比结果

分拣机	典型货物	货物重量 /千克	分拣效率 /件·小时$^{-1}$	优点	缺点	主要应用领域
推挡式分拣机	大包裹	1~50	5,000	高效能、成本低	扁平件、易碎件不适用，分拣格口少	快递、物流中心
导引式分拣机	硬纸箱、塑料箱等平底面货物	0.1~50	7,500	分拣轻柔、快速，分拣格口多、节省空间，运行故障率低	小件及软包货物不适用	电商、医药、服装、快递
滑靴式分拣机	厚纸箱、塑料箱、袋装物	0.5~20	10,000	可靠性高，可处理的货物规格范围大，分拣灵活	占地面积大、能耗大、噪声大	食品、医药、烟草、家电
翻板式分拣机	小件货物、软包货物、不规则货物	0.1~25	12,000	地面空间占用少	分拣不轻柔	书籍、邮件
交叉带分拣机	信封、编织袋、包裹、纸箱、图书、服装	0.01~75	30,000	噪声小、分拣精度高、布局灵活、较为柔性	成本高	电商、鞋服、快递、医药、烟草、机场

7. 自动化物流设备

自动化物流设备包括自动化存储与取货系统和货到人 AGV 系统。

1）自动化存储与取货系统

自动化存储与取货系统（Automated Storage and Retrieval System，AS/RS）由一个集成的计算机控制系统组成，该系统将存储设备、传输和控制设备与各种自动化技术相结合，可快速准确地存储货物。AS/RS 中的存储 / 取货（S/R）机器在狭窄的巷道中运行，对巷道两侧的货架进行操作，可以同时在水平（沿着巷道）和垂直（货架上下）方向移动。它的优点是节省物料搬运劳动力、增强物料控制（包括安全性）以及能有效利用存储空间；缺点是资金和维护成本高，变更困难，灵活性差。

（1）托盘单元化 AS/RS（Unit Load AS/RS）

托盘单元化 AS/RS（见图 5-41）用于存储 / 检索托盘化或成组且重量超过 500 磅（1 磅 =0.454 千克）的负载，堆叠高度可达 39 米，大多数货物的堆叠高度为 18~25 米，适用的巷道宽度为 1.5~1.8 米，适用于单深位或双深位托盘货架。

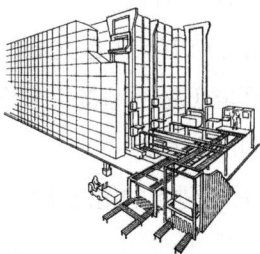

图 5-41　托盘单元化 AS/RS

（2）货箱单元化 AS/RS（Mini Load AS/RS）

货箱单元化 AS/RS（见图 5-42）用于存放 / 取回可存放在储物箱或抽屉中的小零件和工具。它在巷道末端拣货和补货，堆叠高度为 6~12 米，周转箱容量为 20~100 千克。

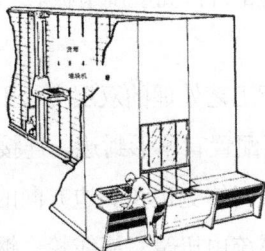

图 5-42　货箱单元化 AS/RS

2）货到人 AGV 系统

（1）AGV 的类型

AGV 即自动导引车，不需要操作员，适用于高劳动力成本、危险或对环境敏感的场景（如洁净室）。AGV 适用于对中低容量、中长距离的随机物料流进行操作，可以分为托盘 AGV、货箱或货架到人 AGV、AGV 叉车（见图5-43）。

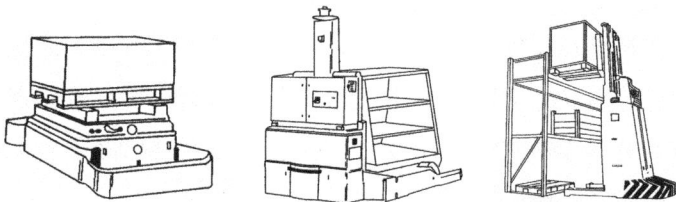

图 5-43 托盘 AGV、货箱或货架到人 AGV、AGV 叉车

（2）AGV 的选型

● AGV 的作业对象和内容：AGV 的作业对象是轻的还是重的？它应用于什么样的作业内容？这决定了规划人员会选择何种 AGV。

● AGV 的导航方式：AGV 的导航方式（激光导航、磁条导航、GPS 导航、视觉导航、二维码导航）取决于其运行环境（是否潮湿、寒冷，是否与操作员互动等），而且 AGV 的导航方式决定了 AGV 部署的灵活性。

● AGV 的精度：确保 AGV 具有适当的精度水平，以便能够在不损坏负载的情况下放置负载。

● AGV 与现有物流系统的兼容性：AGV 是自动化物流系统的一部分，因此，有必要确保 AGV 与现有物流系统（企业资源规划系统、仓储管理系统）兼容。

8. 码头传输设备

码头传输设备包括工业滑升门和月台高度调节板。

1）工业滑升门

工业滑升门的表面为采用聚脂工艺处理的双层夹心不锈钢，芯部材料为聚氨脂绝缘保温层，厚度为 40 毫米，门体端面配置有箱形封边，连接铰链并装在封边上，使门体嵌入轨道，底部、侧面和顶部固定有沿门体宽边和高边方向的球状乙烯树脂制成的密封条，可防风、防雨、防渗入。门体平衡系统由扭簧、绕线轮、钢轴和锁紧、固定的法兰等组成，轮上绕有钢索，钢索与门体底部的防钢索断裂装置相连。因此，在平衡状态下，不用电机提升门体也很方便。

2）月台高度调节板

为满足车厢底板高度不同的货车停靠在月台，企业一般会在所有的装卸门口安装下藏的液压式月台高度调节板。

月台高度调节板一般适用于车厢底板高度为 0.8~1.3 米的货车。

9. AI/IoT 设备

在物流领域，AI/IoT（Artificial Intelligence/Internet of Things，人工智能 / 物联网）设备对物流运作产生着重大影响，包括提高库存准确性、支持决策和拉近与客户的关系。机器学习技术、语音识别技术和机器人技术发挥了重要作用。

机器学习技术对物流数据收集和决策方面有着重大影响。每天，仓库管理系统都会根据订单号、库存水平和运输数据生成数量惊人的数据。机器学习技术的应用可以简化数据收集过程，帮助相关人员可以通过算法和模型分析数据，并做出决策，例如根据数据分析结果做出补充快要没有库存的货物的决策。

人工智能的改进使得基于语音识别技术的语音拣选系统更加有效。语音识别技术可以帮助拣货人员挑选任何特定的货物，并确保库存记录的准确性。

机器人在仓库中的应用履见不鲜，虽然有些机器人只能执行简单的任务，例如装载或卸载托盘，但也有一些机器人能够与仓库内的工人进行交互。研发人员可以通过编程的方式令机器人学习把货物送至哪里，以及如何在仓库内操作。

10. 自动化仓库核心设备

伴随着人工成本的上升和智能制造的兴起，物流设备已经成为企业的标准配置。堆垛机是自动化仓库的核心设备。

堆垛机是自动化立体仓库巷道式堆垛起重机的简称，是在自动化仓库中用来存取货架存储单元里货物的码垛设备，是自动化仓库中应用最广泛的货物搬运设备之一，也是物流仓储系统中最重要的设备之一。堆垛机的性能和技术水平将直接影响自动化仓库的运作效率和效益。

体现堆垛机动态性能优劣的指标主要有运行速度、提升速度、叉货速度、平稳性、振动与噪声、认址精度等。其中，国产堆垛机的最快运行速度已提升至 160 米 / 分钟，进口堆垛机运行速度最高可达到 200 米 / 分钟。在提升货物方面已由以前的双速电机驱动系统改进为变频调速系统，提升速度已提升至 40 米 / 分钟。在叉货方面也由单速电机驱动系统改进为变频调速系统，叉货速度已提升至 25 米 / 分钟。在堆垛机自动控制方面还采用了激光测距定位系统、闭环控制变频调速系统等技术。

当然，随着科学技术的不断进步，国产堆垛机的性能也在不断增强，国产设备供应商的能力也在不断提升。

|第 4 节| 物流设施设备规划方案评估

物流设施与物流设备的规划方案的评估方法基本相同，本节将两者结合起来进行讲解。

1. 物流设施设备规划方案评估概述

1）物流设施设备规划方案的评估步骤

为了保证得到准确和满足需求的结果，有效的物流设施设备规划方案的评估应遵循成熟的方法论。物流设施设备规划方案的评估需要遵循下面的步骤：详细说明功能需求，确定备选方案，评估备选方案，选择相应的物流设施设备，选择供应商。

（1）详细说明功能需求

物流设施设备规划方案需要详细说明物流设施设备需要具有的功能：所选物流设施设备为了帮助企业达成目标必须能做到什么？回答这个问题是至关重要的，在确定物流设施设备规划方案之前，规划人员必须找到准确的答案。缺乏对物流设施设备所需具有的功能的充分说明将会导致所选的物流设施设备不能解决真正的问题。

（2）确定备选方案

为了满足功能需求，规划人员可以确定多个备选方案。根据经验和最佳实践确定不同的备选方案非常重要。例如，为了满足托盘的存储和拣选的需求，可以采用窄巷道，也可以采用前移式叉车。列举一些能够满足功能需求的方案，以便于后面进行评估。由于物流设施设备规划方案千千万万，很难列举出所有方案，运作人员和规划人员可以一起探讨，确定 3 套能够满足需求的备选方案即可。

（3）评估备选方案

确定了可行的备选方案后，规划人员应客观完整地评估方案，并出具报告，辅助决策者进行方案的选择。

（4）选择相应的物流设施设备

物流设施设备的选择过程如下：指定物流设施设备的采购人员并确定投资预算，列明所需物流设施设备的详细规格，确定能提供该物流设施设备的供应商。

（5）选择供应商

选择供应商的过程如下：准备和分发供应商投标资料，详述投标标准，接收和评估供应商的投标资料，选择供应商。

2）备选方案评估方法

（1）优缺点列举法

优缺点列举法（见表 5-8）是指将每个备选方案的配置图、物流动线、搬运距离、扩充弹性等相关优缺点逐一进行比较。这种方法简单快速，但说服力不足，常用于初步概略方案阶段。

表 5-8　优缺点列举法

方　案	A方案	B方案	C方案
配置图			
评估项目	空间使用效率		
	物流动线		
	搬运距离		
	扩充弹性		
	建置成本		
	营运成本		
	作业安全性		
	管制程序需求		

（2）因素分析法

因素分析法是指规划人员与决策人员共同讨论列出备选方案所要具备的关键因素，并按照各因素的重要程度设定权重，权重可采用百分比值或计分数值（如 1 ~ 10）。接着，逐一评估每个因素，并赋予其相应的分值（如 4、3、2、1、0 等）。当各因素评估完成后，将因素权重与评估分值相乘，选出得分最高的方案。

（3）成本比较法

成本比较法比较的是投入成本或经济效益等量化数据。大多数的决策人员都会把成本分析结果作为最重要的评估依据。常用的成本分析方法包括年平均成本法、现值法、投资回报率法等。由于一般物流中心投资金额大而利润率较低，且这类投资常被视为非生产性投资，因此常用年平均成本法来分析。

（4）层次分析法

层次分析法是一种考虑主客观因素的综合评估方法。其实施步骤如下：分析决策因素权重，评估小组讨论，决定各项评估因素，对各项评估因素进行两两比较，建立评估矩阵，并分别统计其得分，计算权重及排序；方案选择，制定给分标准，如非常满意为 5 分、满意为 4 分、接受为 3 分、不满意为 2 分、非常不满意为 0 分；依据方案评估资料，以评估小组表决的方式给予方案的各项评估因素适当点数；计算权重与点数的乘积，得出方案的评估分数，根据评估分数，确定方案的优劣。

2. 物流设施设备规划方案的经济性评估

物流设施设备规划方案的经济性评估不仅仅是指评估物流设施设备的投资成本，其是一项系统工程，规划人员还需要评估所有的相关成本。

1）物流设施设备规划方案的成本组成

（1）投资成本

物流设施设备的投资成本包括不含税总价、安装费用、维护费用、动力设施费用、设施改造费用、运费、咨询费用、不可抵扣税费。之所以采用不含税总价是因为不同的供应商可能会采取不同增值税率，如果从财务层面能够做到增值税抵扣，那么需要把不含税总价纳入投资成本。

物流设施设备的投资成本还应该包括为了使用相应的物流设备而进行物流设施改造的成本，比如为了采用 AS/RS，可能需要对现有物流设施的供电装置进行扩容，这就会产生相应的成本。

对于一些进口物流设备，企业需要支付相应的关税等费用，如果供应商的总价不含这部分费用，那么这部分费用需要计入投资成本。

（2）物流设施设备年运营成本

物流设施设备年运营成本包括保险费、管理费、维修人员费用、维护经费、动力费用。物流设施设备的定期运营、维护可以延长物流设施设备的使用寿命，减少因宕机而产生的损失。

（3）劳动力成本

不同方案所需要的劳动力不同，由此产生的劳动力成本也会不同。劳动力成本包括直接劳动力成本和间接劳动力成本，直接劳动力成本和作业效率有关，间接劳动力成本主要指因培训、订单处理、客户服务等导致的劳动力成本。如果方案的精度高，间接劳动力成本会有所节省。在计算劳动力成本时，规划人员需要考虑企业的劳动力总成本，包括企业为员工购买的五险一金等。

（4）物流设施设备占用面积成本

不同方案要达成同样的处理目标和存储目标，物流设施设备占用面积会不同。例如，阁楼式货架的占用面积会比简单的隔板货架小，但是其投资成本和劳动力成本会高一些，因此方案的比较也就是在各种成本之间寻找平衡。

（5）信息系统开发成本

不同方案对信息系统开发的要求不同，针对不同方案，规划人员要考虑对信息系统进行对接或者开发的成本，从而更好地评估不同方案。

2）成本现值比较法

现值的经济含义是一个投资项目，其未来现金流量现值将贴现到期初。成本现值的计算公式如下：

成本现值（CPV）＝现在成本现金流量现值和未来成本现金流量现值之和。

$$CPV = \sum_{k=1}^{n} \frac{C_k}{(1+i)^k}$$

$CPV =$ 成本现值

$C_k =$ 第 k 年成本

$i =$ 贴现率

$n =$ 项目年限

成本现值比较法通过比较不同方案的现值大小来确定方案的经济性。它的优点是适用于项目年限相同的互斥投资方案的决策，可以灵活地考虑投资风险；缺点是不易确定贴现率，不适用于独立投资方案的决策，不能直接比较项目年限不同的互斥投资方案。

贴现率一般以银行长期贷款利率来确定，有些企业有自己的贴现率公式。下面进行两个物流方案成本现值的比较，相关数据如表 5-9 所示。

单位：元

表 5-9　物流方案成本现值的比较

	成本	Y0	Y1	Y2	Y3	Y4	Y5	Y6	Y7	Y8	Y9	Y10
方案甲	投资成本	30,000,000										
	物流设施设备年运营成本		600,000	600,000	600,000	600,000	600,000	900,000	900,000	900,000	900,000	900,000
	劳动力成本		15,000,000	15,450,000	15,913,500	16,390,905	16,882,632	17,389,111	17,910,784	18,448,108	19,001,551	19,571,598
	物流设施设备占用面积成本		10,950,000	11,169,000	11,392,380	11,620,228	11,852,632	12,089,685	12,331,478	12,578,108	12,829,670	13,086,264
	信息系统开发成本	5,000,000										
	合计	35,000,000	26,550,000	27,219,000	27,905,880	28,611,133	29,335,264	30,378,796	31,142,262	31,926,216	32,731,221	33,557,862
方案乙	投资成本	25,000,000										
	物流设施设备年运营成本		500,000	500,000	500,000	500,000	500,000	750,000	750,000	750,000	750,000	750,000
	劳动力成本		17,000,000	17,510,000	18,035,300	18,576,359	19,133,650	19,707,659	20,298,889	20,907,856	21,535,091	22,181,144
	物流设施设备占用面积成本		10,220,000	10,424,400	10,632,888	10,845,546	11,062,457	11,283,706	11,509,380	11,739,568	11,974,359	12,213,846
	信息系统开发成本	3,000,000										
	合计	28,000,000	27,720,000	28,434,400	29,168,188	29,921,905	30,696,107	31,741,365	32,558,269	33,397,424	34,259,450	35,144,990

方案甲：初期投资总计 3,500 万元。方案乙：初期投资总计 2,800 万元。如果只比较初期投资，那么很容易会选择方案乙。

方案甲：10 年总成本合计约 3.35 亿元。方案乙：10 年总成本合计约 3.41 亿元。从生命周期总成本来考虑，我们会选择方案甲。

那么，如果我们按照银行利率 6% 作为贴现率计算成本现值，会如何呢？采用 6% 的贴现率计算成本现值，可以得到方案甲的成本现值约为 2.53 亿元，方案乙的成本现值约为 2.55 亿元。这时候我们会选择方案甲。

但是由于企业的融资成本非常高，企业为了对投资有保证，要求采用 15% 的贴现率来计算成本现值，这时候我们发现方案甲的成本现值约为 1.808 亿元，方案乙的成本现值约为 1.804 亿元。此时我们就会选择方案乙。

因此关于成本现值的比较结果取决于企业采用的贴现率。

3. 物流设施设备规划方案的非经济性评估

物流设施设备规划方案非经济性评估的第一个步骤是确定需考虑的非经济因素。经常考虑的一些非经济因素如下。

- 物流设施设备规划方案对物流变化的应对能力。
- 灵活性。
- 物流设施设备安全性和管理与保养的难度。
- 物流设施设备的易操作性。
- 潜在故障的发生次数和严重性。
- 备件的数量及位置。
- 物流设施设备修理所需零部件的易得性。
- 产品的质量及物料损坏的风险。
- 高峰期需求的灵活性。
- 所需要的支持服务。
- 完成安装、培训和调试的时间。
- 是否可以提供灵活的融资模式。
- 企业形象宣传价值。

一旦确定了非经济因素，规划人员可根据重要性赋予每个非经济因素相应的权重，如表 5-10 所示。然后，必须对每个物流设施设备规划方案中的每个非经济因素进行评估。

表 5-10　非经济因素相应的权重

非经济因素	权重
可靠性	40
安全性	30
灵活性	10
企业形象	20
总计	100

规划人员可以借助表 5-11 进行评估。

首先在评估表的第一列中列出相应的非经济因素，然后在第二列中列出每个非经济因素对应的权重，所有权重的总和是 100。

表 5-11　评估示例表

非经济因素	权重	方案 1		方案 2		方案 3		方案 4		方案 5	
		等级	得分	等级	得分	等级	得分	等级	得分	等级	得分

赋予各非经济因素权重后，评估其在每个方案中的等级。等级由数字1~5表示。确定所有方案的各非经济因素的等级后，计算相应的得分。各非经济因素的得分等于其权重与对应的等级的乘积，然后对得分进行汇总。具有最高分的方案即为最好的方案。例如，两个备选方案的非经济因素、权重、等级、得分如表5-12所示。

表5-12 备选方案比较

因素	权重	方案1		方案2	
		等级	得分	等级	得分
可靠性	40	4	160	3	120
安全性	30	4	120	5	150
灵活性	10	5	50	4	40
企业形象	20	4	80	2	40
总计	100		410		350

方案1的总分比方案2高，因此方案1为最佳方案。因为直觉、判断和观点在一个物流设施设备规划方案的非经济因素评估里起着部分作用，两个相对独立的决策人员在比较相同的方案时可能会为各非经济因素赋予不同的权重、等级。

4. 物流设施设备规划方案评估案例

某企业准备新建物流中心，物流中心的建筑形式将在自动化立体仓库和横梁式货架仓库之间选择。

基本的评估信息如表5-13和表5-14所示。

表5-13 自动化立体仓库基本的评估信息

		内容	数量	单价/元	金额/元
支出	建筑成本	建筑面积（24米高）/平方米	5 000	1,300.0	6,500,000.0
		总计			6,500,000.0
	人员费用	操作人员工资/年	60	30,000.0	1,800,000.0
		叉车作业员工资/年	8	40,000.0	320,000.0
		办公费用/年	1	20,000.0	20,000.0
		总计			2,140,000.0

续表

		内容	数量	单价 / 元	金额 / 元
支出	设备费用	自动化立体仓库			
		叉车			
		托盘			
		总计			33,118,000.0
	能耗	电费 / 年	203,700	1.2	244,440.0
		耗材 / 年		30,000.0	30,000.0
		总计			274,440.0
	合计				42,032,440.0

表 5-14　横梁式货架仓库基本的评估信息

		内容	数量	单价 / 元	金额 / 元
支出	建筑成本	仓库使用（13 米高）/ 平方米	10,000	1,100.0	11,000,000.0
		总计			11,000,000.0
	人员费用	操作人员工资 / 年	80	30,000.0	2,400,000.0
		叉车作业员工资 / 年	20	40,000.0	800,000.0
		办公费用 / 年	1	20,000.0	20,000.0
		总计			3,220,000.0
	设备费用	横梁式货架			
		叉车			
		托盘			
		总计			20,574,000.0
	能耗	电费 / 年	576,000	1.2	691,200.0
		耗材 / 年		30,000.0	30,000.0
		总计			721,200.0
	合计				35,515,200.0

1）经济性评估结果

对以上两个方案的经济性评估，将从建筑成本、人员费用、设备费用、能耗 4 个方面进行，如表 5-15 和表 5-16 所示。

表 5-15 自动化立体仓库运营成本概算

自动化立体仓库运营成本概算										
序号	项目内容	第 1 年		第 2 年		第 3 年		第 4 年		第 5 年	
		数量	金额 / 元	数量	金额 / 元	数量	金额 / 元	数量	金额 / 元	数量	金额 / 元
1	建筑成本	1	6,500,000.0	1	0	1	0	1	0	1	0
2	人员费用	1	2,140,000.0	1	2,354,000.0	1	2,589,400.0	1	2,848,340.0	1	3,133,174.0
3	设备费用	1	33,118,000.0	1	0	1	0	1	0	1	0
4	能耗	1	274,440.0	1	274,440.0	1	274,440.0	1	274,440.0	1	274,440.0
总计			42,032,440.0		2,628,440.0		2,863,840.0		3,122,780.0		3,407,614.0

说明：人员费用按照每年 10% 递增。

表 5-16 横梁式货架仓库运营成本概算

横梁式货架仓库运营成本概算										
序号	项目内容	第 1 年		第 2 年		第 3 年		第 4 年		第 5 年	
		数量	金额 / 元	数量	金额 / 元	数量	金额 / 元	数量	金额 / 元	数量	金额 / 元
1	建筑成本	1	11,000,000.0	1	0	1		1	0	1	0
2	人员费用	1	3,220,000.0	1	3,542,000.0	1	3,896,200.0	1	4,285,820.0	1	4,714,402.0
3	设备费用	1	20,574,000.0	1	0	1	0	1	0	1	0
4	能耗	1	706,200.0	1	706,200.0	1	706,200.0	1	706,200.0	1	706,200.0
总计			35,500,200.0		4,248,200.0		4,602,400.0		4,992,020.00		5,420,602.0

说明：人员费用按照每年 10% 递增。

结论：不考虑购地成本的情况下，在第 2 年时横梁式货架仓库的运营成本高于自动化立体仓库。

2）非经济性评估结果

对以上两个方案的非经济性评估，将从可靠性、安全性、灵活性、企业形象 4 个方面进行，如表 5-17 所示。

表 5-17　非经济性评估

非经济因素	权重	自动化立体仓库		横梁式货架仓库	
		等级	得分	等级	得分
可靠性	40	4	160	3	120
安全性	30	4	120	5	150
灵活性	10	5	50	4	40
企业形象	20	4	80	2	40
总计	100		410		350

根据以上经济性评估和非经济性评估的结果，我们可以非常明显地看出，自动化立体仓库对于该企业来说是一个比较理想的选择。

在经济性评估和非经济性评估一致的情况下我们非常容易做出选择，即选择在多方面占优的方案就可以。但是在经济性评估和非经济性评估不一致的情况下该如何做出方案的决策呢？此时，企业决策人员需要根据自己的经验做出决策，从而选择一个对企业有利的方案。

| 第 5 节 | 物流设施设备维护保养

在物流设施设备管理中，企业需要投入大量资源到物流设施设备的全生命周期运营和维护中。现在人们普遍认为，物流设施设备的运营和维护对其能持续、有效提供服务至关重要。完善的、对用户友好的、准确的、相关的和及时的物流设施设备运营管理也成为业界的追求。

物流设施设备的应用越来越广泛，物流设施设备的维护保养也越来越重要。维护工作难度、对维护人员技术水平的要求都与物流设施设备的先进程度成正比。如果企业一味地依赖专业维护人员进行物流设施设备维护，专业维护人员就会被繁杂、重复的工作占用大部分精力，而很多专业性较强的工作（如设备的检查、校准、改进等）就不能得到及时有效的实施。因此物流设施设备维护保养不仅是专业维护人员的事情，也是使用部门和相关使用人员的职责。

1. 物流设施设备维护分类

物流设施设备的维护根据具体过程可分为 3 类。

1）预防性维护（Preventive Maintenance）

预防性维护是指为了有计划地延长物流设施设备的使用寿命和避免物流设施设备故障而进行维护。预防性维护的目的在于降低物流设施设备的故障率和实际折旧率，提高物流设施设备的可用性和可靠性。具体的预防性维护工作是根据维护手册和预防性维护时间表进行的。预防性维护的工作流程可以分为以下 4 步。

一是确定需要做预防性维护的物流设施设备。并不是所有的物流设施设备都需要做预防性维护，因此企业首先要确定需要做预防性维护的物流设施设备，手动液压托盘车、托盘等一般不会被纳入预防性维护的范畴。

二是确定基于时间或者使用量的维护计划。在没有借助物联网维护管理信息系统的情况下，企业一般会根据时间确定维护计划，例如对消防设备做月度维护计划、对叉车做季度维护计划等。如果有较好的物联网维护管理信息系统的支持，企业就可以做更精准的基于使用量的维护计划。

三是发布按照维护计划生成的工作单。企业应根据维护计划，定期生成工作单给物流设施设备的维护保养人员。

四是执行预防性维护。维护保养人员根据标准作业程序工作指导书、检查表执行物流设施设备的预防性维护。

2）探测性维护（Predictive Maintenance）

探测性维护是指使用物联网技术探测到物流设施设备有一些不正常情况，但是物流设施设备还可以使用，这时对其进行维护，从而使其不至于产生大的影响生产的故障。

探测性维护计划依靠状态传感器在物流设施设备正常运行期间监控其性能，以便在其发生故障时或发生故障之前识别和修复可能的缺陷或弱点。探测性维护可以降低维护频率，从而不会产生与执行过多的预防性维护相关的成本。

探测性维护使用状态传感器（也称为状态监测设备）来捕获信息。状态传感器可以提供有关机器振动、油的使用以及热成像等信息，以确定何时执行维护，从而防止物流设施设备故障。

但是由于实施探测性维护需要安装状态传感器，因此会产生相应的成本。

3）纠正性维护（Corrective Maintenance）

纠正性维护是在物流设施设备发生计划外的宕机后使其恢复正常使用的过程，其具体工作内容包括故障排除、拆卸、维修、更换和重新调整设备。纠正性维护分为计划外的纠正性维护和计划内的纠正性维护。

计划外的纠正性维护是指在物流设施设备发生故障后立即采取的维护措施。这些故障被认为是严重的，需要立即采取纠正措施。计划外的物流设施设备故障会影响关键业务功能并限制企业的盈利能力。

计划内的纠正性维护是指需要但可以推迟到以后进行的维护操作。这可能是由于预算、时间或人员有限。一些维护行动还需要更多的技术支持，企业可能需要将该业务外包。通常，相关故障不会影响关键业务功能，可以延期进行处理。

2. 物流设施设备维护内容

物流设施设备维护内容是根据物流设施设备的竣工信息和维护计划，从系统层面分析和评估以实现最有效的物流设施设备的维护保养。物流设施设备维护一般包括以下内容。

1）建立物流设施设备维护保养手册总览

总览包括背景信息，如物流设施设备的历史记录、相关资料手册和运维人员信息，手册的结构、内容、使用方法，物流设施设备所涵盖的各种系统的简要概述等。

2）制订维护保养计划

企业应制订确保重要资产保持良好的工作状态的预防性和纠正性维护保养计划。计划需要综括设备测试要求、故障排除过程和维护保养方案。

3）制订紧急情况处理程序

企业应定义紧急情况，并且列出应对紧急情况的处理程序，包括要通知的人员和机构以及如何处理紧急情况。

4）收集物流设施设备基础信息

物流设施设备基础信息包含有关物流设施的详细信息，如现场勘测记录、建筑规范和规范信息、物流设施平面图以及建筑材料类型，也包含物流设备的详细信息，如物流设备的配置参数、物流设备的使用手册等。

5）建立物流设施设备维护的标准作业程序

建立物流设施设备维护的标准作业程序，可以帮助运维人员快速进行处理。标准作业程序还可以使运维人员更仔细地开展工作。

标准作业程序需要包括物流设施设备调整、物流设施设备保养、运行维修、定期检修、临时停工检修等内容。建立标准作业程序是物流设施设备维护的核心内容。

3. 物流设施设备维护的标准作业程序

物流设施设备维护的标准作业程序是一套用于完成日常物流设施设备维护任务的书面指南或说明，旨在提高物流设施设备维护的效率并确保质量。

1）物流设施设备维护的标准作业程序的作用

物流设施设备维护的标准作业程序可以使企业的运营符合相关法规的要求，比如消防法规要求相关企业具有消防维护的标准作业程序。

物流设施设备维护的标准作业程序可以减少员工之间的沟通不畅并解决安全问题。企业可以通过标准作业程序明确每个部门的责任，从而划清安全和维护保养责任。

物流设施设备维护的标准作业程序可以提供用于审核业务流程有效性的清单。企业通过标准作业程序可以审核员工是否执行了正确的维护保养程序。

物流设施设备维护的标准作业程序可以通过最大限度地减少错误来简化工作流程并提高效率。

物流设施设备维护的标准作业程序可以简化新员工的入职和培训流程。

2）物流设施设备维护的标准作业程序的要素

目的：物流设施设备维护的标准作业程序应确定工作的目的，并明确概述工作的目标，描述能解决的问题。

范围：定义了物流设施设备维护的标准作业程序的适用性，即物流设施设备维护的标准作业程序适用于谁、适用于哪里以及如何使用它。

职责：物流设施设备维护的标准作业程序应概述由谁执行维护保养任务以及在出现问题时应该联系谁，并且规定负责标准作业程序实施、审查和更新的人员。

程序：物流设施设备维护的标准作业程序不仅定义任务，还提供有关如何完成任务的程序，程序包括员工必须以易于理解的方式采取的所有必要维护保养步骤。

4. 物流设施设备维护的标准作业程序示例

1）目的

为医疗保健仓库的温湿度监控设备建立一套预防维护程序，以便维持医疗保健仓库的温湿度监控设备的持续正常运行。

2）范围

本标准作业程序的范围包括：仓库温湿度监控系统软件、仓库温湿度监控系统硬件。

3）职责

工程部：负责监督并执行预防维护程序，修订预防维护程序。

质量管理部：负责监督并审核标准作业程序的完整性，以及时效性。

4）程序

（1）本预防维护对象如下（见表5-18和表5-19）。

表5-18　硬件

名称	制造商	数量
输送机	××	
分拣机	××	

表5-19　软件

名称	制造商	数量
WMS	×××	
WCS	×××	
DPS	×××	

（2）软件系统的预防维护频次为一个季度一次。

（3）每次预防维护以后将会生成预防维护报告。

（4）每季度预防维护的内容如下。

●备份整个软件数据到移动硬盘。

●评估异常事件并且提出改正方案。

●评估重复性问题的报警并且提出改正方案。

●如果需要，提供帮助系统持续性运行的增补指导书。

●评估图表并且识别问题和扩展性需求，如果有图表问题，解决图表问题。

●验证事件和趋势数据是否被正确归档，并且将结果备份到移动硬盘。

●评估软件系统日志记录，并且纠正所有问题。

（5）紧急服务

本预防维护程序是为了尽量避免紧急维护，但是如果有紧急事件发生，可按以下方法进行处理。

●工程部人员应该马上通知供应商。供应商人员应该在 2 小时内通过电话或者远程登录的方式评估和诊断该问题。工程部人员和供应商人员一起确定相应措施。

●如果该问题必须现场解决，供应商人员应该在 6 小时内到达现场。

●紧急维护需要 7 天 24 小时不间断实施。

总体来说，物流设施设备保养不良、物流设施设备的使用寿命短及故障率高将直接导致物流作业生产效率低下，同时，物流作业质量也无法提升。并且故障多的物流设施设备，将减少物流设施设备的开机时间以及增加修理成本。

优良的物流设施设备维护保养将直接减少物流设施设备事故的发生，保证物流设施设备正常高效运转，减少停机时间，节约成本。通过维护保养，保持、提高物流设施设备的运行性能，将减少物流设施设备的维修费用，提高企业的生产能力和经济效益，延长物流设施设备使用寿命，提升物流设施设备的安全性，为物流现场作业人员营造舒适安全的工作环境。

物流信息技术与系统

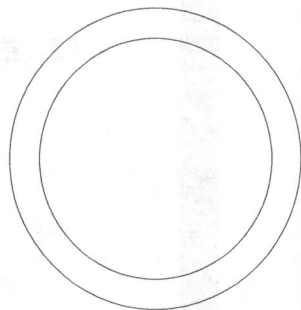

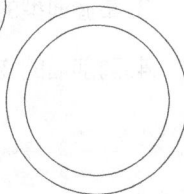

现代物流的发展趋势突出表现为物流的信息化，这是实务流程与信息流程有机结合的一种趋势。物流信息化通过计算机技术、通信技术以及网络技术等多种手段，不断地提高物流活动效率、快速反应能力，从而达到增效、降本的效果。在物流系统中，物流信息的产生往往贯穿于其他物流功能的运行过程，能够为其他物流功能和整个物流系统提供支撑和保障。

第6章

物流信息技术与系统

(本)(章)(目)(标)

1.掌握物流信息技术的概念、分类和物流信息系统的概念、特点、分类。

2.了解主流的物流信息技术及其应用。

3.掌握典型的物流信息系统。

4.对前沿的物流信息技术有一定的认知。

|第 1 节| 物流信息技术与系统概论

当今社会，对于信息技术的重视已经上升到国家战略高度，无论是面向 2035 年的中国高端制造还是基础服务行业都对信息技术无比重视。

物流行业作为重要的国家经济底层服务性行业之一，对于信息及信息技术的重视程度与日俱增。物流信息系统是基于物流作业系统并不断外延的综合信息系统。在互联网还没有普及的时代，物流信息系统基本上是单机版的进销存系统，但是，在当下这个经济时代和技术时代，物流信息系统已经成为一个庞大的系统。

图 6-1 所示为罗戈网在《2022 中国供应链物流创新科技报告》中提出的供应链物流科技产品与解决方案，通过该图可以看出，物流信息技术与计算机软件系统交叉，形成了密不可分的关系。同时，由于智能装备的应用普及，数字化、智能化程度不断提高，物流信息技术与系统逐渐成为企业发展和行业腾飞的底层工具。

关键技术	供应链物流科技产品与解决方案					
人工智能 大数据分析 云计算 智能算法 区块链	数字世界 感知 控制 映射 争端 验证 改造	科技供应链平台：供应链控制塔、规划与预测平台				
		流程智能化	流程编排 供应链编排 流程挖掘		RPA 流程自动化	
			算法平台 需求预测 网络优化		库存优化 运输优化	
		业务数字化	供应链中台 供应链协同平台 OMS 数据中台			
			智慧仓储 WMS WES WCS		智慧运输 TMS 网络货运 生态运营	
物联网 5G 自动驾驶 机器人	物理世界	作业自动化	自动存储 分拣 打包 自动搬运 AGV/AMR 仓储自动化集成		智能装载 智能车载设备 无人机 无人车 新能源	
		供应商 制造商 品牌商 渠道商 客户 用户				

图 6-1 供应链物流科技产品与解决方案

1. 物流信息

1）物流信息的概念

信息是事物存在或运动的状态在现实世界中的反映。随着从生产到消费的物体实物流动，即物流活动的产生，物流信息成为物流活动顺利开展不可或缺的资源，是物流活动中各个环节所产生的信息。从另一个角度来看，物流信息则是文字资料、图像资料等反映物流活动内容的总称。

2）物流信息的特点

（1）信息量大

商品的交易活动和物流活动的展开使得各类物流信息数量大幅增长。

（2）更新速度快

因为信息的真实性、有效性、价值性是随着时间的发展而衰减的，所以企业对物流信息的及时性、交互灵活性提出了更高的要求，因此物流信息更新速度快。

（3）来源分散

物流信息由企业内部信息、企业间信息、基础设施设备信息等组成，具体包括原材料供应商信息、企业制造商信息、批发商信息、零售商信息、消费者信息等。物流信息种类繁多、来源分散，对其开展采集、分类、筛选、统计、研究等工作的难度较大。

（4）趋向规范

企业竞争优势的获得需要供应链上的各个企业相互协调，信息的及时交换与共享是协调的手段之一。随着信息处理手段的电子化，越来越多的企业试图将物流信息标准化、格式化，并利用电子数据信息实现信息共享，使物流信息在相关企业间传递。

3）物流信息的作用

（1）流程执行功能

流程执行是指对物流活动的基本内容进行记录与实施，程序化、标准化是物流信息流程执行功能的重要特征。

（2）管控功能

物流运行的有效控制、物流费用的有效控制、物流服务质量的有效控制都基于物流信息的畅通。

（3）协调功能

加强物流信息的集成与流通，满足各个物流环节的合作需求，提高工作质量以及效率，有利于加强货主企业、用户与物流服务商之间的联系。

（4）支持决策功能

物流网络的规划与决策、运行线路的设计与选择、仓库的运行计划、存货的管理方式，都是由物流信息来支持的。其功能层级的物流信息注重于作用，而非效率，其特征是范围泛、时间跨度大、非结构性程度高。

2. 物流信息技术

1）物流信息技术的概念

（1）信息技术

信息技术一般是指对信息进行管理和处理所采用的各种技术的总称。信息技术的应用包括计算机硬件与软件、网络与通信技术、应用软件开发工具等方面的内容。

（2）物流信息技术

物流信息技术是通过计算机、通信技术等设备与手段来实现物流信息在各个物流环节中的获取、处理、传递和利用的技术总称。

2）物流信息技术的重要性

物流信息技术是信息技术在各个物流环节中的综合运用，是现代物流与传统物流的基本区别，也是现代物流活动中的一个重要组成部分，其重要性主要体现在以下方面。

（1）提高企业经营决策能力

现代成功的企业更多地使用物流信息技术，以有效支持自身的经营战略，而物流信息技术的发展也逐步促进了企业的核心竞争力的提升，在提高供应链的有效性及企业整体经营决策能力方面，起到了重要的支持作用。

（2）提高物流活动效率

企业通过物流信息技术可以及时观察到物流运作状况，及时掌握各个仓库的精确信息，并对车辆、仓库、搬运工具、人员等资源进行合理调整和调配，为顾客提供流通加工、配送等快速便捷的服务。

（3）减少物流活动中的资源浪费

在信息不充足的情况下，没有充足的信息来支持物流活动，会造成物流经营过程中的资源浪费。例如，不必要的货物流转会带来资源浪费，或者白白耗费时间和精力而没有选择出运输货物的最佳线路。

（4）提高物流服务水平

物流信息被实时、完整地收集和加工处理，需要发货方和物流方能够全面、有效地交换和共享物流信息，为顾客提供更好的预知和实时跟踪物流服务，这能提高顾客满意度。

（5）提高物流运行的透明化水平

物流信息技术可实时收集物流运行中的货物状况，并以多种形式展现，便于企业及时掌握物流过程中的真实情况，提高物流运行的透明化水平。

（6）充分利用现有资源

物流信息技术为企业消除物流能力供求失衡的现象、实现经营价值最大化，提供了更多、更充分、更完整、更全面的物流信息支撑。

3）物流信息技术分类

根据物流的功能及特征，物流信息技术可以分为物流信息采集与自动识别技术、物流信息存储与传输技术、物流信息交换技术、物流信息自动跟踪技术。

（1）物流信息采集与自动识别技术

物流信息的采集是物流管理中的一种基础工作，企业通过技术装备收集商品信息、业务信息，用来进行运营分析，同时为物流信息的自动识别提供信息来源，完成对物流信息的后续处理。

（2）物流信息存储与传输技术

相关人员需要在采集与自动识别物流信息后及时进行存储，保证已经获取的物流信息不丢、不变、不外传，并进行适当的整理，最终将其在各个功能环节准确、及时地传输出去。物流信息存储与传输技术主要包括数据库技术、数据通信和计算机网络技术，以及手机上网技术等。

（3）物流信息交换技术

商品技术的流失会导致相应的信息流失，而物流信息交换技术则能实现不同企业的信息系统间的信息传递与处理，包括电子数据交换等技术。

（4）物流信息自动跟踪技术

由于物流活动经常处于移动与分散的状态，因此，企业通常采用卫星定位系统和地理信息系统技术，以有效地掌握对象移动的空间数据。

3. 物流信息系统

1）物流信息系统的概念

（1）管理信息系统

管理信息系统是通过计算机收集、加工、存储和传输信息的人机系统，通常由多种互动的计算机处理和人工处理过程构成，可以根据业务需求对输入的大量关联资料进行处理，以减少工作量，并对企业或组织的运作、管理和决策提供支持。

（2）物流信息系统

物流信息系统通过计算机硬件、软件，网络通信设备等办公设备，对物流信息进行收集、存储、传输、加工、更新和维护，从而支持物流决策和运营服务体系。

2）物流信息系统基本组成

物流信息系统由硬件、软件、数据库、人员等组成。硬件主要是指物理设备，如计算机、巴枪等。软件分为两大类：系统软件、应用软件。数据库是指数据储存以及调取的信息源。开发人员、管理人员，以及使用人员等都属于物流信息系统的人员构成。

3）物流信息系统的特点

（1）一体化

一件化是指在逻辑上将物流的各模块进行业务联机。数据库、系统结构、系统功能的设计必须遵循统一的标准，这样才能真正融会贯通，避免发生"信息孤岛"现象。

（2）模块化

物流信息系统是多个子模块的组合，包括仓储管理模块、运输管理模块、配送管理模块等，各个模块又可以进一步细分，单独的模块可以单独应用，组合起来可以成为综合物流信息系统。

（3）实时化

实时化是指利用编码、自动识别等信息技术，在物流活动中准确、实时地获取物流活动的数据，并通过计算机设备、通信技术等来进行物流信息的传递和处理；将各供应链节点通过网络进行连接，从而实现供应商、分销商、客户三方对物流信息的实时收集。

（4）智能化

随着物流信息网络的不断发展，未来物流发展的方向将是智能化被运用到物流信息中。

4）物流信息系统的重要性

（1）建立物流信息系统是现代物流发展的基础

利用物流信息系统整合供应链，从而获得最佳经济效益，提高社会资源利用率，是现代物流的核心理念。建立物流信息系统，确保物流业务的竞争优势是企业的当务之急。

（2）保障和提升物流服务质量

物流信息系统能使物流流程得到优化，物流运行速度得到提高，物流服务得到完善。此外，物流信息系统还为物流服务质量控制提供了保障，同时有利于企业收集和整理物流信息。

（3）实现物流成本控制

企业将信息同步共享到各个终端的物流信息系统，可以促使物流环节透明化、高效化。企业也可以通过物流信息系统对物流行为进行及时调整和优化，从而对低效率物流行为的发生进行有效地控制，从根本上达到控制物流成本的目的。

（4）能为物流提供延伸服务

基于物流工作，企业可以根据客户的需求提供延伸服务，使物流信息系统为市场调查与预测、采购、订单处理等提供支持，还可以向下延伸到物流咨询、物流系统设计、物流方案规划、库存控制等领域。

5）物流信息系统的分类

企业的组织管理一般分为 3 个方面：作业管理、管理控制和战略管理。物流信息系统也对应地分成了 3 种。

（1）以作业管理为导向的物流信息系统

以作业管理为导向的物流信息系统重点处理人工作业电子化问题，实现对各物流环节的基本数据输入、加工和输出。

（2）以管理控制为导向的物流信息系统

以管理控制为导向的物流信息系统主要为仓储资源调度、线路选择、动态配载以及生产力测量等管理作业提供信息服务。

（3）以战略管理为导向的物流信息系统

以战略管理为导向的物流信息系统采用多种决策模型、整合外部信息、设计和评价各类物流方案等方法，为企业高级管理人员进行决策提供有效的信息支持。

4.物流信息技术与物流信息系统的发展历程

1）物流信息技术与物流信息系统的相互关系

物流信息技术与物流信息系统有着不可分割的联系。只有二者结合，才能达到物流信息系统开发和使用的目的。物流信息技术如果没有物流信息系统的支持，其功能也无法得到有效发挥。例如，电子标签信息的读取和写入采用无线射频手持读写器，但如果没有计算机信息系统的支持，其应有的功能就很难发挥出来。

从系统层面来看，任何一种信息技术就是一种系统，例如地理信息系统、全球定位系统等，在技术层面来看，信息系统也是一种信息技术，但其外延比信息技术更加广泛，信息系统是一种更高层次的技术，是基于已有的信息技术发展而成的，但是二者也有不同，具体如下。

●从硬件和软件两个角度看，信息技术的硬件偏向设备，软件偏向 IT 系统。

●从职能上来看，信息技术主要集中在信息的收集、识别和传递上，信息系统则集中在信息的管理、处理和提供上，且信息系统管理、处理和提供的对象就是信息技术。

●从实用角度来看，信息技术和信息来源更为接近，而信息系统和使用信息的距离更为接近。

●从形态上讲，由于底层、通用等特性，信息技术的功能模块较为规范，而针对公司的具体业务，信息系统将更倾向于个性化的职能模块。

2）物流信息技术与物流信息系统的发展历程

第一阶段：初始阶段。早期的物流企业都是通过手工进行记账、信息汇总的，一直到 20 世纪 70 年代 EDI 技术的出现，物流行业才真正进入信息化的时代。

第二阶段：发展阶段。20 世纪末，随着计算机、局域网、互联网的发展，物流信息系统快速发展起来，在这个过程中，早期的 MIS、ERP，专业的 WMS、TMS 陆续出现。

第三阶段：普及阶段。21 世纪初，随着全球化、互联网的蓬勃发展，物流信息系统开始在全世界普及，并且物流信息系统不断地与供应链管理系统进行深度融合。

第四阶段：创新阶段。这一阶段主要是指在 2010 年左右，随着电子商务模式的发展，5G、大数据、区块链、物联网等技术与传统的物流信息系统进行结合，极大地促进了物流信息系统的普及。

物流信息系统从早期的单机版到现在的与互联网、云计算等技术结合，历经了约半个世纪的发展，具有明显的实时化、互联化、系统化、专业化的特点。

同时，技术的提升使得物流信息系统的先进程度越来越高，而物流作业主体和服务主体的多样性促使物流信息系统的多样化程度越来越高。同时作业的便捷度提升使物流信息系统的标准化和模块化程度越来越高，从而使得物流信息系统的易用度和可扩展化程度都得到了较大的提升。

我国的物流信息技术与物流信息系统在 21 世纪初才真正进入发展阶段，历经 20 余年的发展，在应用层面，场景的多样性使得物流信息系统的应用水平和国外的差距不大，但是在底层技术开发方面还有一定的差距。

| 第 2 节 | 物流信息技术及其应用

1. 条形码技术及其应用

1）条形码的定义

条形码（Bar Code）由条形图案、空格、字符、数字、字母等基本要素组成，用于表达特定的信息。条形码采用电子光电信息技术，可以向计算机输入商品名称、生产日期、生产厂家、销售价格等信息，并以此来记录，方便未来的信息查询。

条形码技术属于前端采集技术，是企业物流管理现代化的重要工具，是 POS（Point of Sale，销售终端）系统、EDI、供应链管理和电子商务技术的基础。

条形码具有如下特征。

●易于操作。条形码制造简便，操作简便，便于扫描。

●信息采集速度快。利用条形码可以以比键盘输入快 20 倍的速度输入信息。

●信息收集量大。利用条形码能够一次采集一个数十位数字的信息，能提高数字密度，并根据不同的代码进行选择。

●具有较高的可靠性。用键盘输入数据的错误率大约为 1/300，而采用扫描条形码的方式，首次读取正确率可超过 98%。

●灵活机动，实用性强。条形码可单独使用，也可与相关装置组成辨识系统，同时手动键盘输入可在无自动辨识设备时实现。

●自由度更大。识别设备和条形代码标签的相对位置要更自由。

●辨识设备结构简单，成本低。条形码辨识设备结构简单，操作简单，使用者不需要接受专门培训。

但是，条形码也存在标签容易损耗或撕毁导致无法识别、打印后无法修改、录入资料密度比较低等问题。

2）条形码技术的类别和特点

（1）一维条码

一维条码只把信息表达在一个方向上，一般为横向，而在垂直方向上则没有任何信息的表达，如图 6-2 所示。通常情况下，一维条码具有一定高度是为了方便阅读器的对齐。

图 6-2　一维条码

一维条码的应用可以提高数据录入速度，降低错误率，但也有不足之处，比如数据量不大，只能用字母和数字表示，而且尺寸比较大（空间利用率不高）。

条形码的码制是指条形码和条形码的排布法则。以下介绍 3 种主要码制。

● EAN/UPC 条形码被应用于世界范围内的唯一商品，EAN/UPC 条形码是超市中用得最普遍的一种。中国以编码标准 EAN（European Article Number）为国际统一编码，是以消费者为目标进行商品编码的。

● 39 码和 128 码目前是国内企业内部的自定义码制，主要应用于工业生产、图书管理等方面。

● ITF25 码仅代表着数字 09，其长度可变，为连续条形码，条形码和空号都代表着代码，主要用于国际航空系统中的包装、运输、机票序列号等。ITF25 码的识读率高，可以在各种一维条码中适合于密度最高的固定扫描器。

（2）二维条码

把信息存储在水平和垂直两个方向的条形码叫作二维条码。二维条码的应用范围更加广泛，可以对汉字，甚至图片等信息进行收录。

二维条码与一维条码类似，也存在着许多不同的码制。根据编码原理，二维条码一般可分为堆叠二维条码及矩阵二维条码。

堆叠二维条码也被称为堆积式二维条码或层排式二维条码，它以一维条码的码制为基础，按要求将条形码堆叠成两行或多行，如图 6-3 所示。但是，由于行数的增加，必须判定行数，其译码算法与一维条码的译码算法基本相同。

图 6-3　堆叠二维条码

矩阵二维条码（也叫棋盘二维条码），如图 6-4 所示。

图 6-4　矩阵二维条码

3）物流条码

（1）物流条码的概念

物流条码是一种特殊的条码，它应用于生产厂家、经销行业、交通运输行业、消费者等各个环节。各环节通过物流编码对数据进行采集与反馈，实现整个物流过程，从而提高整个物流系统的经济效益。

（2）物流条码的特点

物流条码具有以下特点。

●储运单位标志。商品条码一般用于单一商品的识别；物流条码用于储运单位的识别，一般是多个商品的集合体。

●为供应链全流程服务。商品条码是为消费环节服务的，它存在的价值是在商品被卖给终端用户之后实现的。商品条码是企业现代化管理、信息化管理的基础，在零售行业 POS 系统中起自动识别、寻址、为单个商品结账的作用；物流条码服务于供应链的全过程，是供应链环节中唯一的标识，所以物流条码涉及的领域更广，可实现多环节的数据共享。

●包含信息多。商品条码包含商品的规格、数量、生产厂家、产品批号、生产日期等信息；物流条码所表达的信息由贸易伙伴依据需求协商制定。

●可变性。商品条码是零售业的国际语言，是商品国际化、通用化、标准化的唯一识别标志；物流条码是随着国际贸易的持续发展而形成的，由于贸易伙伴对各类信息的需求越来越大，物流条码的应用范围越来越广，内容越来越丰富，因此具有可变性。

●维护性。物流条码的相关标准往往要经过及时交流、将条码应用的变化内容转化成标准化机制，这是物流现代化的重要保障，也是国际贸易中管理信息化的重要保障。

（3）物流条码的选择

目前的物流条码有很多种，但是在世界上被普遍接受的物流条码有：EAN-13 条码一般可以用于空调、冰箱、热水器等多种产品的包装箱；储运包装盒上通常采用 ITF-14 条码或 UCC/EAN-128 条码。

企业在选择物流条码的时候，更多地会考虑成本、识别度、粘贴的牢固程度等因素。一般而言，从商品本身的角度来看，大多数企业会选择一维条码；而从企业宣传的角度来看，使用二维条码的较多。

2.射频识别技术及其应用

1）射频识别技术的概念

射频识别（Radio frequency Identification，RFID）技术是利用无线射频信号，利用空间耦合（交变磁场或电磁场），利用所传输的信息实现辨识，最终实现不接触的信息传输的技术。

2）频识别的技术原理和特性

RFID 系统由阅读器（Reader）、电子标记（即所谓的反应器（Transponder））和使用软件系统 3 种部件组成。其工作原理是阅读器向反应器发射特定的无线电波，阅读器按照先后序列解读接收到的数据，并进行相应的处理。

RFID 尤其适用于自动化控制，主要有以下优势。

●读取方便快捷：通过外包装就可以进行数据读取，而不需要光源；有效辨识距离更远，可达 30 米以上，采用自带电池的主动式标示。

●识别速度快：阅读器一进入磁场，就能够及时地读取标记的信息，并且可以实现批量识别。

●数据体积较大：二维条码包含的数据量较大，但最多只能存入 2,725 个数字，若包含字组，存储量就更少；RFID 标签可以延伸到以用户为基础的兆字节数量。

●使用年限长，应用范围广：RFID 采用无线通信方式，其使用年限远超印刷条形码，可应用于高污染环境和放射性环境。

●标签数据可以动态改变：通过编程将相关数据写入电子标签，使其具有交互式、可携带、写入速度比条形码打印快的数据功能。

●较高的安全性：RFID 标签可以嵌入或附着于不同形状、不同种类的产品中，同时能设定读写标签的密码保护，安全性高。

●动态实时通信：RFID 标签与阅读器的通信频率为每秒 50~100 次，因此只要 RFID 标签所附着的物体在阅读器的有效识别范围内出现，其位置就能被动态追踪并监控。

目前，虽然 RFID 技术在国内已在身份证、校园卡、手机 NFC 模块等领域广泛应用，但在消费领域的应用还不是特别广泛，主要原因如下。

●技术还不够成熟：这主要是指 RFID 技术存在的时间比较短，另外由于超高频 RFID 电子标签具有反向反射的特性，很难应用于金属、液体等物品。

●费用高：RFID 标签价格较高，比一般的条形码标签的价格高几十倍，这使人们对 RFID 技术的使用热情大大降低。

●技术标准不统一：市面上各种技术标准共存，导致不同企业的产品的通信方式相互不兼容，从而导致 RFID 技术在某种程度上的应用混乱。

沃尔玛在进入中国市场时，希望大力推进 RFID 技术的应用，但因为作业流程、技术成熟度、费用和技术标准等多方面的原因，最终不了了之，并且随着新技术的发展，大多数企业已经基本上放弃了对 RFID 技术的应用和推广。

3. 生物识别技术及其应用

1）生物识别技术的概念和应用

生物识别技术以计算机与光学、声学、生物传感器等生物统计理论和高技术手段相结合，对个人进行身份识别。

生物识别技术是指以人的生物特征进行身份认证的一种技术，人的生物特征一般可划分为体貌特征和行为特征两种。体貌特征有手指、掌静脉、掌型、视网膜、虹膜、体味、脸形、血管、DNA、骨骼等。行为特征包括签名、说话声音、走路步态等。

2）主要的生物识别技术

（1）指纹识别

指纹识别是指将被识别人的指纹进行归类、分析，以判断被识别人的指纹的技术。指纹识别技术多种多样，运用比较广泛的方式是对指纹的局部细节进行识别，指纹波纹边缘方式、超声波的识别，或对指纹的全部特性进行识别。指纹识别更适合易于控制运行环境的室内安防系统，能够提供更充分的条件让用户进行培训和理解。此外，指纹识别产品在工作站安全访问系统中得到广泛的应用，因为它的价格相对较低，体积较小，易于集成。

指纹识别在现在的支付以及密码设置方面应用较为广泛，因为其准确性高，具有唯一性，操作简便，保密性强。

（2）声音识别

声音识别是一种通过对使用者声音的物理特性进行分析，从而对声音进行识别的技术，但其应用范围有限。与其他生物识别产品相比，声音识别产品的使用步骤更为复杂。

（3）视网膜识别

视网膜识别是指通过光学装置发出的低强度光源对视网膜上的独特图案进行扫描，进而进行识别的技术。视网膜的生物特性异常稳定，难以伪造，因为视网膜不磨损、不可见、不老化、不受疾病影响。视网膜识别需要使用者将接收器放在眼前，盯在一个点上，这样会令使用者感到不方便或不舒服，因此它的接受度并不高，尽管有证据表明视网膜识别是非常精确的。

（4）虹膜识别

虹膜识别是指通过扫描被识别人的虹膜来确认其身份的技术，很少受人为干扰，而且被识别人无须携带任何证件，也不需要与扫描设备接触。虹膜识别具有较高的模板匹配度和安全可靠性。虹膜识别产品的成本很高，因此很难扩大其应用范围，而且它的扫描设备仍需要进一步提高操作简便性、系统集成度等。

在一些特殊的场合，如涉及重大安全的场所或活动会使用虹膜识别技术。

（5）签名识别

签名识别是指根据使用者签名的字形，书写的笔画顺序、压力等特点来识别使用者身份的技术。它被人们认为是一种容易被接受的、比较成熟的身份识别技术。但是，目前签名识别产品与其他生物识别产品相比，数量很少，因为签名无法避免变化，且易于伪造。

（6）人脸识别

人脸识别是以人的面部特征信息为基础进行身份识别的技术。人脸与其他生物特征（指纹、虹膜等）一样，具有唯一性及不易复制性，这是其可用于进行身份识别的必要前提。人脸识别的优势在于它的自然性，但可能存在个人隐私侵犯及信息泄露等问题。

3）应用生物识别技术

生物识别技术应用起来方便、安全，钥匙、智能卡、复杂的密码等都不需要。由于个人的生物特征具有唯一性，且在一段时间里具有稳定性，因此不容易被伪造。此外，生物识别产品大多依靠现代计算机技术，与计算机和自动化运作的安防、监控、管理系统结合，能使身份识别变得更简单。

以上生物识别技术中，指纹识别、视网膜识别、虹膜识别、人脸识别在应用中涉及个人隐私侵犯等问题，在世界上一直都受到抨击，我国在个人隐私方面也在逐渐加强对企业的应用管控，防止企业使用生物识别技术侵犯个人隐私。

4.数据库技术及其应用

1）数据库及数据库技术的概念

数据库（Database）是一种计算机信息系统，可以为企业经营管理提供所需要的数据。数据库技术（Database Technology）是整个计算机信息系统中一种重要的技术。该技术是指通过对数据库的结构存储设计、管理和应用的基本理论和实现方法进行研究，并利用这些理论来处理、分析和理解数据库中的数据。

2）数据库技术的作用

数据库技术通常能为企业及供应链管理带来如下方面的收益。

- 增强数据的共享性，使得数据库中的数据能够同时被多个用户存取。
- 减少资料冗余，以增强资料的连贯性和完善性。
- 减少应用程序开发和维护成本，增强数据与应用程序的独立性。

5.移动网络技术及其应用

移动网络技术是移动通信技术与网络技术的结合物，它定义了广义的手机上网是指用户可以使用手机、平板电脑等移动终端通过相关协议上网；狭义的手机上网是指用户以无线通信的形式，通过手机存取和利用移动端资源。移动网络技术在物流行业中的应用有以下几种形式。

1）指端配货

指端配货主要是指通过移动终端，如手机、平板电脑等设备进行业务操作的一种方式。信息系统的平台属性可以使得每个末端作业人员都能通过移动终端进行操作，以满足相应的业务需求。

2）跟踪监控车辆及货物

跟踪监控车辆及货物指通过 GPS、GIS 等技术，实现对车辆、货物、人员的跟踪和定位，对车辆运行的轨迹等进行跟踪和回放，以对超速、疲劳驾驶等进行提醒，具有较强的实用性。

3）呼叫中心调度状况

电信运营商能够为众多的车辆和人员提供集中调度服务，这不仅指提供电话、短信等信息查询服务，还指可以按照不同的业务需求、组织需求提供定制化的呼叫中心服务。

4）视频监控

视频监控可以对普通货物运输起到监管驾驶员行为、确保货物安全的作用，也可以对接应急联动系统，对危险品、特种物品运输进行全程监控和统一指挥。

6.电子数据交换技术及其应用

1）电子数据交换的概念

电子数据交换（EDI）是指通过计算机网络实现业务数据传输和处理的标准化格式。

1998 年，国际标准化组织（ISO）清楚地界定了电子数据交换技术的定义：业务或行政交易由计算机向电脑传输，并根据协议交易或电子数据的结构标准进行。也可以理解为：用电子方法将结构数据从一台计算机传输到另外一台计算机，并采用统一的报文标准和最少的人工干预。

EDI 的主要目标是实现贸易循环，特别是自动化处理重复交换的文件，以最少的人工干预减少企业内部的繁杂开支和较大的管理开支。

2）EDI 技术在物流相关领域的应用

EDI 技术是一种先进的电子化交易技术，从 20 世纪 60 年代到 80 年代，在贸易、金融、服务等行业中，得到了广泛的应用。

在商业贸易方面，企业与不同的厂商、供应商、批发商、零售商等都采用了 EDI 技术，并将其与运营策略有机地结合起来，从而大大提高企业的经营效率，利润率也变得更高。

在交通运输方面，企业利用集装箱运输，并用电子数据交流，有效地改善了传统的单证传输过程中处理时间长、效率低等问题，增强了货物运输的能力，使物流控制电子化。

此外，EDI 技术能将各类企业、场所，如船运、空运、陆运、外轮代理公司，港口、码头、仓库、保险公司等的信息系统联系起来。

在外贸方面，企业采取 EDI 技术，可以有效减少无效的往返，大幅减少审批环节，同时可以对多个作业主体、管理主体和服务主体进行信息的交互和同步。

7. 卫星定位系统和地理信息系统及其应用

1）卫星定位系统的概念

卫星定位系统是通过人造卫星作为信号源、信号中继站或定位基准来测定时间，并由此得到定位对象的地理坐标的。目前国际上的卫星定位系统一共有 4 个，即美国的全球定位系统、俄罗斯的格洛纳斯全球卫星导航系统、欧洲的伽利略卫星导航系统、中国的北斗卫星导航系统。在物联时代，卫星定位系统更具决定性，除军事用途外，其在许多民用方面，也起着重要作用。

全球定位系统是一种基于人造卫星的基本平台，可在全球范围内 24 小时进行高精度的定位、导航。

北斗卫星导航系统是我国基于国家安全和经济社会发展需要，自主建设、运行的卫星导航系统。它的基本原理是基站利用卫星接收到导航信号后，通过数据处理系统生成对应的信息，然后通过卫星、广播、移动通信等多种方法对应用终端进行信息传输，从而达到定位或导航的目的。

相对于全球定位系统，北斗卫星导航系统有以下几个特点。

● 3 条轨道。北斗卫星导航系统比其他卫星导航系统具有更多高轨道卫星，因此具有较好的抗阻挡性能，尤其是在低纬度区域表现出优越性。

● 三频信号。全球定位系统使用双频信号，北斗卫星导航系统使用三频信号，可以提高定位精度，增强数据预处理能力，有效提高抗干扰能力，还可以建立更为复杂的模型，减少因电离层延迟导致的高阶误差。

● 移动的短信和通信业务。可以利用卫星信号直接双向传输信息的卫星定位终端和北斗或北斗地面服务站点。在一些突发事件中，这种短信传输服务将会发挥重要作用。

● 准确定位。北斗卫星导航系统能全天候快速定位，仅有极少的通信盲区，精确度可与全球定位系统媲美，而在加强区即亚太地区，其精确度甚至会超越全球定位系统，尤其适用于物流公司或集团用户，以及不依赖区域资料收集及用户资料传输应用的大范围监控及管理。

考虑到数据的保密性和我国北斗卫星导航系统的成熟度，我国新出厂的货运车辆均已安装北斗卫星导航系统，或采用全球定位系统与北斗卫星导航系统共存的模式，这在一定程度上能通过数据量的增大和客户应用度的提高不断提高北斗导航系统的精确度。

2）地理信息系统的概念

地理信息系统（GIS）是指能够采集、存储、管理、操作、分析、显示和描述地球表面（包含大气层）空间中的计算机软硬件环境、地理空间数据系统维护和利用人员构成的空间信息系统。

地理信息系统是一个综合信息系统，它与地理学、地图学、遥感和计算机技术相结合，在各个方面得到了广泛的应用，而物流领域是地理信息系统的一个重要应用场景。

3）集成应用卫星定位系统和地理信息系统的3个方面

采用卫星定位系统、地理信息系统、无线通信等技术，辅助车载航路模型、最短航路模型、网络物流模型、分布集合模型、设施定位模型等的搭建，可以建立实时、成本最优的物流信息体系。

（1）为车辆提供定位、实时监管、跟踪服务

地理信息系统工作站的电子地图可以通过卫星定位系统显示车辆所处的位置及车速。监控中心可利用短信或语音对车辆进行合理调度，了解车辆目前的运行状况，也可在电子地图上回放车辆运行轨迹。

（2）监控交通情况

地理信息系统能够与各种交通流量信息、气象资料、事故地点信息、非现场监控资料等数据相结合，对各高速公路路况、城市应急救援情况以及车辆的实时调度情况、交通指挥情况等进行动态监控。

（3）分析货物运输线路和仓库地址

通过卫星定位系统和地理信息系统，能够自动对车辆、货物、仓库、人员等实体进行定位和跟踪，并且对于轨迹也可以实时显示，还可以回放。

8.自动驾驶技术及其应用

1）自动驾驶技术的概念和架驶自动化等级

自动驾驶系统是一种智能汽车系统，由车载计算机系统来实现无人驾驶。《汽车驾驶自动化分级》（GB/T 40429—2021）确定了6个驾驶自动化等级，具体如下。

● 0级驾驶自动化（应急辅助）系统不能在动态驾驶任务中持续执行车辆横向或纵向运动控制，但具备在动态驾驶任务中持续执行对部分目标和事件进行探测和响应的能力。

● 1级驾驶自动化（部分驾驶辅助）系统在其设计运行条件下持续执行动态驾驶任务

中的车辆横向或纵向运动控制，并且具有一定的对目标和事件探测与响应的能力。

● 2 级驾驶自动化（组合驾驶辅助）系统在其设计运行条件下持续执行车辆的横向和纵向运动控制，并具有一定的对目标和事件探测与响应的能力。

● 3 级驾驶自动化（有条件自动驾驶）系统在其设计运行条件下持续执行所有动态驾驶任务。

● 4 级驾驶自动化（高度自动驾驶）系统在其设计运行条件下持续执行全部动态驾驶任务，并自动执行最小风险策略。

● 5 级驾驶自动化（完全自动驾驶）系统在任何可行驶条件下执行全部动态驾驶任务，并自动执行最小风险策略。

在驾驶自动化的 6 个等级中，0~2 级是辅助驾驶的，驾驶主体仍然是司机；3~5 级是自动驾驶，取代了人在设计运行条件下进行动态驾驶，并且以系统为主体，仅在相应功能启动时进行自动驾驶。

2）自动驾驶技术在物流领域的应用

物流领域中自动驾驶技术的应用场景主要包括干线物流、终端配送和封闭场景。

（1）干线物流

重型卡车一般用于干线物流。道路的特性是长期的，道路的参与者比较简单，主要集中在高速公路、城际或城市道路上。干线汽车物流技术复用度高、方便外购，是相对标准化的产品，因此能够带来强有力的规模经济效应。总体来说，干线物流是一种较为理想的应用场景，自动驾驶技术在其中得到了广泛的应用。

（2）终端配送

终端配送一般涉及城市道路、公园或住宅区道路等，尽管终端配送车辆的速度较慢、体积较小，但场景复杂度高，因此对于自动驾驶系统的状态判断能力要求极高。目前，终端物流成本中人力成本占 90% 以上，而应用自动驾驶技术可以降低人力成本，因此其潜在的商业价值很大。

（3）封闭场景

封闭场景中一般使用重型卡车作业，场景简单，但对重型卡车的动力要求较高，对载重量的要求也较高。与开放道路主要着眼于复杂场景下的动态判断能力不同，封闭场景中实现对人员和障碍物的精准把控更为重要，而具体的业务对接能力是关键难点。

从目前封闭场景中自动驾驶技术的应用情况来看，已经有较多细分应用场景，如港口、机场、矿山等。封闭场景中的道路单一固定，自动驾驶是比较容易实现的，但是业务壁垒比较高，需要在每一个特定的场景下都能实现。

驭势是一家专门提供厂区无人驾驶解决方案的公司，其主要解决传统厂区载人和载物需求大，以及作业效率低、人工成本高、生产安全风险不可控等难题，以无人驾驶车实现厂区生产资料、产品货物的 7×24 小时全天候运输，以及小巴车、中巴车的短途接驳，并通过云端运营管理系统实现高效管理，帮助企业降本增效。

9.电子围栏技术及其应用

1）电子围栏的组成部分

电子围栏主要包括 3 个部分：电子围栏主机、前端配件、后端控制系统。它是当前最先进的周界抗盗报警系统之一，通过信号对周边实物的探测，可以进行实时的信息反馈，是物联网的基础技术装备之一。

2）主要的功能

电子围栏主要功能如下。

● 具有高压脉冲电子围栏、静电感应式围栏，整体分界明晰，具有阻隔、震慑作用。

● 具有智能报警功能，错报率很低。

● 配备报警界面，可以提高系统的安全防范等级，并与其他安防监测系统配合。

● 电子围栏的突出特征是"以防为主、预警为辅"。

3）电子围栏在物流领域的运用

在物流领域，为物流园区或仓库安装电子围栏将起到很好的安全防范作用。现代物流园区面积较大且离市区较远，一般由执勤人员看守，需要投入较大的人力，而执勤人员容易出现工作疏漏或临时脱岗的情况。建立周界防范电子围栏系统，提高周界防范的可靠性是十分必要的。

（1）物流园区中没有安装电子围栏的缺陷

● 物流园区面积大，闯入者隐匿起来比较容易。

● 一旦发生入侵事件，损失很难估计。

● 一般的安防产品阻挡效果不够强。

（2）物流园区安装电子围栏的益处

● 电子围栏具有威慑作用：高压电网和警示牌能对入侵者产生巨大的威慑作用，使入侵者不能轻易实施犯罪行为。

● 电子围栏具有很强的打击性：在不法分子入侵的情况下，能对其进行有效的电子敲击与遏制。

● 电子围栏可做到严密防范，不留死角：电子围栏的安装不受周界长短、面积、地形地貌影响，可做到不留死角；同时，电子围栏能安装在地面上，从而对盲点进行全面消除。

●电子围栏的错报率较低，能全天候工作：智能报警延时作用，减少了地面上的误报。不受气候、植物、动物等影响。

●电子围栏可与安防、IT 系统连接：电子围栏与其他安防产品可以通过 RS485 线路轻松实现联动，也可实现快速连接，使安防系统的安全性、智能化程度得到极大提升。

●电子围栏可遥控：电子围栏不仅可以由主机控制，还可以通过键盘、软件、局域网等进行操作，便捷快速。

│第 3 节│　典型的物流信息系统

物流信息系统主要由面向作业管理、管理控制、战略管理的下、中、上 3 个管理层组成，包含物流活动的全部作用，表现为几个子系统。企业通常会采用仓储管理系统和运输管理系统，在社会层面上，应用比较典型的是智能交通系统。

1. 仓储管理系统

1）仓储管理系统的概念和特征

仓储管理系统能够全面地控制库区的物品入库、出库、盘点等相关仓库作业，以及仓储设施设备、库位等。仓库体系有时又被称作仓储体系，能够对仓库业务的物流、成本管理的整个过程进行有效地控制与追踪，以实现健全的仓储信息化管理。该系统可以与其他系统的文件、凭证等结合，为企业提供更为完整的业务过程信息和财务管理信息。仓储管理系统具有如下特征。

●适用性强、功能配置灵活。

●能与第三方系统无缝对接。

●能实现精益管理、视野管理。

●能降低人力成本，增强对入库各环节的整体监测。

●能提高管理透明度，实现有章可循。

●优化出入库程序，全智能自动配库并进行波次选择。

●对库存进行实时控制，优化仓库空间，合理地控制企业的库存。

2）仓储信息的主要内容

物流活动的有效开展，关键就在于对于仓储信息是否可以做到准确、及时掌握，仓储信息是物流信息的重要组成。同时，仓储信息还包括与物流活动相关的其他信息，主要指伴随着库存管理活动产生的信息。

一般，一家企业想要构建仓储管理系统，首先要明确的就是仓储信息的内容，然后才是系统的搭建等问题。以一般通用型物流公司或生产企业、商贸企业为例，其需要获取的仓储信息大致如下。

● 商品信息，主要包括品名、规格、单位、数量、价格、入库时间、效期、上游厂家、货架定位、说明信息等。

● 仓库设备信息，比如区位分布、货位、状态、存取拣货、灭火的设备 / 数量等。

● 货物出入库的动态信息，并与商品信息和仓库设备信息进行有效联动。

● 在途信息等。

● 库存控制信息，如安全库存水平、最高和最低库存水平、订货点和订货批次等。

除了这些内容之外，企业真正在做仓储信息管理的时候，可能还需要考虑仓库资源的利用率，以及客户或者本身的商品信息、仓储资源使用情况、出入库信息等。

比如菜鸟物流在开展仓储业务时，不仅会考虑淘宝、天猫超市的业务情况，还会考虑外部客户的作业场景。因此，在设计仓储管理系统的时候，企业必须综合考量各种场景，仓储管理系统只有具有较强的适配性才能为企业的众多社会客户提供服务。

3）主要功能模块

仓储管理系统一般包括入库、出库、库位、库存等主要功能模块，企业可以根据自身情况在此基础上进行调整，设计出适合本企业库存管理的功能模块，通过功能模块实现对库存作业的有效管理。

仓储管理系统一般围绕着入库、库存管理、出库 3 个环节进行功能模块的细分。

仓储管理系统在入库环节一般包括采购订单对接、送货预约、供应商送货、收货验收、上架入库、库存管理等功能模块。

仓储管理系统在出库环节一般包括销售订单对接、订单分析、波次管理、补货、拣货、订单复核、订单包装、订单称重、订单交接等模块。

以上两大环节属于正常作业环节，库存管理与分析软件一般是嵌入仓储管理系统的，这同时会增加退货入库管理等功能模块。仓储管理系统可根据面对的客户主体不同划分为企业级系统和散客型系统，即业内通常所说的 B2B、B2C 类型的仓储管理系统。

2.运输管理系统

1）运输管理系统的概念

运输管理系统是指在运输作业中，对多个任务进行管理的系统，如配载作业、调度分配、线路规划、运行管理等。

2）主要内容

交通运输信息分为宏观交通运输信息和微观交通运输信息两种。宏观交通运输信息一般是指较大范围的运输活动中的地理空间和人文环境的特点、规定等，其中包括各国（地区）和地方交通运输的法律法规、道路信息、地理情况，而微观交通运输信息则是指在运输活动中使用的微型交通运输信息，包含户外作业信息和仓库库内信息两种。

其中，户外作业信息可分为以下几种。

●交通运输物资信息，一般包括产地、去向、工厂所在地、可加工资料、特殊要求等。

●商品来源信息，包括商品名称、重量、运费价格、装卸地点等。

●运输工具信息，包括运输工具的专用性资料（如额定容量、体积、载重量等）、空车资料、可以使用的运输工具等。

●选项信息，包括运力、可替代品等社会可替代信息。

●其他信息，如物品信息、在途物品信息、额外费用需求信息等。

库内作业是指在仓库中开展商品出库、出库分拣、运输线路设计等工作时，自动配车和手工配车。货物存储位自动分布，运输线路自动优化，按库位优化。

3）主要功能模块

（1）车辆管理与维护

运输车辆信息主要包括车辆的基本属性，如车辆的载重量、使用年限、行驶里程、是否属于监管车辆、随车人员需求等，对它们进行日常管理与维护是为了确保运输任务下达时有车可调配，并且可以实时了解现有运输车辆的运行状态。

（2）驾驶员信息维护

管理好驾驶员的基本信息，如学习、违章、事故、行车证件、出勤等方面的信息，有利于随时跟踪驾驶员情况，及时安排任务；另外，还能考核驾驶员的业务素质，使驾驶员队伍稳定发展。

（3）了解交通运输业务经营情况

为合理安排运输计划，企业应登记客户所需运输货物的信息。在实际业务过程中，某个客户的委托是一笔总的业务，可能会出现3种情况：一是这笔业务是从其他操作流程转过来的，比如是在报关的时候或国际货代运输的过程中自动流转的；二是物流公司自己承担的业务，也就是业务员与客户直接沟通的成果；三是合作方提供的货源信息，比如货物到达目的地后，需要合作方带回一定数量的商品。了解交通运输业务经营情况能够降低车辆的空载率，进一步降低物流成本，并更好地吸引客户，因为信息沟通顺畅。

（4）安排运输计划

对于客户委托的业务，企业可根据客户的具体要求，包括运输量、时间要求等需要考虑的因素，安排一次或多次运输计划，并根据实际情况合理制订运输计划的内容。

（5）制作任务表

将运输计划有效分解成若干个子系统或者小的任务模块，这样在对车辆进行工作安排时，就可以实现组合优化，根据时间、地点、班次情况等选择最优的线路，最终实现车辆的高利用率、高效益。另外，在计算机上自动制作好的任务表也可以修改。根据生成的任务表制作派车单，并将派车单及时交到当班驾驶员手中，执行运送方案。

（6）车辆调度

车辆调度指对自有车辆、协同车辆和临时车辆等所有可调度的运输工具按照订单要求，由系统进行筛选。可供操作者选择的筛选条件有车辆种类、货物的重量和体积、车辆当前的位置、闲置状态等。该功能模块还能实现对所有运输工具的资料的维护。

（7）线路选择

运输管理系统根据车辆当前位置、装货位置、目的地、运输线路等因素，将地图信息与当前交通情况相结合，对运输线路进行智能选择与优化。在运输管理系统查询、修正和确认推荐线路后，专家咨询员会将其纳入高级线路方案中。

（8）生成配载方案

运输管理系统会根据货物状况、货箱状况、车辆状况等，自动生成配载方案。

（9）回单确认

驾驶员将货物送到目的地完成业务后，需要将客户的收货确认单带回并录入一些信息，如行驶状况、油耗状况、车次、货物信息准点率等，这些信息将作为企业进行业务统计分析的依据。

3. 智能交通系统

1）智能交通系统的概念与功能

智能交通系统（Intelligent Transport System，ITS）是指将先进的科技（数据通信、传感器、电子控制、自动控制、运筹学、人工智能等）有效应用于交通运输、服务控制等领域，加强车辆、道路与运输车辆的相互关系，形成一套完整的交通体系，以达到保证安全、提高效率、改善环境、节省能源的目的。

运行管理中心在进行集中处理之后，会将所收集到的各种道路功能和服务信息传递到各个用户的运作中。交通模式和运输线路可以由用户进行选择，合理的交通疏导、管制和事故处理，可以由交通管理部门自动执行；对于车辆的运行状况，交通管理部门可以随时掌握，进而做出合理的调度安排。该系统的应用可使道路网络的运行达到最佳状态，使拥堵现象得到改善，使道路网络的通行能力最大化。其作用有如下几点。

● 提高道路通行安全性。

● 降低能耗，降低汽车运输给环境带来的冲击。

● 提升道路网络通行能力。

● 提升驾乘舒适度。

● 提高生产率，增加汽车运输的经济效益。

● 创造新的市场机会。

2）智能交通系统的主要构成

（1）道路运输信息通信系统

道路运输信息通信系统是驾驶员最常用的道路运输信息系统之一。该系统采用多重传输设备，如激光仪器、电波仪器、FM 调频波段，通过文字与地图的方式将信息传递给车辆。该系统具有促进交通顺畅、提高社会安全性、保护社会环境、提高社会经济性等重要作用，主要表现为信息的收集、处理、提供、灵活使用等。具体作用有以下 3 点。

● 缩短交通时间。因为可以实时获取与交通有关的信息，所以驾驶员可以避开堵车路段，减少开车的时间。

● 稳定心态开车。因为能清楚地掌握交通状况，即使在无法避让堵塞路段时，驾驶员也能做到心中有数，能让开车的心理安定下来，确保行车安全。

● 避免绕路，避免走错路。因为能清楚掌握交通状况，所以绕路、错路的情况都可以避免。

（2）电子不停车收费系统

电子不停车收费（Electronic Toll Collection，ETC）系统是通过设定在收费站信道上的无线通信设备与车载器间的无线通信，把记录有合约信息的 IC 卡插入车辆上的车载器中，同时，记录收费道路的计算机系统和 IC 卡上的收费等信息，使得车辆在经过收费站时不停车也可以进行缴费。

ETC 系统可以缓解收费站的堵塞，增强收费的便利性，并能减少尾气排放，减少噪声。

我国从 2005 年开始在北京做 ETC 技术的推广，一直到 2019 年正式在全国进行推广。截止到 2020 年，我国高速公路启用新的 ETC 系统，收费站的 ETC 车道占比达 7 成以上，在一定程度上提高了运输效率。

（3）自动道路系统

自动道路系统是指通过无线通信，在道路与汽车之间传递信息，实时向驾驶员提供信息和警报，并提供驾驶帮助的系统。自动道路系统通过信息功能、警报功能和操作协助功能来提高驾驶的安全性。

通过道路两侧的摄像信息采集设施、线路指引设施等，以及车辆两侧的摄像、探测装置，驾驶员可以根据道路与车辆、车辆与车辆间的通信信息，实时地掌握自己的车辆的位置和情况，对周边的车辆情况也可以做到心中有数，从而做到万无一失。自动道路系统还能把自动驾驶和智能汽车结合起来。其作用如下。

● 减少车祸。在车祸发生的原因中，反应太慢约占 50%，操作判断失误约占 25%，利用自动道路系统可以有效应对并解决上述问题。

● 确保老年人安全驾驶。老年人发生意外的概率较高，自动道路系统针对老年人提出相应的对策，可以确保老年人安心地驾车出行。

● 减少交通拥堵现象。自动道路系统可以通过对现有公路用地和车道使用更加有效的方法来减少交通拥堵现象。

● 保护环境。因为采用自动道路系统的车辆能够保持均匀的车速，减少不合理的制动、加速和减速，从而能使汽车尾气的排放量减少，噪声也随之减少。

4. 物流信息系统构建的考量因素

在构建物流信息系统的过程中，不同的行业具有不同的考量因素。通常情况下，物流信息系统可以分为两大类，分别是仓储管理系统和运输管理系统，但是其内部流程、模块众多，从分层的角度而言，可分成作业层、管理层和决策层。

构造物流信息系统要做的第一件事情就是确定行业关注点，比如零售领域的仓储管理系统必须要确定库存管理、周转率等内容，而大规模生产制造商更多考虑仓间利用率。所以不同行业的关注点不一样，物流信息系统的侧重点也就不一样。

从大的流程上看，仓储管理系统可以分为入库、库存管理、出库 3 个环节，而运输管理系统可以分为装货待发、运输、送货签收、信息返传 4 大环节。

真正作业点上考虑的内容具有通用型配置，但是从管理和决策的角度看则有较大的不同，那就是对效率指标、周转率、动销率、坪效、车效、人效等进行有效的提炼，从而为管理和决策提供更好的支持，比如电商物流公司的仓库更看重坪效和人效，那就需要对这两个指标进行非常明确的提炼；而对于配送系统而言，装载率则是需要重点的关注指标。

　　另外，还需要考量的一个因素就是使用人员的易用度问题，企业必须要充分考虑到人员的素质不同，因此物流信息系统的构建不能光为了体现所谓的专业度而不去考虑人员的易用度，如果使用人员的易用度达不到要求，那么可能会对系统的使用推广造成很大的问题，或者是降低作业效率，这就得不偿失了。

|第 4 节|　物流信息技术的发展

　　技术的发展日新月异，许多新的技术不断应用到物流行业，相比之下，互联网技术、条形码技术、RFID 技术等都属于传统技术，物流行业不断吸收新技术从而快速提升着自身的发展速度。

1. 大数据和云计算相结合

　　大数据是信息时代、技术时代最核心的技术之一，在商业领域得到普及，主要表现为企业的数据意识不断得到加强。企业通过对海量数据的归拢、加快信息处理速度，提炼出有规律的信息，从而为运营管理和决策提供支持。要从传统的数据库发展为大数据平台，企业所要实现的改变不只是数据管理方式，更重要的是实现技术的更新。大数据和云计算紧密联系，二者相互促进，共同发展。云计算是一种可以为大数据提供更好的操作能力的远程操作工具，在大数据时代是一种不可或缺的手段，有效地支持了大数据的存储、管理和分析。

　　在资源调度、物流配送、决策管理、数据分析等方面，大数据和云计算将为今后的新一代物流行业提供强大的数据支持与计算服务，具体如下。

　　●对于物流配送中心选址决策，大数据和云计算能够起到辅助作用。在过去几年，基于大数据和云计算的前沿研究报告中提供了大量的分销选址参考方案，并且相关研究人员通过大量实践获得了丰富的成果。

　　●路径监测、物流资源合理分配等功能也可以通过大数据和云计算来实现。比如满帮、货拉拉等运输平台公司可以将海量的数据进行汇总，不断优化各种运输路径和物流资源配置，从而使得车辆、客户、线路的匹配度达到最佳。

　　●多层次配送也可通过大数据和云计算来实现。一级配送中心可直接对订单需求、装卸能力等进行有效分析，如数据仓库、大数据挖掘技术等，实现对物品品种和数量的可控预测；二级配送点则辅助一级配送中心进行配送，可提供优质服务，避免长时间囤货等情况的发生。

●物流决策技术的应用需要大数据和云计算的支持。在物流决策中，企业的物流信息系统必须具备存储数量庞大的物流信息和进行高效的物流信息分析的能力，以支持对竞争环境的分析与决策，以及对物流供应与需要的分析；同时，物流业务具有随机性和不可预测性，企业利用大数据和云计算，可以有效地了解用户的喜好，提前调配商品，合理规划物流线路。

●大数据和云计算可以改善企业的物流服务。企业利用大数据和云计算可以把用户的习惯与喜好结合起来，为用户提供专业的、个性化的服务。

在当前最新的物流信息技术体系中，大数据和云计算是应用比较普遍的两种技术，尤其是网络货运平台型公司更是基于大数据，利用云计算，实现了社会资源的有效配置。

亚冷控股是一家专门从事冷链物流、地产开发与运营的企业，其遍布全国的冷链仓库对于安全巡检的要求非常高，尤其是涉及消防、电力消耗等的情况更需要提前预判。在这种情况下，亚冷利用大数据在全国实现监测点对接，实时传输信息，通过对信息进行分析，与标准值进行对比，提前进行预警，有效保证了用户的安全和生产运营的正常，这就是大数据和云计算相结合的具体应用。

2.云储存

云储存（Cloud Storage）是指通过集群应用、网络技术、分布式文件等，利用软件将网络中各种不同的储存装置集中起来，协同工作，共同向外部提供数据存取服务的系统。它是从云计算发展而来的，是网络储存领域的一种新兴技术。云储存将储存资源放在云端，为使用者提供存取服务。使用者可以利用任何联网的设备，在任何时间、任何地点访问云端，存取数据。

云储存为物流公司提供储存空间租赁服务。随着所掌握的数据量的不断增加，物流公司必须在硬件、机房、运输、人力等方面投入更多。在满足物流公司持续增长的业务数据储存和管理服务需求的同时，大量专业技术人员利用高性能和大容量的云储存系统，可以有效地保证业务数据的安全储存。

云储存可以让物流公司实现数据备份。物流公司不仅要对大量的客户资源、应用资源、服务资源、管理资源、人力资源等进行充分的容量空间的储存，而且要实现数据的安全备份和异地的容灾。这是为了保证本地数据安全，以及保证在本地发生重大灾害时，可以快速、利用异地备份或异地灾难体系修复数据。

　　企业将各种摄像头、监控视频系统应用在物流过程中，通过物联网、云储存等技术，构建一个管控视频平台，可以进行多级监控，并能通过集中控制系统，调用运行在远程服务器上的应用程序，应用客户端通过网络接入。用户可以远程随时调阅现有的监控录像，及时、全面、准确地了解物品的可视化数据。

3.物联网

　　物联网（Internet of Things），也就是"万物相连的互联网"，是一种把各种信息传感设备和网络结合起来的大型网络，能做到人、机、物的随时交流互通。

　　物联网技术有很多种，比如 RFID 技术、无线传感器网络、卫星定位技术、车载系统、掌上电脑、窄带物联网等。正是这些物联网技术使每个独立的物流模块可以在物联网的框架下，将不同节点进行整合，从而提高物流的效率，打造物流信息的融合平台。

　　● RFID 技术是目前常用的一种新一代物联网技术。当前，许多物流公司会在物流过程中使用 RFID 技术进行信息传递。

　　●在物联网技术的应用中，卫星定位技术也是一个成功的典范。在物流运输中，物流公司利用卫星定位技术不仅可以优化运输线路、车辆调度工作、货物装卸工作等，还可以实时地跟踪货物，从而为新一代物流产业提供动态调度等功能。

　　●企业利用无线传感器网络可以更好地进行人与物的交互，确保物流数据的完整性，从而能够实时获取货物在运输、存储过程中的温湿度数据、状态等信息，并及时地更新到远程数据库。

　　● M2M（Machine to Machine，机器对机器）技术也完美体现了物联网与物流的紧密联系。在新一代物流产业中，该技术通过有效地将无线通信设备嵌入机器内部，可以实现物流节点与物品之间的智能沟通。

　　物联网技术在现代物流系统中处于领先地位，不少的细分领域都开始运用这种技术，这对于物流系统质量和供应链质量的提升具有较大帮助。

　　在万物互联的时代，无论是仓储管理系统还是运输管理系统，均可以通过对物体与反射点的有效物理参数的读取实现信息的数字化，从而有效节约人工成本，同时增强信息读取的及时性和真实性。因此，物联网技术未来的应用前景广泛。

4.人工智能

人工智能以仿真人的思想为主要目标，下一代物流产业的一个主要特征将是"人工智能 + 物流"。

●利用人工智能技术实现车货的匹配。物流公司可以建立一个崭新的货运平台，并与自身资源相结合，利用人工智能技术实现车货匹配，从而低价获取社会运力资源。

●采用机器学习和深度学习两种方式，完成无人物流驾驶和配送。长途运输难题可通过无人驾驶技术解决，物流运输效率也能得到提高。无人配送不仅能缩短配送时间，还能避免一些不必要的冲突。

●影像识别技术的应用可提高物流工作人员的工作效率，实现物流信息的自动化输入。计算机视觉识别、深度学习等技术可以提高手工写运单的有效识别率，从而极大地防止人工输单错误。

●利用语音识别和视频识别技术对智能客户服务系统进行优化。物流公司可以充分利用人工智能的一些技术，对人、车、库、货进行有效的识别，充分借鉴一些好的方法，逐步实现对员工的有效管理和辅助决策，甚至当大数据达到一定程度可以实现自主决策。

●依靠人工智能进行储存的智能整理。目前，许多物流公司已开始采用自动分拣系统，该系统可以灵活地连接到自动仓库、机器人等物流装置。而对于物流产品则是根据人工智能算法进行分拣，避免了人工拣选的错误，可以有效降低作业成本。

●人工智能也可以提供更智慧的新一代物流产业运营管理模式。通过设置可自学习、自适应的运营规则引擎，人工智能系统可以自主识别当前时期是高峰期还是常规期，同时根据历史的商业数据和当前的商业状况来制定运营决策。

●智能化调度物流可以借助人工智能来完成。通过对商品的数量、体积等基本数据的分析，对智能调度包装、运输车辆等各环节进行测试，并采用百万 SKU 商品体积数据测量和包装箱尺寸测量，采用深度学习算法技术，由系统智能推荐耗材的数量和包装顺序，实现了箱型和商品摆放的合理安排。

在不同的供应链环节，如运输、仓储、配送、管理等都采用人工智能技术，可以形成一个有效的物流体系。

随着经济的发展以及互联网技术的高度成熟、自动化装备的普及，人工智能技术的应用愈发得到重视，通过人工智能技术降低劳动力成本的效果明显。另外，人工智能技术与大数据、物联网的结合能够对数据进行更有效的归纳、分析，为决策提供更加及时有效的信息，还能为企业的发展提供预警和帮助。

5. 区块链

区块链技术主要采用分布式节点的协同运算算法，在验证数据后，可以最大限度地保证信息安全和真实，并且信息"不可删改"，即使被删改也会留下痕迹，从而能避免造假。区块链技术的应用具有如下优点。

●反假定源。区块链技术的特性是数据不能被篡改。物流领域区块链技术应用的关键场景是防伪溯源。

●有利于保障价格。以保价情况为基础，快递公司进行货物运输，保险公司提供货物保价服务，商家提供货物销售服务，卖家购买保价服务，行业监管由政府承担。区块链技术对商品的物流详情、账户、地理位置等方面进行了记录，保障了价格。

●实现公益速递。物流公司在公益活动中需要承担公益物品的运输，公益组织方在这一场景中需要对公益活动的执行进行维护，公益物品的销售由扶贫商家提供。区块链技术的应用可以提升物流公司的信誉，使公益快递更透明。

●监管安全事件。由于区块链具有分散式账本的特点，物流公司每当发生安全隐患事件时，都可以在区块链上记录下有效的信息，并且实时受到监管机构的监控。

新一代物流系统将以智慧为主要特点，从云计算、大数据、云储存、物联网、人工智能到区块链等的应用趋势便可见一斑。区块链技术现在在物流信息系统中的应用还不是特别广泛，主要是信息保密度较低、数据样本量不足等原因造成的。

6. VR/AR 与元宇宙

VR（Virtual Reality，虚拟现实）是能够让人与虚拟世界的事物进行人机交互的技术。它主要是通过仿真技术，将电子信息与传感器进行连接，模拟生物感官体验，使人获得"真实"的感觉。

AR（Augmented Reality，增强现实）是一种将虚拟的映射信息和现实世界的物理信息完美叠加的人机交互技术，主要是通过 AR 光学手段，以及三维、实时定位等多种技术手段，将各种虚拟信息模拟仿真后运用到现实世界中，从而达到增强效果的目的。

简单地理解，VR 是将人放到虚拟世界中，让人有"真实"的感觉；而 AR 是为人赋能，让每个人都能感觉到自己拥有"超能力"。

元宇宙技术起源于数字孪生技术，VR/AR 技术是元宇宙技术的基础技术。数字孪生是指将现实世界的实物物理参数虚拟化，通过虚拟世界的优化后再反馈到现实世界进行不断优化迭代的过程。

中物汇智是一家利用数字孪生技术，以 VR/AR 技术为底层支撑技术，构建了一套独创的 BTIM 体系的元宇宙科技教育公司。该公司通过人机交互，为物流方与连接各方，提供一体化的知识展现、学习，能够极大地降低学习认知、销售、设计、实施与运营成本，是许多物流大赛的底层技术支持者。这是 VR/AR 技术应用于物流教育领域的很好尝试，尤其是对于高职高专、应用性大学的学生而言，不仅能增强他们的动手能力，更能让他们对物流业务有深刻的理解，产生一种身临其境的体验感。

最为主要的是，物流公司或者装备企业可以通过该系统进行设备投入、流程重构的仿真模拟，甚至构建虚拟真实环境，将各种数据代入进去，从而有效验算投入产出和真实效果，并且不断优化迭代，这对于决策具有较大的支持作用。

7. 新技术综合案例及考量因素

京东物流的一体化供应链物流服务是其核心竞争力的体现。京东物流为有效支持其一体化供应链物流服务能力的发展，在信息技术方面付出了巨大的努力。

截至 2021 年 6 月 30 日，京东物流拥有研发人员 3,890 名，拥有及正在申请的技术专利和计算机软件版权 4,000 多项，其中与自动化和无人技术相关的有 2,000 多项。

通过图 6-5 可以看出，京东物流首先围绕供应链中台的仓储、运输、配送等功能进行整合，形成完善的作业软件构建；然后对数据进行有效收集和整理，进行关键指标的提取，并形成自己的质控分析、模拟分析、仿真模拟以及规划算法等算法平台的构建。

供应链网络	供应链中台			云仓生态		算法平台		物流生态		
	商品中心 采购中心	计划中心 订单中心	库存中心 配送中心	OMS WMS	TMS BMS	仿真模拟 质控分析	规划算法 模拟分析	物流街 Go专享	城市物流中心 网络货运平台	库存中心 适配中心
科技产品	智能供应链			智能仓储		智能分拣		智能配送		
	京慧平台 品类规划	网络规划 商品布局		天狼 天地狼	地狼 金牛	分拣机器人 行为识别	智能识别 异常识别	智能快递车 服务机器人		
	物流平台			智能运输		5G 智能园区		X技术		
	物控大脑 流媒体系统	物联系统 边缘计算		数字车队 智能调度	物流地图 区块链识别	智能驿站 数字仓储	数字月台 智能安防	无人车 无人机		
解决方案	3C	快速消费品		家电家具		服饰	汽车	生鲜医药		
技术支撑	5G	物联网	大数据	云计算		边缘计算	人工智能	区块链	机器人	

图 6-5 京东物流科技产品及解决方案图

京东物流通过上述作业与算法平台的构建，根据不同的行业需求进行针对性的软件功能配置，随后将所有的数据和系统进行社会化，从而构建物联系统、数字车队、物流地图，为全社会提供综合物流服务平台。

京东物流基于科技改变生活的理念，将物流技术，如 5G、物联网、大数据、云计算等作为底层支持性技术，与作业系统、管理系统进行有效对接，最终形成了完整的数智化物流管控体系，彻底将仓储、运输、配送等业务体系全部实现信息化、数智化，并投入到网络货运等公共货运平台的建设。

京东物流针对供应链信息系统和物流信息系统、仿真系统、物流生态不断加强研发力量，在这个过程中，将5G技术、物联网、大数据、云计算、边缘计算、人工智能、区块链等信息技术作为底层技术手段，结合科技产品，为3C、快速消费品、家电、家具、服饰、汽车、生鲜、医药等行业提供智慧供应链解决方案，从而不断提升服务品质，不断扩大自己的业务规模，真正实现科技引领发展的效果。

未来的物流与供应链实务发展，将是各类新技术和信息化的有效结合，但是企业必须要考虑到新技术的不断叠加会造成信息系统接口的调用越来越多，对于信息系统的编写和扩展性要求也会越来越高。因此，如何使新技术装备和新系统实现高度适配并对其进行柔性控制将会是一个极大的挑战，所以笔者建议物流信息系统构建企业要充分调研现有新设备的相关情况，并考虑到未来可能扩展的新设备的需求，这样才能更适应未来的发展。

参考文献

［1］牛东来. 现代物流信息系统［M］.2版. 北京：清华大学出版社，2011.

［2］傅莉萍，姜斌远. 物流管理信息系统［M］. 北京：北京大学出版社，2014.

［3］李邵军，张志远，张洪昌. 物流信息技术［M］. 北京：北京工业大学出版社，2018.

［4］牛东来. 现代物流信息系统［M］. 北京：清华大学出版社，2004.

［5］王汉新. 物流信息管理［M］.2版. 北京：北京大学出版社，2015.

［6］冯耕中. 物流信息系统［M］. 北京：机械工业出版社，2009.

［7］霍艳芳，齐二石. 智慧物流与智慧供应链［M］. 北京：清华大学出版社，2020.

［8］新经济微观察. 自动驾驶技术在物流领域有三大落地场景［DB/OL］.（2020-04-02）［2022-04-04］.

［9］圆通研究院. 深度解读新一代物流技术的现状与发展趋势［DB/OL］.（2019-05-27）［2022-04-04］.

［10］罗戈网.2022中国供应链物流创新科技报告［DB/OL］.（2022-01-21）［2022-05-21］.

［11］网易. 中国ETC通行速度全球最低？［DB/OL］.（2022-02-15）［2022-05-21］.

第7章

物流网络规划

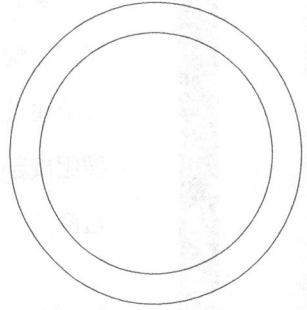

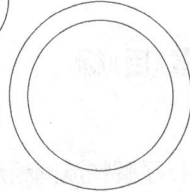

企业在如今的发展过程中面临着业务的复杂性和各种不确定性。在市场方面，不断加剧的全球竞争使得客户有更宽泛的选择；在客户方面，有更便利和快速响应的要求；在产品方面，产品和服务的融合、大规模定制行为等使得产品的创新周期和产品生命周期缩短；在制造和物流交付方面，企业非关键业务的外包、供应链伙伴关系等对响应速度的要求提高；在业务流程方面，对流程更敏捷化的追求使得新业务（如互联网化的业务）模式不断产生，这些现象都要求企业不断加强供应链管理。随着供应链管理能力逐渐成为企业的核心竞争力，供应链网络规划日益成为管理者不可或缺的工具。

从 1736 年欧拉 (Euler) 提出"哥尼斯堡七桥"问题，到 19 世纪的汉密尔顿 (Hamilton) 回路，再到 1954 年丹齐克 (Dantzig) 等用线性规划的割平面法对"旅行商问题"的突破性解决，人类一直在路径和网络问题中探索前行。当今的网络分析技术、模拟建模技术和数字化技术的大量应用，使得管理者可以解决更为复杂的物流网络规划问题。

绝大多数企业的供应链都可以看成网络，这个网络中包括供应商、仓库、工厂、配送中心和客户这样的节点和这些节点之间的物资流动。本章将重点介绍企业的物流网络规划，物流网络规划是整个供应链网络规划中的一个重要组成部分，但比供应链网络规划要简单许多，因为后者还要考虑工厂、供应商的产能及物料的库存和流动等。

本章目标

1. 了解物流网络规划的影响因素。

2. 掌握物流网络规划建模的方法。

3. 了解物流网络规划所需收集的各类数据。

4. 掌握物流网络规划中子模型的建立方法。

5. 了解物流网络规划的规划工具。

|第1节| 物流网络规划概述

1. 物流网络规划的战略意义

战略层面的规划将会影响企业一年以上的经营方向、投资策略、人员配备策略和政策流程的制定。物流网络规划作为供应链网络规划在战略层面的一项主要工作，同样会影响企业的长期运作。合理的物流网络规划会带来供应链整体成本 5%~15% 的降低，如图 7-1 所示。

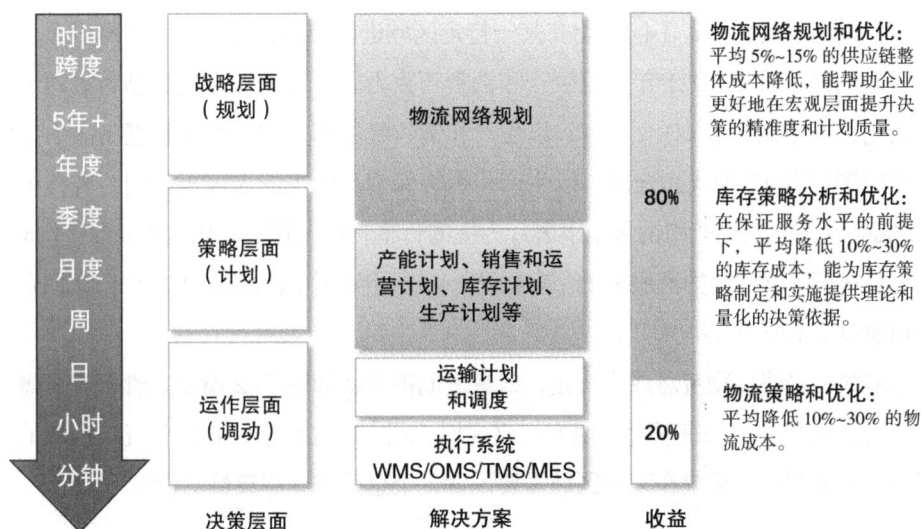

图 7-1 物流网络规划在供应链规划中的位置

物流网络规划首先要支持企业整体的业务战略，特别是市场营销战略。比如，欧莱雅（中国）在 2009 年就调整了其大众化妆品事业部的营销战略，从传统的由经销商覆盖零售终端改为直供 14 家大型目标零售商，以增强其对零售渠道和消费者的快速响应能力。因此，其供应链部门就需要重新设计公司在中国的物流网络，从原先由位于苏州的中央物流中心（CDC）发货至经销商的模式改为需要设置若干个区域物流中心（RDC），并由后者直接配送到目标零售商的物流中心或门店的模式。

物流网络规划要权衡成本、时效、货物安全、固定资产、库存投资、物流运作能力等方面的因素。在当今中国市场上的企业物流活动中，多数企业选择将物流业务外包给第三方物流公司，且多签订整年合同，通常称这类物流为合同物流。仓储业务由于存在地点的唯一性、排他性，因而常被企业视为战略性业务。仓库租赁合同的期限多为一年，少数企业选择与仓储服务商签订"2+2"年的合同。而仓库的位置确定后，企业才容易选择各节点之间的运输服务商，并且也希望第三方物流公司能稳定提供服务。所以，企业在进行物流网络规划时，至少要考虑未来一年的业务需求，而考虑未来 3~5 年的业务需求的情况也已屡见不鲜。

2. 物流网络规划所要解决的问题

物流网络规划通常要系统性、整体地解决下列 5 个问题。

1）确定恰当的仓库数目

由于各种因素的影响，不同企业在某一特定区域进行市场销售时，会选择设置不同的仓库数目。例如，截至 2021 年，以生产和销售巧克力、口香糖和宠物食品为主的玛氏箭牌食品公司，在中国设有 10 个仓库；以生产和销售纸尿裤、妇女用品和纸制品的金佰利公司，在中国设有 13 个成品仓库；以生产和销售保健品为主的无限极公司，曾在中国设有 21 个成品仓库；以生产和销售乐事薯片为主的百事食品公司，在中国则有 25 个成品仓库；而主要从事网络零售物流服务的京东物流，2021 年在中国运营着 1,300 个大型仓库，管理面积超过 2,400 万平方米 [1]。

仓库的数目最终由物流总成本决定，二者之间的关系如图 7-2 所示。管理者还需认识到，物流网络规划的结果有时会受地方行政区划、现有库区和仓库容量状况、企业的库存品种规模等因素制约，造成在某一区域需要设置多个仓库或仓库集群的情况。

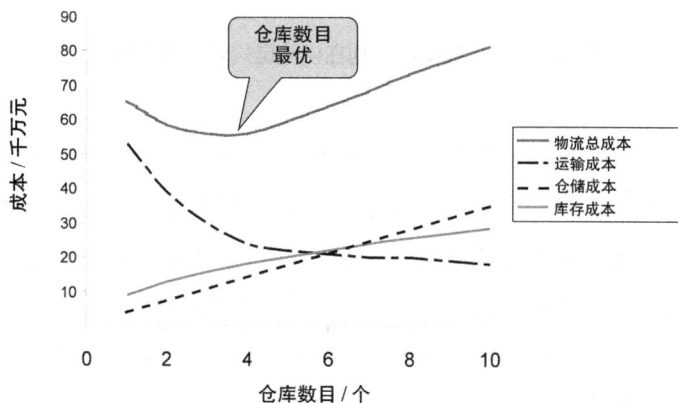

图 7-2 仓库数目与物流总成本的关系示意图

2）确定各仓库的地理位置

地理位置的选择不仅涉及宏观层面，如所在城市，还涉及其在行政区内（城市或区、县、旗）的具体位置，如在北京的东南五环、六环之间的马驹桥区域，还是西南四环、五环一带的五里店，或是顺义空港。除了交通便利等因素，可用库区和仓库的状况也影响管理者的最终选择。

3）确定各仓库的仓间大小

管理者不仅要明确所需的仓库面积，更要考虑到对仓库立体空间的需要，有时还需明确所需的库位数。整体空间需求还要兼顾存储区以外的区域空间需要，如拆零分解区、备货区、包装或装配区、办公区等。

4）确定各仓库的库存部署策略，即存放品种

物流网络规划中，有的仓库被称为"全品类仓库"，即存放企业的几乎所有品类；而有的仓库则被称作"部分品类仓库"。库存布置策略受库存规划的层级、目前所处区域的需求、企业服务政策等影响。可以想象，京东 2021 年的自营商品品种多达 500 万种 SKU，任何一个仓库都不可能容纳得下所有品种。另外，特殊物资的安防措施也可能造成区隔存储而影响仓库数目的情况。

5）确定各仓库的服务覆盖范围

该任务需要清晰界定每个仓库的服务覆盖地域，即客户需求的货物路由。例如，某企业的武汉仓库就有可能仅覆盖湖北省的客户需求，但也可能覆盖湖南和河南南部地区的客户需求。管理者还可能制定应急时刻的备份路由选择，或者针对某具体地区的客户需求，提供可选仓库清单，届时由系统或人工根据当时可用库存的状况决定。

物流网络中的节点通常就是物流仓库，而仓库又可具备不同功能（参见本书第 2 章"仓储管理"）。目前的一种趋势是，仓库并非追求"大而全"。美国电商巨头亚马逊的物流网络规划中，仓库就被分为多种不同的功能类型，参见本节末"案例：美国亚马逊的物流网络规划"。物流网络中的"弧"（两点间的连线）代表着仓库之间的物资流动。

3. 物流网络规划的影响因素

企业选择构建多少个仓库节点，最主要的影响因素是企业的物流战略目标。如同在本丛书第一册《供应链运作》书中"供应链管理概述"一章所描述的那样，企业需要从成本、质量、交付、柔性、服务和绿色等维度定义目标。物流网络规划通常涉及交付时间、服务水平、成本等方面的权衡，医药和生鲜等行业还涉及对产品质量的保护。

1）交付时间

截至 2021 年年底，京东物流和亚马逊美国在各自主要市场的物流网络中，分别设置了 1,300 个和 1,199 个仓库，这与他们选择的"快速交付时间"策略相匹配。对于多数并不直接向消费者进行销售的制造型企业来说，由于无须极短的交付时间，因而仓库未必需要设立在消费者密集的大城市，所需仓库的总数也不会像网络零售企业那样多。

即使不直接面对消费者的企业，也可能因为工业客户的要求而设立多个仓库。例如，PPG 是一家美国化工涂料企业，其产品涉及民用涂料和工业涂料。PPG 的工业涂料在中国的一个主要客户群体是汽车厂家。由于这些厂家都习惯采用 JIT 模式安排物料供应，因而 PPG 不得不在客户的工厂附近设立仓库，以快速响应客户需求。在 2013 年，PPG 曾在中国设立了多达 40 个仓库。

图 7-3 展示了两种不同的物流网络规划策略。左图代表着以降低成本为目标的策略，节点较少，会导致配送到客户的距离变长，但仓储方面的投资较少。右图代表着以服务（快速交付）为目标的策略，节点较多，会导致仓储方面的投资较多。

以降低成本为目标　　　　　　　　以服务（快速交付）为目标

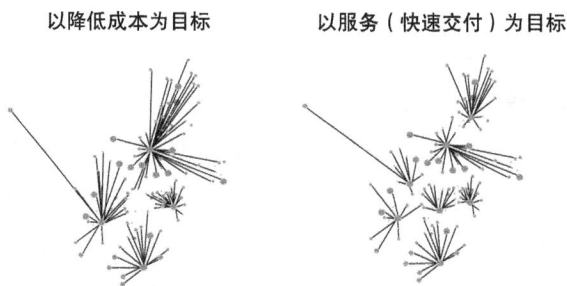

图 7-3　两种不同的物流网络规划策略

2）销售渠道

对于许多制造型企业来说，产品最终抵达消费者，理论上可选择经由 3 种不同的销售渠道：传统的经销商、现代的零售商或更现代的网络零售商。选择不同的渠道，就会产生不同的仓储节点要求。欧莱雅（中国）在 2009 年之前选择的是经销商渠道，由几百家经销商覆盖全国的零售商。其物流网络在当时仅需要位于苏州的一个大型仓库即可支持运作。不过，多数企业不会只选择单一渠道，而是多个渠道的组合，包括不少企业的线上线下（O2O）渠道。一些直销企业由于产品多是供应给销售代理（或称顾问）的店铺或配送到其家里，因而不得不设置多个仓库。不同的渠道，其客户订单特征、仓库作业和配送形式都会有差异，从而影响物流网络规划。

3）供应源的位置

物流网络规划有时会受到更高级别的策略影响，如供应链网络规划中的工厂位置。工厂的选址会受到其他因素的影响，如地方政府的支持政策、土地、与原材料产地的距离、劳动力市场和物流等。通常，如果工厂设置在远离客户市场的位置，那么管理者在进行物流网络规划时，就可能要考虑在工厂与客户市场之间设置节点仓库。靠近工厂还是靠近客户市场？这的确需要认真思考。如果仅从运输成本的角度看，管理者可以采用一种称为"重心法"的方法帮助决定仓库的选址，具体内容参见第 2 节。

如果企业在某一区域设立了多个工厂，那么在进行物流网络规划时，首先要考虑的是仓库节点功能的定位和层级、工厂是否拥有仓库或潜在的可改造为仓库的空间、产品物流特征是否允许不同工厂的产品共同存储在一个仓库内。有时，工厂内或附近需要设立成品仓，以接收工厂源源不断的产出，或者作为临时存放地，等待质量部门检验合格后发运。通常这样的仓库被称为总仓、中央物流中心（CDC）或全国物流中心（NDC）。其次，管理者要考虑 CDC 与客户之间是否需要设立二级仓库或三级仓库。这将受到运输和仓储的经济性、交付时间要求等因素的影响。

4）运输模式

在物流网络规划中，经常可用到公路运输、航空运输、铁路运输和水路运输等几种运输方式。采用快速运输方式将会缩短节点间的运输时间，从而影响目的节点的库存水平。航空运输、铁路运输和水路运输由于不易做到"门到门"运输，因而机场、火车站和港口的位置就会影响物流网络节点的位置选择，物流网络节点与这些地方会靠得较近。

为了节约运输成本，物流运作时会尽可能进行货运合并，典型的方式有 3 种。

●车辆合并，把同一方向的不同目的地运单合并在同一辆车上，甚至规划不同供应商送货入库到同一辆车。

●延迟合并，将不同时间的订单提前或延迟，以合并到同一车辆。这两种合并能实现运输的经济批量，但会因等待合并而影响时效。另外，合并需要更多的货物暂存场地，并会产生更多的库存停滞。

●出入库合并，通过事先计划协调到货和发货时间，减少来回程车辆空驶。

5）政府政策

不同地区的政府会因其地区经济的发展策略不同，对物流业的定位就有所不同。有的地区鼓励大力发展物流，就有可能配套出台当地的扶持、优惠政策，从而体现在税收、土地、基金支持等方面。

同时，进行物流网络规划时，管理者也要了解潜在节点城市的交通管制政策。如北京地区，由于顾及城区的交通拥堵和尾气排放对环境的污染，对进京车辆就有严格的限制政策，迫使很多企业设置节点仓库时，不得不选择在北京六环以外的地区。不仅是北京，其他的大型城市也都有不同等级的限制。

4. 逆向物流的考虑

随着越来越多的企业进入逆向物流领域，管理者在规划物流网络时也应兼顾逆向物流的需要。典型的逆向物流有服装连锁零售店的换季退货、网络零售商的消费者退货、啤酒瓶的回收再生产使用等。逆向物流的规划和运作既影响企业经营成本，也影响客户满意度和业务可持续性。

1）企业逆向物流的主要业务和目标

逆向物流网络包括5种主要业务：收集、检验、再加工、废弃处置和再分销。逆向物流归因于经济性追求、法律驱使和企业社会责任[2]。经济性追求的动机多种多样，如服装零售商为了减少过季商品占用宝贵的店面货架，可乐和啤酒公司为减少啤酒瓶的新瓶采购等。从法律法规角度看，餐厅要销毁过期变质的食品，达到使用年限的设备要强制回收和报废。在社会责任方面，出于环保考虑，一些领先企业已将逆向物流融入企业供应链战略。虽然逆向物流网络与正向物流网络融合在一起最理想，如图7-4所示，以成为"闭环供应链"，但完全融合异常艰难。这不仅是出于逆向物流的运作成本考虑，也不仅是因为能同时运作逆向物流和正向物流的资源不易获得，更重要的是，管理者有时难以权衡正向物流与逆向物流的目标，它们会出现冲突。

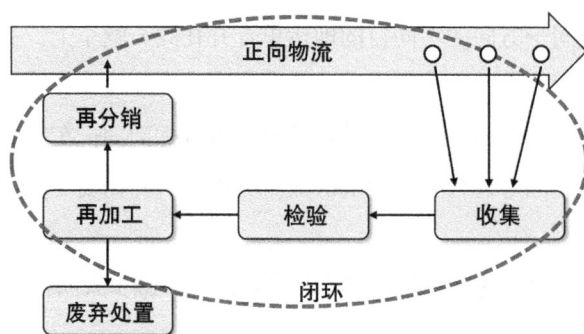

图7-4　逆向物流主要业务与闭环供应链

除了上述3个常见目标选项之外，管理者还必须考虑逆向物流的成本、时间、服务水平等目标。在明确了逆向物流的主要业务和目标之后，逆向物流网络规划就要试图解决下一层次的3个具体问题。

第一，确定逆向物流主要业务的地点，包括收集、检验、再加工、废弃处置和再分销的位置。例如，可口可乐公司会对回收回来的空玻璃瓶进行检验、清洗和消毒，并通常把这种再加工活动设置在厂区；服装连锁零售商会将换季下架的商品返回区域物流中心。

第二，业务地点之间的运输衔接。各环节的运输距离与上述地点设置相互影响。多数情况下，逆向物流货物零散的特点制约了运输经济规模，并且逆向物流线路也未必完全与正向物流线路重合。

第三，如何从客户那里收集逆向货物。多年前，传统零售商会要求消费者把退货产品送回门店，而如今，很多零售商和网络零售商都允许消费者通过快递返回退货产品。从零售商、经销商和工业客户那里收集的逆向货物，虽然收取点较少，但单次批量远大于从消费者那里收集的量，清单、文件交接和可能的再包装等工作均会更多地消耗作业时间和成本。

2）逆向物流流程梳理

虽然图 7-4 勾勒了典型的逆向物流的主要业务，但是各企业具体业务的作业流程千差万别。以检验业务为例，服装连锁零售企业可能在区域物流中心安排该业务，对从店面经物流公司返回的临时包装形式的下架货品，进行件数登记、质量检查、整理（熨烫、折叠）、再包装、判定流向（如存储、发往折扣店或销毁、捐赠）等作业流程。而可口可乐公司区域装瓶厂针对返回的空玻璃瓶的检验多设置在产区，对回收瓶进行外观检查（缺口和裂纹）后才转入后续的清洗和消毒流程。流程差异势必影响流程作业时间、成本和发往下一阶段的物流量等的规划工作。管理者需要斟酌是否需要把一些子流程合并为一个大流程。多个流程实际上可视为多级网络的节点，从而会增加规划难度，特别是增加了模型建立的变量、固定成本和变动成本的分解、不确定性的预估及定量运算的难度。

3）逆向物流按流程的需求预测

逆向物流不同的客户群体需求产生的原因、时间、数量和客户等待时间日渐迥然，预测的难度也因此而异。一个特定地区的消费者退货需求比零售商、经销商和工业企业的退货需求更加随机和分散。然而，它也不是完全无规律可循，至少退货的前提是消费者已经购货，通常退货量超不过已购货量。管理者可以依据历史数据和针对客户购物和使用习惯的调查，预测退货比例、频率和数量。

为便于对作业流程的处理能力、时间和成本进行估算，管理者按逆向物流的流程进行业务量预测将是不可或缺的工作，并显著影响规划的结果。图 7-5 给出了一家服装连锁零售企业逆向物流按流程的需求预测示例。

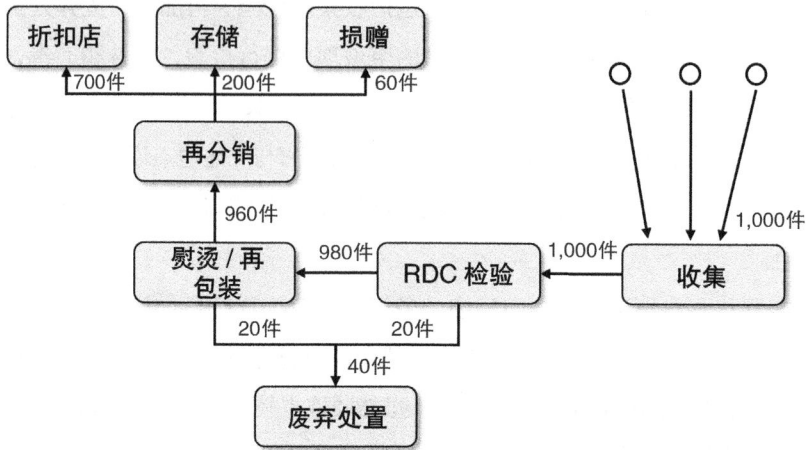

图 7-5　逆向物流按流程的需求预测

4）评估逆向物流网络规划方案的成本

　　无论是正向物流网络规划，还是逆向物流网络规划，都需要管理者理解各流程的成本动因、特征，这样才能估算成本。管理者可以针对各业务流程逐个分析其固定成本和变动成本，也可以把收集、检验和再加工视作进向，而把废弃处置和再分销视为出向。为了简化成本估算过程，有研究者建议采用"连续逼近法"（Continuous Approximation Methodology）[3]。这种方法把逆向物流需求近似视作连续密度函数，而不是离散函数。如果在既定的服务区域内，需求密度和其他系统参数变化得足够慢，那么逆向物流成本的平均计算可被认为是近似合理的。这样就可以使用相对有限的变量和相对简单的函数来表示成本。

　　除了上述运作成本，逆向物流网络规划还涉及"惩罚成本"和"价值成本"。前者涉及不能实现客户服务承诺的代价、违反法规的代价和应急成本。后者常指逆向物流为业务带来的额外价值，例如因再加工啤酒瓶而节省的新瓶采购成本，因提炼回收材料而减少的垃圾处理成本。管理者可采用通用的成本、价值分析工具，如作业成本法和 VA/VE（价值分析 / 价值工程），可参见本丛书《供应链规划》的相关内容。

　　管理者最终需要根据总成本最小化目标在几种不同的方案中选择。当然，虽然逆向物流网络的层级、变量和约束条件相当复杂，但还是可以对其建模并使用网络优化软件进行选择，也有人尝试进行总成本和运作时间这样的双目标优化。

案例：美国亚马逊的物流网络规划

（本案例参考了 MWPVL International 咨询公司网站的资料）[4]。

1994 年 7 月，曾经是投资银行家的杰夫·贝索斯（Jeff Bezos）离开纽约来到西雅图，在他家的车库筹办亚马逊，从事网络书店的业务。亚马逊在之后的一年有了雏形，网站于 1995 年 7 月 16 日正式上线并开始通过网络售书。到 1996 年年底，亚马逊取得了 1,570 万美元的销售额，次年在美国纳斯达克上市，当时公司估值为 4.29 亿美元。2016 年，亚马逊的净销售额达到了 1,360 亿美元，净利润为 24 亿美元。美国东部时间 2022 年 5 月 8 日，亚马逊股价达到 2,295 美元，市值 1.17 万亿美元，早已经超过美国八大零售商的市值总和。

1997 年，亚马逊在西雅图设立了第一个物流中心，当年其面积就从最初的 5 万平方米扩充到 28.5 万平方米。当时的物流中心基本采用人工作业。同年 1 月，亚马逊又在特拉华州的纽卡斯尔构建了第二个物流中心，面积将近 1.9 万平方米。随着业务规模的扩大，1999 年，亚马逊又在内华达州的芬利、堪萨斯州的科菲维尔、佐治亚州的麦克多诺（McDonough）、肯塔基州的坎贝尔斯维尔和列克星敦分别设立了物流中心。追寻亚马逊早期物流中心的足迹，便不难发现它们几乎都建在美国南部和中西部这些税收和人工成本低的地区。

事实上，在 2013 年以前，亚马逊的物流网络规划策略一直构建在低运作成本的基础上，特别是低税收方面。由于其所销售的货物都是从其物流中心（Fulfilment Center）发出的，所以从美国税务的技术角度讲，它并不被归类为零售商店。按当时美国各州税务规则，除了 5 个州，亚马逊在其他各州都不需缴纳销售税。因而，亚马逊一直在亚利桑那、田纳西、宾夕法尼亚、肯塔基、印第安纳、特拉华、南卡罗来纳和弗吉尼亚这些州投资建设物流中心。由于物流中心的运作能增加就业，这些州也投桃报李地与亚马逊达成了免税协定。在 2013 年以前，在美国最富裕的、中产阶级最多的加利福尼亚州和新泽西州，亚马逊均未设立物流中心。

2013 年及之后，亚马逊大幅调整了物流网络规划策略。那些曾经提供免税协定的州意识到，其每年损失的税收多达 230 亿美元，因而调整了税收政策。到 2017 年，美国有 28 个州开始征收互联网销售税。亚马逊除了意识到不能再利用"税收红利"之外，也意识到自身物流网络规划的几个痛点。

●在 B2C 业务的旺季或高峰期会出现人力的不足。据报道，2013 年，亚马逊在旺季期间雇用的临时工多达 7 万人。

●即使在物流中心部署了Kiva机器人进行作业，机器人却仅能在货量平稳的业务环境中表现最佳。

●对出向物流（Outbound）的掌控度不足。之前，像多数电商一样，亚马逊的出向物流也依赖着全国性的大型快递公司，如联邦快递和UPS。而这些快递公司的设施、政策和流程并不是为亚马逊业务量身定做的。到了旺季，亚马逊会遇到因运输资源不足而无法及时送达的严重情况，这点，与我国前些年的"双十一"期间的情况多么像啊！

2013年，亚马逊调整的战略要点如下。

●放弃了低运作成本、低税收的策略，改为采用追求最快的周转时间（当日达、次日达）策略，当日达物流能覆盖半数以上美国消费者。

●与美国邮政署达成战略伙伴关系，由其为亚马逊量身定做的设施、流程来完成大部分终端配送。

●建立了大批新型的物流中心——区域分拨中心，以支持美国邮政署及其他地方配送公司的业务。以前，亚马逊在美国典型的大型物流中心的面积为100万~120万平方英尺（1平方英尺≈0.09平方米），有1,000~2,500名作业人员；而如今，典型的区域分拨中心的面积为20万~30万平方英尺，人员也仅有100~300名。

最终，亚马逊关闭了原先在一些地区建设的传统的大型物流中心，并投资建设了大量的新型物流设施，如区域分拨中心、配送站、一小时送达站点和生鲜库。亚马逊的物流设施（仓库）总数量也从2013年前后的30多个迅速增加到2022年4月的1,199个，亚马逊在美国的物流设施分类数据如表7-1所示。

表7-1 亚马逊在美国的物流设施分类数据

物流设施类型		正在运作的物流设施数目/个	使用的面积/平方英尺
可分拣小件物流中心	Small Sortable Fulfillment Centers	92	73,617,365
不分拣大件物流中心	Large NonSortable Fulfillment Centers	104	94,938,184
3PL不可分拣物流中心	3PL NonSortable Fulfillment Centers	12	6,431,265
特殊品物流中心	Specialty Fulfillment Centers	50	23,742,189
次同日物流中心	Sub Same Day Fulfillment Centers	29	4,758,783
临时仓库	Supplemental	18	4,321,778
退货处理仓库	Returns Processing Centers	6	3,248,129
存储/生鲜食品物流中心	Pantry/Fresh Food Fulfillment Centers	22	5,537,381
全食连锁店物流中心	Whole Foods Retails Grocery Distribution Centers	12	1,566,172

物流设施类型		正在运作的物流设施数目 / 个	使用的面积 / 平方英尺
一小时送达站	Prime Now Hubs	79	3,066,150
进向收货中心	Inbound Receiving Centers	28	16,521,499
出向分拨中心	Outbound Sortation Centers	98	36,265,826
小件配送站	Delivery Stations Packages	516	92,746,888
大件配送站	Delivery Stations Heavy/Bulky	113	4,080,123
空运枢纽	Airport Hubs	20	5,074,634
合计		1,199	375,916,366

亚马逊依据不同业务的需要，把物流中心划分为不同功能类型（这里只简要介绍部分）。

● 可分拣小件物流中心（Small Sortable Fulfillment Centers）：通常用于存放那些容易放进盒子 / 一票货的小件货品，如书籍、DVD、手表等；这类货品一般小于 18 英寸（1 英寸 ≈ 2.54 厘米），并能装入可移动的周转箱中。

● 不分拣大件物流中心（Large NonSortable Fulfillment Centers）：通常用于存放大于 18 英寸的大件货品。

● 3PL 不可分拣物流中心（3PL NonSortable Fulfillment Centers）：存放那些不能与其他货品装入盒子中的货品，或不能放在传送带上进行自动分拣的货品，由 3PL 运作。

● 特殊品物流中心（Specialty Fulfillment Centers）：处理亚马逊销售的教科书、珠宝和鞋服等特殊货品。

● 次同日物流中心（Sub Same Day Fulfillment Centers）：处理当日和次日送达的具有快速服务等级的货品。

● 退货处理仓库（Returns Processing Centers）：处理亚马逊所有客户的退货。

● 存储 / 生鲜食品物流中心（Pantry/Fresh Food Fulfillment Centers）：处理易腐烂的货品和生鲜货品及南北干货。

● 全食连锁店分拨中心（Whole Foods Retails Grocery Distribution Centers）：专门支持亚马逊旗下全食品牌实体连锁店的货品分拨中心。

● 一小时送达站（Prime Now Hubs）：设置在人口稠密的区域的小型设施，仅存放需要高频的少数品种，确保能在消费者下单后 1~2 小时内送达。

● 进向收货中心（Inbound Receiving Centers）：负责处理供应商零担送货的收取。

● 出向分拨中心（Outbound Sortation Centers）：贴近城市的小型分拨中心，货物不分拆，仅按邮编地址再分类，以支持配送。

|第2节| 物流网络规划建模基础

物流网络规划受到诸多错综复杂的因素影响，这些因素之间还会相互影响。例如，节点的库存水平将会影响仓库大小，库存水平又受上游节点的补货时间和频率影响，补货时间又与所选择的运输方式有关。补货频率本身与选择的补货模式相关，又与运输模式和装载量相关，同时还影响运输成本。管理者厘清这些因素之间的关系非常重要，并需要在规划前期开展大量的定性分析。

然而，物流网络规划最终是为企业业务服务的，因而规划结果必须呈现财务上的表现。总成本就是一个非常关键并被普遍接受的指标。同时，物流的服务属性又要求规划结果在服务时效和服务水平上有所体现。而这些指标的体现，仅凭定性分析是远远不够的，势必要在规划中进行定量分析。定量分析主要通过业务模型数字化，即建模进行。本节将介绍一些常见的建模基础知识。

1. 城市配送网络类型

我国的供应链管理者习惯把节点间的运输称为干线运输，而把由网络中最后一级节点到客户的运输，称为配送。配送可采用整车或零担的点对点运输，或者采用牛奶配送似的一车多点运输。大型零售连锁企业往往会考虑由供应商直送店面、经物流中心配送或混合的模式。有时，大型零售连锁企业安排一些量小、需求频率低的供应商先把货物送至某家量大并需求频繁的供应商处，并由后者整合配送至零售店面。这种方法被称为共同配送，最早由日本的 7-11 便利店推广使用。

像京东和亚马逊等产品种类繁多的企业，在一个城市或区域即使拥有一个 10 万平方米的仓库，也不可能存储所有产品。这就需要设置按品类划分的多个仓库。众多针对消费者业务的零售企业，无论是网络零售企业还是社区团购企业，都大量部署了前置仓，从而形成多级多仓的模式。消费者所处地区的需求量和需求频率、商品包装尺寸或重量、配送时效和配送成本、库存部署策略等，构成了复杂的物流网络规划因素。

最近几年，很多零售企业把传统线下业务与新型线上业务结合起来，提出"一盘货"的概念。这种线上线下共享库存的模式，使得消费者订单需求由最近且最经济的库存来满足，既可能是店面的库存，也可能是物流中心的库存。这样的不固定路由增加了物流网络规划的难度，且须有强大的计算能力支持。

运输网络按集中程度主要分为轴辐式（Hub-and-Spoke）网络和点对点网络。轴辐式网络是 20 世纪 70 年代联邦快递大力推广的做法，即以事先设置的运输枢纽为中心，附近订单的取送货均在运输枢纽集散，运输枢纽之间由大批满载的干线运输完成。与轴辐式网络相对应的是点对点网络，顾名思义，是从一点直运到另一点。我国早期不少的快递企业最先采用的就是点对点网络，要不由于时效压力而缺乏运输经济规模，要不就是为形成运输批量而产生等待时间。然而，轴辐式网络的规划需要对运输枢纽进行建设，从而会增加作业成本。

另一种运输网络的分类方式是按照流量方向分为向心网络和离心网络。一些中小型城市的交通网络以中心广场往外辐射，被称为向心网络。而一些大型城市的交通网络并没有明显的中心区域，呈现网格状、分散的形式，被称为离心网络。如在规划城市配送时，在向心网络中，可能越往中心，客户订单越多、交通越拥挤；而在离心网络中，可能订单地址非常分散，配送行程和时间长。

第三种是分布式网络。这种网络中无固定线路，完全按当时的供应和需求进行运输，例如包车、包机和包船运输。

管理者要在理解上述网络的基本形式后，才能开始结合定量方法进行网络规划。

2. 重心法

在供应端（产地）和客户端之间设立仓库是物流网络规划中不可回避的问题。使用重心法设立仓库的示例如图 7-6 所示。

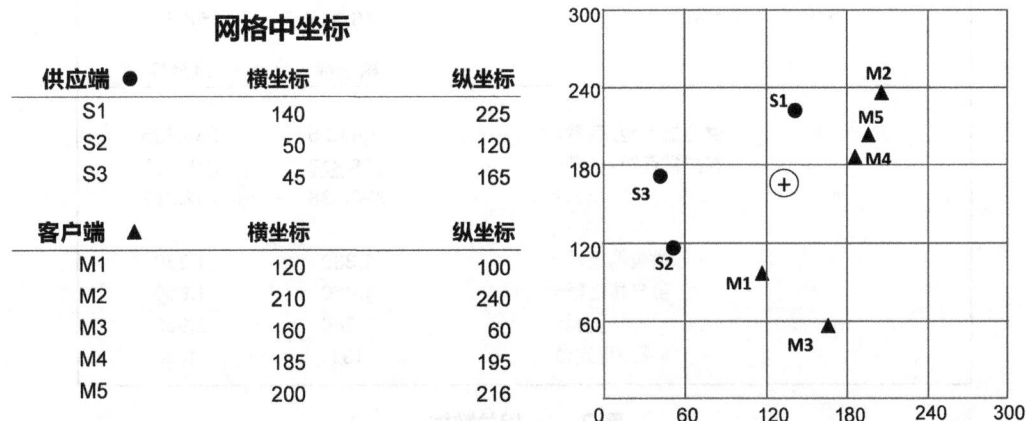

网格中坐标		
供应端 ●	横坐标	纵坐标
S1	140	225
S2	50	120
S3	45	165
客户端 ▲	横坐标	纵坐标
M1	120	100
M2	210	240
M3	160	60
M4	185	195
M5	200	216

图 7-6 使用重心法设立仓库的示例

有 3 个供应端 S1、S2 和 S3，5 个客户端 M1~M5，它们的坐标如图 7-6 所示。如果供应端与客户端之间没有设立仓库，且允许从每个供应端直发货物到客户端，那么整个网络中就有 15 条（3×5）运输线路。其结果可能是，各条线路的运量未经整合而零散，从而运输成本高。如果我们决定在供应端与客户端之间设立一个仓库，先在那里进行各供应端的来货整合，再配送到客户端。这样，整个物流网络中就仅有 8 条（3+5）运输线路。很明显，每条线路上的运量会大于原先模式中每条线路上的运量，从而从运输角度看可能更经济。当然，我们也要考虑仓库的投资和运作成本。在已知各供应端的供应量、各客户端的需求量，以及各条运输线路的费率的情况下，将仓库设立在什么位置更合理呢？

假设 3 个供应端的供应吨数、5 个客户端的需求吨数、供应端运输市场的费率和客户端运输市场的费率，都如图 7-7 左上部分所示。应用"重心法"的计算步骤如下。

	运费费率/ 吨千米	流量/吨	网格坐标		计算	
供应端	(A)	(B)	横坐标	纵坐标	(A)x(B)x横坐标	(A)x(B)x纵坐标
S_1	$0.90	500	140	225	63,000	101,250
S_2	$0.95	300	50	120	14,250	34,200
S_3	$0.85	700	45	165	26,775	98,175
	小计	1,500			104,025	233,625
客户端						
M_1	$1.50	225	120	100	40,500	33,750
M_2	$1.50	150	210	240	47,250	54,000
M_3	$1.50	250	160	60	60,000	22,500
M_4	$1.50	175	185	195	48,563	51,188
M_5	$1.50	300	200	216	90,000	97,200
	小计	1,100			286,313	258,638
					横坐标	纵坐标
供应端运距x运费=					104,025	233,625
客户端运距x运费=					286,313	258,638
合计					390,338	492,263
供应端运额=					1,330	1,330
客户端运额=					1,650	1,650
合计					2,980	2,980
网络坐标定位					131	165

图 7-7　相关数据

第一步，计算供应端的运距和运费之积。如图 7-7 右上部分所示，针对每个供应端的横坐标和纵坐标的公式为运费费率 × 流量 × 坐标值。

第二步，计算供应端的运距和运费之积的合计值。对 3 个供应端的运距和运费之积求和，分别得到横纵坐标的合计值为 104,025 和 233,625。

第三步，计算客户端的运距和运费之积。如图 7-7 右中部分所示，针对每个客户端的横坐标和纵坐标的公式为运费费率 × 流量 × 坐标值。

第四步，计算客户端的运距和运费之积的合计值。对 5 个客户端的运距和运费之积求和，分别得到横纵坐标的合计值为 286,313 和 258,638。

第五步，计算供应端和客户端的运距和运费之积的合计值。对第二步和第四步得出的横纵坐标的合计值分别求和，得到 390,338 和 492,263。

第六步，分别计算供应端和客户端的运额。所谓运额，是我们这里为方便而起的称谓，等于供应端或客户端各点（行）的运费费率与流量的乘积之和，里面没有坐标的量纲；供应端和客户端各自的横纵坐标值是一致的，分别为 1,330 和 1,650。

第七步，计算总运额值。在横纵坐标维度下，对上一步计算出的供应端和客户端的运额求和，得到横纵坐标合计值，均为 2,980。

第八步，计算节点的横纵坐标值。用第五步的运距和运费之积的合计值，在横纵坐标维度下，分别除以总运额，从而得出横纵坐标值分别为 131 和 165，即图 7-6 中十字符号所标注的位置。

此处对重心法的运用，如同计算一个不均匀质量物体的重心。或者，做一个更简单的比喻，即我们在一个杠杆两端悬挂不同重量的物体后，寻找能使得杠杆平衡的支点位置。重心法的核心是追求总运费最小的位置点坐标，比较适用于在物流网络中设立单节点的情况。有研究表明，如果某一点（供应端或客户端）或几点不比其他点的运量大得多，所研究的供应端或客户端数量较多，运费费率与距离呈线性或近似线性关系时，利用重心法测算出来的结果的潜在误差将很小 [5]。但有时，在利用重心法确定的位置可能并不适合建立仓库，比如位于太湖中。

3. 求解技术

在进行物流网络规划中，管理者经常会遇到多工厂、多仓库的情况，并需要决定它们之间合理的线路和流量安排。典型的求解技术是采用优化技术，通常将物流总成本作为优化目标，时效要求、仓库处理能力、运量限制则作为约束条件，节点、线路或车辆等则作为变量。管理者可采用以经验为主的启发式方法或运筹学中的线性规划算法，甚至构建蒙特卡罗模型进行模拟仿真。启发式算法是指管理者在考虑时间、精力有限的情况下，依据直观感觉或经验尝试找到问题的可行解，其与可能的最优解之间的误差不太好估计。虽然理论上，启发式算法的结果存在着巨大风险，但由于其具有经济性而依然被管理者广泛采用。线性规划算法仅是精确式算法的一种，后者还包括分支定界法、割平面法、整数规划算法和动态规划算法等。其实，精确式算法未必像其名称表示的那样"精确"，其精确度受到模型构造的难易程度和数据采集的代表性影响。第三种求解技术是模拟仿真，该方法试图避免前两种方法的静态计算，如管理者往往把一年或更长期间的模式、固定成本等都视作不变。采用模拟仿真方法，管理者可以构建业务模式和变量的变化模型，并由软件来完成推演。结合算法的计算机技术，特别是当今的数字孪生技术，将在物流网络规划中发挥举足轻重的作用。

下面将通过示例对启发式算法和线性规划算法进行简单的介绍。

某制造型企业有 3 个工厂生产某种货品，分别位于广州、武汉和苏州，产量分别为 200、150 和 180。该企业设立了 5 个物流中心，分别位于北京、长沙、成都、西安和南京。各物流中心的需求量分别为 70、90、120、50 和 200，如表 7-2 所示。每个工厂的货品相同，工厂将货品运输到 5 个物流中心的运费如表 7-2 的上部所示。从各工厂分别发运多少货品到每个物流中心，才能使得总运费最低？

表 7- 2 企业相关数据

地区	北京	长沙	成都	西安	南京
广州	660 元 / 吨	213 元 / 吨	510 元 / 吨	495 元 / 吨	390 元 / 吨
武汉	360 元 / 吨	105 元 / 吨	345 元 / 吨	225 元 / 吨	165 元 / 吨
苏州	345 元 / 吨	330 元 / 吨	570 元 / 吨	390 元 / 吨	66 元 / 吨
	<u>工厂产量（吨）</u> 广州 200 武汉 150 苏州 180		<u>物流中心需求量（吨）</u> 北京 70 长沙 90 成都 120 西安 50 南京 200		

首先，初步计算总产量为 530（200+150+180），总需求量为 530（70+90+120+50+200），总产量与总需求量相吻合，应该能找到一个合理的分配方案，将 3 个工厂产量（流量的输入）分配到不同的线路上。而实际工作中，有时会遇到总产量与总需求量不吻合的情况。

1）启发式算法

先分配需求量最大的地区——南京，依次挑选运费低的线路进行分配。然后按照物流中心需求量由高到低的次序，依次分配，直到最后的西安，最终分配流量表（1）如表 7-3 所示。可以最终求得总运费为 145,620（70×660+80×213+50×495+10×105+120×345+20×165+180×66）。

表 7- 3 最终分配流量表（1）

单位：吨

流量	北京	长沙	成都	西安	南京
广州	70	80		50	
武汉		10	120		20
苏州					180

当然，也可以尝试先分配供应量最大的广州工厂，然后依次分配，到最后的武汉工厂。最终分配流量表（2）如表 7-4 所示，可以求得总运费为 148,110（90×213+110×390+120×345+30×225+70×345+20×390+90×66）。

表 7- 4 最终分配流量表（2）

单位：吨

流量	北京	长沙	成都	西安	南京
广州		90			110
武汉			120	30	
苏州	70			20	90

或者，从 15 条运输线路中，按照运费由高到低的次序，依次分配。最终分配流量表（3）如表 7-5 所示，可以求得总运费为 145,980（70×660+120×510+10×495+90×105+40×225+20×165+180×66）。可见，运用启发式算法不易找到最优解。

表 7- 5 最终分配流量表（3）

单位：吨

流量	北京	长沙	成都	西安	南京
广州	70		120	10	

流量	北京	长沙	成都	西安	南京
武汉		90		40	20
苏州					180

2）线性规划算法

实际上，例子中的问题是个典型的线性规划问题。通常，线性规划问题的特点有3个：第一，追求一个极值（最大值或最小值），本例为追求总运费最低，并且目标值与变量之间的关系为线性关系，如 $A = ax + by + cz$；第二，有多个变量，且变量值理论上可以是连续的，如本例中将3个工厂的货品分配到5个物流中心的15条线路流量；第三，有约束条件，本例中，各工厂分配到各物流中心的流量之和要小于或等于各工厂的产量，各物流中心被分配的流量之和要大于或等于各地区的需求量，而且，15条线路的流量必须为非负值。以上要素可写成如下数学公式。

$$\sum (x_{11}+x_{12}+x_{13}+x_{14}+x_{15}) \leqslant 200$$
$$\sum (x_{21}+x_{22}+x_{23}+x_{24}+x_{25}) \leqslant 150$$
$$\sum (x_{31}+x_{32}+x_{33}+x_{34}+x_{35}) \leqslant 180$$
$$\sum (x_{11}+x_{21}+x_{31}) \geqslant 70$$
$$\cdots\cdots$$
$$\sum (x_{15}+x_{25}+z_{35}) \geqslant 200$$
$$x_{ij} \geqslant 0$$
$$目标：\min (x_{11} \times 660+x_{12} \times 213+\cdots+x_{35} \times 66)$$

其中，x_{ij} 表示工厂 i（i=1,2,3）到物流中心 j（j=1,2,3,4,5）的流量。借助 Excel 自带的规划求解（Solver）功能，我们可方便地求得此问题的最优解。在 Excel 表格中，构建各种业务之间的关系就是建模的一种形式。本例中，我们可在 Excel 的"规划求解参数"对话框中设置目标单元、变量单元和约束条件，如图 7-8 所示。最终，通过 Excel 的规划求解功能求得的最优解如图 7-9 所示。

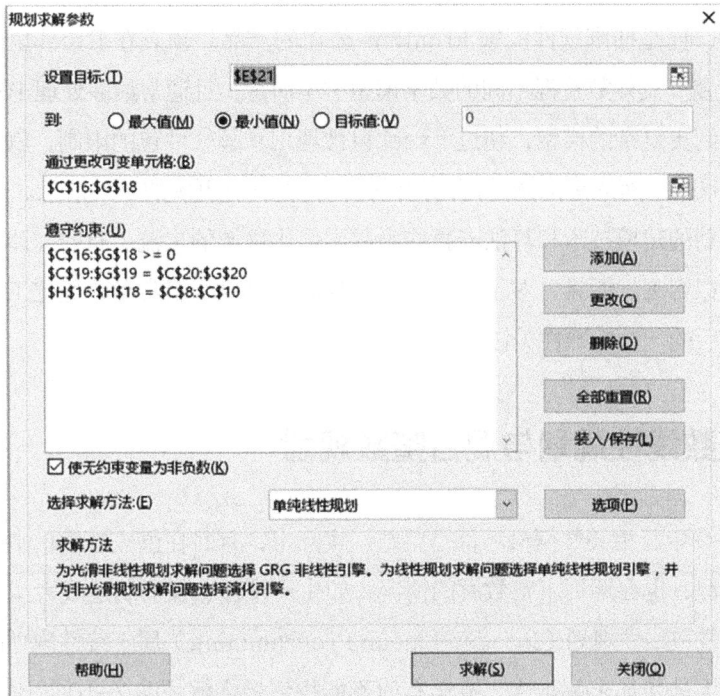

图 7-8　"规划求解参数"对话框

图 7-9　最优解

其实，Excel 里预装的规划求解软件包（参见本节最后的"规划工具"）并不是微软研发的产品，而是捆绑软件厂家 Frontline 公司的产品。预装在 Excel 里的版本最多能处理 200 个变量，具体数量视不同的数学模型类型而定，且通常最多处理 100 个约束条件。管理者如遇到更复杂的模型，超过 Excel 自带规划求解软件包的限制，就可能需要购买该公司的升级产品。有兴趣的读者可访问该公司网站获得更多的有关信息。

线性规划的建模技术和算法一直作为数学优化领域的主流。有时，即使模型很庞大，优化起来却很容易。而且，对于多数模型，我们都可以采用常见的优化工具来处理，而无须对模型背后的一些特殊性关注过多 [6]。

4. 整数线性规划与混合整数规划

在图 7-9 中，相关数据恰巧都是整数。实际上，有时在供应链优化中，既会遇到求非整数解的情况，也会遇到求整数解的情况，如生产排程、仪器制造或大型设备的物流网络规划问题。整数线性规划（Integer Linear Programming）属于线性规划的分支。整数线性规划会极大地增加求解难度，甚至有时不能找到最优解。图 7-10 对比了线性规划与整数线性规划的求解难度。其中，线性规划的所有可行解存在于图中的阴影部分，而整数线性规划的可行解仅为横纵坐标值均为整数的少数点。

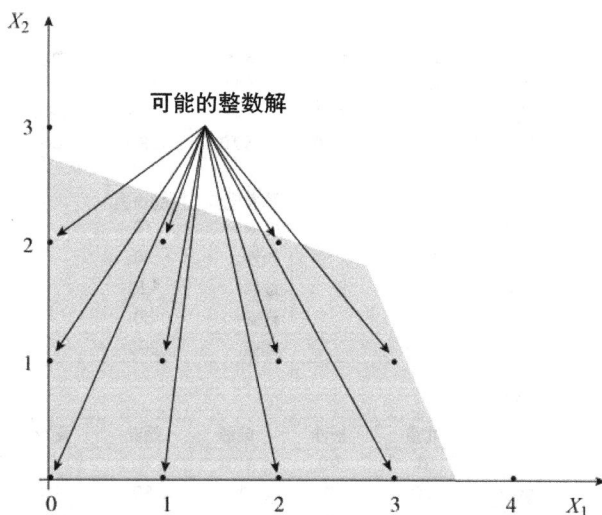

图 7-10　线性规划与整数规划求解难度对比

整数规划的典型例子如下：

目标：　　MAX（$350X_1 + 300X_2$）　　利润

约束条件：$X_1 + X_2 \leq 200$　　　　　　设备限制

　　　　　$9X_1 + 6X_2 \leq 1{,}566$　　　　人工限制

　　　　　$12X_1 + 16X_2 \leq 2{,}880$　　　设备限制

　　　　　$X_1, X_2 \geq 0$　　　　　　　　非负的限制

　　　　　X_1, X_2 必须为整数

1）选址问题中的二进制变量

物流网络规划中，管理者会经常遇到所求解的变量值为 0 或 1 的情况，如选址问题、固定成本问题等，这种变量通常被称为 0-1 变量（0-1 Variables）或二进制变量（Binary Variables）。

例如，某公司在 6 个地区（A~F）进行产品销售。物流经理在每个地区都寻找到一个潜在仓库，从潜在仓库配送给各地区的客户的时间如表 7-6 所示。如果该公司希望所有地区的客户都能享受到 10 小时以内的配送响应服务，那么该公司最少需要开设几个仓库呢？

表 7-6　从潜在仓库配送给各地区的客户的时间

单位：小时

	1	2	3	4	5	6
A	0	5	15	25	25	15
B	5	0	20	30	15	5
C	15	20	0	10	25	15
D	25	30	10	0	10	20
E	25	15	25	10	0	9
F	15	5	15	20	9	0

管理者可以利用 Excel 自带的规划求解功能解决这个问题。由于要在 6 个地区中进行选择，管理者可以采用 0-1 变量，让 1 代表选择在该地区建设仓库，0 代表放弃。变量区设在 C11~H11 单元格区域，如图 7-11 所示。

图 7-11 规划求解方案

同时，由于需要实现的目标是仓库总数最小，我们把单元 J11 设为目标单元，并在里面输入求和公式"=SUM（C11:H11）"。为了满足 10 小时以内配送的约束条件，我们先在表格的下方设置一个区域（B11~H19）作为配送线路满足约束条件的区域，并根据表上方的原始数据（配送时间），把能满足 10 小时以内配送的线路都标为 1。如果我们希望每个地区（14 行~19 行）都能有 10 小时以内的线路被选择到，就需要建立这样的算法：对于 14 行，将选址变量（C11:H11 单元格区域）与线路值（C14:H14 单元格区域）进行一一相乘再相加，J14~J19 单元的值必须为 1。这意味着，选址变量中出现 1 的时候（仓库被选中），下面对应的地区线路中至少有一个值为 1 的单元格。我们把 A~F 地区的这个要求当作模型的约束条件，分别写入 J14:J19 单元。最后，还有一组约束条件，即选址变量（C11:H11 单元格区域）的值都必须为 0 或 1，即二进制值。

在模型建立完成之后，我们就可以通过在"规划求解参数"对话框中进行设置并求解，如图 7-12 所示。根据求解结果，我们最终的选择是开设 2 号仓库和 4 号仓库。

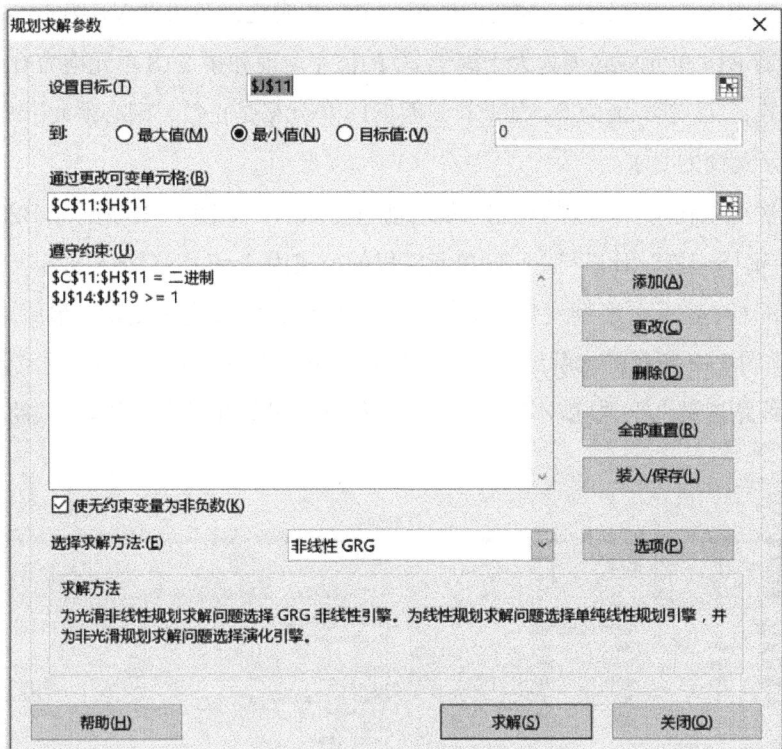

图 7-12 "规划求解参数"对话框

2）最小流量限制的混合整数规划

进行物流网络规划时，管理者有时会同时遇到既有连续变量（如流量），又有整数变量，特别是二进制变量（如选址）的情况，即需要进行混合整数规划（Mixed Integer Programming）。这时，模型的构建就更加复杂了。例如，对表 7-2 所属的例子做个小改变，由武汉运往西安线路上的承运商要求，最小承运量为 20，否则不承运。可能有人会设计增加这样一个约束条件：该线路流量（E18 单元格的值）≥ 20。这样我们仅能尝试寻找该线路流量"必须"大于等于 20 的解，但从全局看，这未必是最优的。因为还有一种情况是，在该线路上不安排任何运输（流量为 0），而改由其他工厂运货去西安。

要解决以上问题，可以采用混合整数规划的方法。这时我们需要引入一个新的变量，而且是二进制变量，这里称为 NV。约束条件建立如下：

$$E18 \leq M \times NV$$

$$E18 \geq 20 \times NV$$

其中，第一个约束条件中的 M 为 E18 单元格的上限（或一个任意大的数值），此例中不妨选择西安的最大接收量 120。由于二进制变量 NV 仅能是 0 或 1，如果 E18 单元格取一个正数，则 NV 一定等于 1 才能保证第一个公式成立；而如果 NV 为 1，则第二个约束公式就逼迫 E18 单元格必须为大于等于 20 的值了。而如果 E18 单元格为 0，为了满足两个约束公式，NV 就只能为 0。如此，只要 E18 单元格是正数，则必须大于或等于 20，从而满足了承运商的要求。

我们依然可以利用 Excel 的规划求解功能进行求解，如图 7-13 所示。B28 单元格里的公式为"=E18-120×B26"，C28 单元格里的公式为"=E18-C26×B26"。变量除了之前的 C17:G19 这 15 个连续变量，增加了 B26 单元格的二进制变量。最终求解结果为130,920，比图 7-9 所示的求解结果 130,350 大一些。这是因为新添加的约束条件，武汉运往西安的线路流量小于 20 就不安排运输，使得该公司不得不另安排运输线路。

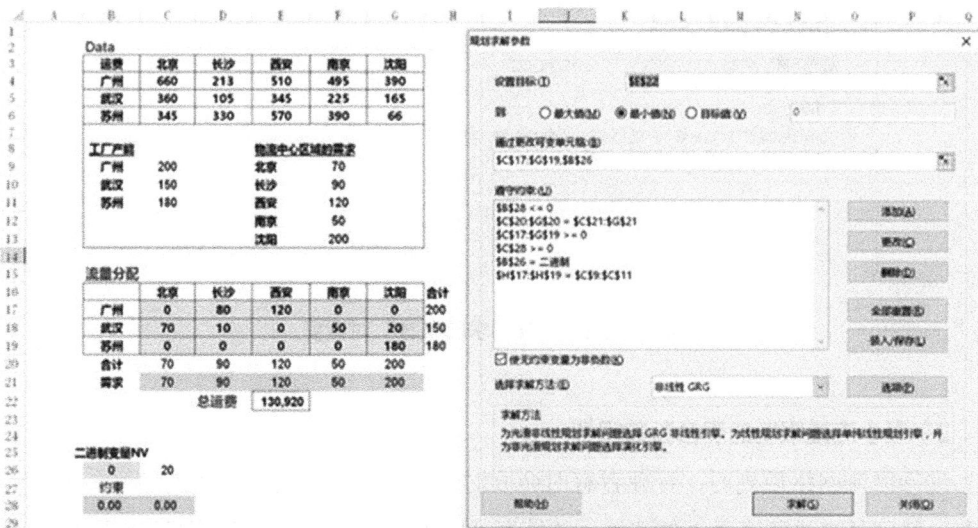

图 7-13 变化条件后的求解结果

混合整数规划在物流网络规划中的用途非常广泛，如仓库的固定成本、运费的批量折扣等情况的处理。感兴趣的读者可参考更专业的书籍 [7]。

本节所介绍的重心法、线性规划、混合整数规划是物流网络规划中常用到的方法。但在实际规划工作中，管理者不应局限于这几种方法。常见的其他工具和算法还包括图表和规尺技术、启发式算法、精确算法、仿真技术等。

| 第 3 节 |　物流网络规划的数据

数据是定量分析的基础。在错综复杂的供应链业务中，要想从浩如烟海的数据海洋中，抽丝剥茧般地提炼出具体业务所需的数据，并不是一件简单的事。物流网络规划最终的交付成果是一个从供应端到客户端的、符合企业战略的物流网络设计，可能包括相关的政策、流程设计，甚至组织架构设计。为了推演出最终的战略方案，管理者不仅要收集历史和现状的数据，还要收集涉及未来的一些数据。通常，管理者需要收集的数据涉及需求数据、产品数据、物流网络定义和潜在节点清单、成本数据、运输时间和服务水平等方面。

1. 需求数据

基础的客户需求数据是历史订单，包括客户名称、地点、订货产品规格（SKU 层面）、订货产品数量、金额、下单时间、交付时间等基本信息。其中，客户信息中，除了名称之外，为了数据处理方便，最好还要包含客户编号、渠道类别或等级；地点信息也可能要包含邮编、区县、市和省等属性字段，以便分析过程中的数据合并。订单的时间信息除了基本的下单时间和交付时间之外，还可能会涉及公司内部订单处理过程中关键作业节点的时间信息，如订单审核完释放、仓库收到、仓库发出等的时间。通过对这些作业节点的时间分析，管理者可以知道作业的平均表现，以便根据客户响应时间要求，最终推算留给物流作业的可用时间；或者，通常在物流网络规划中，把内部订单处理时间（仓库发出之前的）设定为常数。

对订货产品数量进行分析，则有助于管理者确定订单配送的形式，如整车运输、零担运输、快递还是"牛奶配送"。

1）历史需求与预测需求

物流网络规划不是为了验证历史表现，而是为了满足未来之需，因而，管理者需要在规划中导入未来的预测需求。而且，最好是能够准备未来 3 年以上的预测数据。几乎每一个物流网络规划项目都会遇到的一个致命挑战，就是如何获得准确的长期预测？这种挑战的背后其实是预测本身固有的业务矛盾。一方面，像物流网络规划这样的战略性工作必须依赖长期预测，但是另一方面，越是长期的预测，越是缺乏准确性。对于很多企业来说，仅仅展望 12 个月以后的情况，就很难得出较为准确的预测。比如，现有产品的退市、新产品的上市、客户或渠道的变更，甚至是消费者口味或习惯的变化，都是导致长期预测不准确的基本外在原因。企业预测不准确的内在原因可能是预测的政策、流程和具体方法不正确或不恰当。有关预测的方法，读者可参考本丛书《计划管理》的"需求预测"章节。

围绕着预测，企业往往还存在着另一个矛盾。长期预测通常由市场部门提供，而中短期预测（一年以内）是由销售部门提供的，但两个部门的预测会产生矛盾。基于以上痼疾，企业在开展物流网络规划的初期，必须谨慎确认预测数据及假设条件。管理层和物流网络规划项目的利益相关部门的负责人，都应该认识到预测数据质量的重要性以及最终给规划项目带来的潜在风险。

值得指出的另一个重要问题是预测的细度，或称数据颗粒度。有的企业给出的长期预测仅是金额而不包含数量。要知道，物流网络规划需要考虑的是拉动物流总成本的货量，很少是金额，因为规划对象是货车和仓库，而不是运钞车。无论是重货，还是抛货，作为成本动因的重量或体积，均源于货量。

最后，对于需求数据的整理，不管是历史的，还是预测的，最好按照时间序列进行展开，这样能较容易地体现需求的季节性和周期性，从而有助于对物流运作的淡旺季进行确认。

2）客户需求的聚集

在进行客户需求分析时，不同类型的企业所面对的数据量是不同级别的。工业客户、经销商、零售商到消费者，可能意味着几十、数百到万或更多。试想像麦当劳这样的企业，在美国有着上万家店面，如果为了规划物流网络而收集店面的客户需求，而每类客户需求包含20个字段的信息，那么，其需要收集的数据就可能超过 $10,000 \times 20 = 200,000$ 个信息。如果再结合后面的分析，诸如线路分析、品种分析等，那将是无法想象的数据量。实施这样的物流网络规划项目，对企业来说是得不偿失的。

管理者经过多年的实践，逐渐找到一种被称为数据聚类（Grid Network 或 Clustering Techniques）的技术，即把相近的客户、产品合并成小类，并在规划过程中，视小类为一个整体的客户或产品。对于密布在地图上的众多客户的处理，美国企业习惯依据客户地址的邮编（5位或3位）把客户聚类。麻省理工学院的著名专家大卫·辛奇-利维（David Simchi-Levi）建议企业使用数据聚类方法时应遵循以下原则 [8]。

●将需求点合并为 150~200 个区域。如果对客户需求按照服务水平或交付频率进行分类，则在每一分类中保持 150~200 个需求点。

●确保每个区域有大致相当的总需求，这意味着每个区域的面积可能不等。

●将聚类的点放在每个区域的中心。

研究表明，使用数据聚类方法得出的总成本的估算值的误差不超过 1%。

2. 产品数据

产品数据也是管理者进行物流网络规划时要考虑的基本的数据，甚至比需求数据还要基础。进行物流网络规划时，管理者首先需要明确的是在未来的这个物流网络中要流动哪些产品。

1）产品基本信息

管理者在进行物流网络规划时可能要收集的产品基本信息包括：产品名称、产品编号、类别属性、销售和物流的货量单位、单位价值、单位重量、单位体积、销售期间、客户销售限制等。

其中，类别属性指的是类别归属的层级。所需层级的详细程度取决于需求预测的层级。销售和物流的货量单位可能涉及托盘、外箱、盒（内包装）或单品。单位价值包括销售单价和成本单价，前者是为了拆解需求预测数据，后者是为了构建库存成本。单位重量和体积的选择，取决于产品的重货或抛货特性。为了减小后期的运算量，管理者需要事先根据产品销售和流量的主要特征，选择以体积小、重量大的重货或是体积大、重量小的抛货（又称轻货或轻泡货）为基础。计算重货或抛货的流量将会是件复杂的工作。管理者可以依据行业经验，如航空运输、水路运输和公路运输的差异，设定重货与抛货的转换比。不同的产品有不同的生命周期，管理者要根据市场部的计划，收集产品的上市时间、退市时间或替换时间。有的行业，如服装行业，其产品还有明显的销售淡旺季。客户销售限制指的是某些产品只能销售给某些特殊渠道或客户。

2）产品数据的聚类

同样，当面对着上千种，乃至百万种产品规划时，为了减小后期的运算量，管理者也可以采用前述的数据聚类方法。大卫·辛奇-利维同样建议[8]，尽量将产品数据聚类成20~50个组。产品数据聚类可以简单地按照企业内部常用的品牌、品类、物理特征（如大件、小件）、物流环境要求和物流作业要求（如可分拣、不可分拣）等条件进行，也可采用一些复杂但经典的策略，具体如下。

按照供应来源将产品分成不同的大类。在每个大类里，再按照产品的物流特性，如重量、体积或库存持有成本进行聚类。图 7-14 展示了一种按照重量和包装形式（类似体积）的二维聚类示例。图中方框代表着聚类选择。

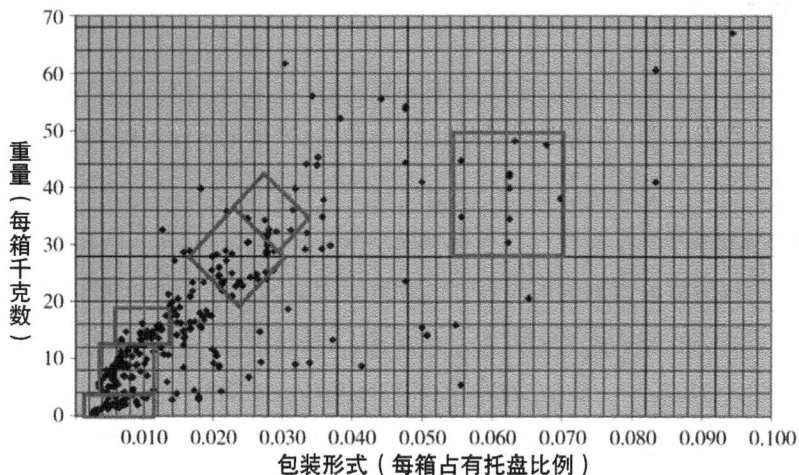

图 7-14　二维聚类示例

3. 物流网络定义和潜在节点清单

物流网络定义涉及规划系统内都设有哪些节点，以及这些节点之间的关系。物流网络的节点包括相对固定的节点和可变节点。前者通常是已经根据企业战略选定的位置，如进口的港口、现有工厂、供应商的位置、客户所在位置等，这些节点应该事先被确定并罗列出来。

物流网络规划的一项重要任务，就是为未来的物流网络选择仓库节点，而仓库节点通常归属为可变节点。而且，这些节点可能并不在企业当期的仓库所在位置。事先选择并确定那些潜在的可被选定为日后设立仓库的城市地点，并尽可能按照业务的逻辑缩小范围，从而形成潜在节点清单，将有利于减少规划过程中的数据采集工作量和后期的运算量。在定义物流网络时，对于这些仓库节点，管理者还要定义它们的层级关系，即从哪里供应货物到哪里。

管理者可以根据业务经验和所在国家（地区）的大环境，主观地构建一份短清单。例如，一个在中国生产和销售快消品的企业，由于其产品主要销售给城市居民，管理者显然会优先选择北京、上海和广州或它们附近的城市作为候选地点。被多数企业选定为节点的典型城市还包括沈阳、西安、武汉、成都、郑州等。而进口货品多的企业可能会用天津和深圳替换北京和广州。潜在节点要符合两个根本条件，一是在交通枢纽城市或其附近，二是当地有大量的库区、库房和 3PL 存在。管理者也可参考政府在物流节点城市方面的规划。2021 年，中共中央、国务院印发的《国家综合立体交通网规划纲要》，规划了我国2021—2035年的道路和枢纽节点的发展，确定了"6条主轴""7条走廊""8条通道"[19]。

- 6条主轴：京津冀—长三角主轴；京津冀—粤港澳主轴；京津冀—成渝主轴；长三角—粤港澳主轴；长三角—成渝主轴；粤港澳—成渝主轴。

- 7条走廊：京哈走廊；京藏走廊；大陆桥走廊；西部陆海走廊；沪昆走廊；成渝昆走廊；广昆走廊。

- 8条通道：绥满；京延；沿边；福银；二湛；川藏；湘桂；厦蓉。

该文件同时还确定了4个国际性综合交通枢纽集群，包括京津冀枢纽集群、长三角枢纽集群、粤港澳大湾区枢纽集群和成渝地区双城经济圈枢纽集群，国际性综合交通枢纽城市20个，包括北京、天津、上海、南京、杭州、广州、深圳、成都、重庆、沈阳、大连、哈尔滨、青岛、厦门、郑州、武汉、海口、昆明、西安和乌鲁木齐。另外，该文件还定义了国际性综合交通枢纽港站，涉及18个国际铁路枢纽和场站、11个国际枢纽海港、14个国际航空（货运）枢纽和40个左右国际邮政快递处理中心。

企业在进行物流网络规划时，可根据以上信息构建自身的潜在节点。

4. 成本数据

物流网络规划过程中另一项关键性的挑战是成本数据的收集。管理者除了要收集企业现有的数据，还要收集那些与潜在节点位置相关的成本数据。而后者根本不在企业的数据库中，其准确性和代表性将直接影响规划的总物流成本这个重要目标。对于这个问题，管理者的典型做法，一是直接向现有的3PL发出询价单，二是聘请其他第三方机构（如咨询公司）协助调查。

1）运输成本数据

在收集和准备运输成本数据时，管理者首先要收集企业自有线路上的历史数据，并以此作为基准。其次，要明确未来网络中可能涉及的运输模式，以及各种模式的收费规则。理论上讲，运费与距离和货量呈线性关系，但有时也不尽然。例如，运输工具的重量或容量等因素可能影响线性关系的形成。公路运输业务中的FTL和LTL特性，也会影响线性关系的形成。管理者需要事先根据客户需求量进行分析，判断将要采用的运输模式。

典型的运输成本数据收集会涉及干线运输和配送运输两个方面。前者通常指从工厂到各个潜在节点的线路运费。如果是进口货物的物流网络规划，则可能会使用口岸替换工厂。而后者指的是从那些潜在节点运送到客户所在地或客户聚类区域的线路运费。可以想象，如果是5个工厂、20个潜在节点、150个客户聚类区域，所需采集的数据量就相当庞大。管理者可在多次尝试后，删除一些几乎是不可能或不合理的线路。例如，如果工厂主要位于中国南方，则不太可能会由沈阳（潜在节点）配送到武汉或湖南地区。客户响应时间的限制也能帮助管理者剔除一些无法满足需求的线路。

收集运输成本数据时，整车运费费率的常用形式主要是每吨和每立方米的费率。由于我国公路运输的车型非常不标准，因而不建议采用简单的整车报价形式。水路运输（沿海支线集装箱运输）和铁路运输则会采用每标准集装箱、每吨或每立方米的费率等形式。航空运输的常见费率单位为吨、立方米或千克。如是非常小的货品，被判定使用快递方式，如很多电商业务，也可近似地使用每件（包裹）为费率单位。管理者需要事先估算每票货运的体积重量，以选择合适的运费费率呈现形式。

规划过程中，管理者经常会遇到以下几种复杂的情况。

●运费的阶梯报价：这在公路零担运输、快递的基本起运费和增量运费、水路零担运输和航空运输的运费中比较常见。

●"门到门"的报价不完整：有些行业或承运人给出的基本报价形式为站到站、港到港或堆场到堆场。例如，一些零担快运企业对于上门取货或派送要按每票业务额外收取固定费用。

●"一车多点"配送：如计划采用"牛奶配送"形式完成终端配送的业务。有时，承运人还会对"一车多点"业务设置点数限制，或者按点数收取固定费用。

处理上述情况的方法，一是单独构建运输成本计算模型，二是估算简化的收费模式。前者会大大增加规划及后期运算的难度，后者则会忽略操作层面的问题，允许因简化而产生的误差。

在一些发达国家（地区），运输行业发展得非常标准化。企业进行物流网络规划的运输成本数据收集时，容易采用公认的第三方机构提供的费率表和测算方法。例如，美国的管理者就习惯使用著名的公路运输数据和解决方案提供商 SMC[3] 公司的产品 CzarLite[10]，作为公路零担运输的费用测算依据。CzarLite 是一个以美国邮编为基础的，区域内、区域之间和全国的零担运输数据搜索引擎。

与运费紧密关联的另一类数据是节点间的距离。以往，管理者需要根据节点的坐标，基本按照几何学（短途）和考虑地球曲面因素（长途）的思路，计算两个节点之间的距离。随着信息技术的发展，如今管理者可以很方便地直接查询到地图上两点间的地面行驶距离。当然，如果潜在运输线路众多，查询也是极耗费精力的。

2）仓储成本数据

仓储成本主要分为作业成本和固定成本。管理者首先需要明确仓储策略中几个重要的问题。

●运营方式。仓库是租赁还是自建？如租赁，是采取仅租用仓库而自行运营的干租形式，还是设施设备和运作都由 3PL 负责的湿租形式？如是湿租，常见的情况是固定成本多为租金，作业成本为变动成本；而在干租的情况下就更复杂，除了租金，管理者需要仔细把设备投入和人员成本分配为固定成本和变动成本。例如，根据预估作业量而配置的固定人员班组，人员成本就可被视为固定成本。而如果是自建仓库并自己运营，前期对土地、建筑等的投入就是固定成本，且需要考虑分摊的合理方式。

●仓库的功能定位。管理者只有先确定存储、分拣、组装或越库作业这些功能，才能确定所需的作业区及大小，并进而推算仓库容量和总体面积。

在进行物流网络规划时，收集仓储成本数据的简单做法是针对每个潜在节点，向市场上的多家 3PL 询价。在我国，对于仓库租金，3PL 比较常用的报价单位是人民币 / 平方米；而对于作业成本，3PL 基本上分别按照出、入库流量报价，常见的流量单位包括吨或千克、立方米、托盘。作业成本中的主要部分是出入库费用，报价或询价时要确定是否包含运输车辆的装卸费。装卸费是不能被忽略的一项成本。电商仓库，由于涉及的作业动作多，如贴标签、填充等，报价单位更为多样。管理者也可事先自行设计询价表，并用文档清楚地描述货品和作业要求，让 3PL 按照固定格式进行报价。这种做法统一规范了数据格式，更有利于后续的数据整理、分析和规划运算。

5. 运输时间

如本章第 1 节所述，交付时间会极大地影响物流网络规划。在收集运输成本数据时，管理者通常会顺带收集运输时间数据，涉及干线运输和配送运输，并整理数据。如收集运输成本数据那样，为减少不必要的数据量，管理者可根据自己的判断忽略明显不可能配送的线路数据。例如，某公司的工厂（或总仓）位于苏州，日后从位于西安的潜在仓库配送到江苏地区是明显不可为的，因而可忽略对相应运输时间和运输成本数据的收集，如表 7-7 所示。运输时间的测算应包含在始发地和目的地发生的装卸和等待时间。

表 7- 7　某公司运输时间

单位：小时

	A	B	C	D	E	F	G	H
1		广州	苏州	北京	武汉	沈阳	西安	成都
2	广东	48	72		72			
3	江苏		48					

	A	B	C	D	E	F	G	H
4	北京		60	48	72			48
5	辽宁			72	96	48		
6	陕西			96	72		48	48
7	四川				72		80	48
8	上海		48					
9	吉林			96		60		
10	浙江		48					
11	……							

6. 服务水平

物流网络规划涉及的服务水平指的是在设定的客户订单响应时间内，物流网络能覆盖的客户数目占客户总数的百分比。由于在规划早期，管理者通常做了客户聚类的处理，因此物流网络规划中的客户覆盖，实际上指的是对客户聚类的覆盖。管理者可事先选定几种档次的服务水平，对比不同方案的总成本，并最终选定方案。

在规划物流网络时，还有一种需要考虑的服务水平指标是订单完成率，即在承诺时间内完成配送的订单数量占总订单数量的百分比。从客户的角度看，客户等待的时间为从其下单到收货的所有时间。因而，整体的响应时间可拆解为几个子流程的作业时间，分别是订单处理时间、仓库作业时间和配送时间，而不能仅考虑配送时间。

在物流网络规划中，管理者也需要定期对标，收集行业中被普遍接受的交付时间或客户要求的时间。然后，管理者就需要评估企业内部的作业流程和能力，确定规划中要采用的订单处理时间和仓库作业时间。最终，用收集并确定的客户订单响应时间减去订单处理时间和仓库作业时间，得到的就是所需执行的配送时间。因此，我们可以基于上述内容对表7-7进行修正。

在物流网络规划过程中，管理者还需要确定库存的服务水平，这会影响到库存模型的构建及仓库面积的测算。详细的库存设计知识，可参见本丛书《计划管理》中的"库存管理"章节。

| 第 4 节 |　物流网络规划业务子模型

在完成了物流网络规划所需数据的收集和准备之后，接下来的工作就是构建各业务的子模型。子模型主要包括仓库模型、运输模型和库存模型。

1. 仓库模型

仓库模型的主要输入包括收集的仓库成本数据，以及后面谈到的库存模型中各节点的库存量。

1）仓库面积需求

管理者需要把库存模型中的库存量转换成以立方米数，再根据企业对仓库作业的货品放置要求，推算各品种对应的所需托盘数或储位数。货品放置要求分为按托盘码放和直接采用整箱堆叠。如按照托盘码放，则需要准备一份各品种托盘码放标准表。

推算仓库面积的步骤如图 7-15 所示。管理者此时还需根据企业的政策或习惯，确定潜在仓库中是否需要使用货架；如需使用，就要确定货架层数。然后计算平均到每层的托盘数，并根据存储单元面积计算出存储区占地的阴影面积。最后，根据企业自身经验而得出的区域系数，推算所需的整体仓库面积。

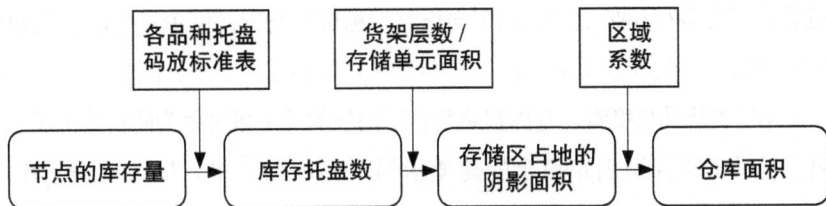

图 7-15　推算仓库面积的步骤

在估算区域系数时，管理者需要考虑的因素包括出入口准备区、分拣区、通道等区域的占地。有专家建议，典型的系数值可选为 3[8]。

2）仓库成本模型

按照前面所述步骤并结合之前收集的仓库成本数据，把计算过程展现在 Excel 表格中，如图 7-16 所示。其中，货架层数（第 7 项）、区域系数（第 9 项）、平均租金（第 11 项）和进出库费率（第 13 项）等是需要采集并人工输入的参数；折算托盘数（第 6 项）、占地阴影面积（第8项）、仓库面积（第10项）、年仓库租金（第12项）、年进出库费用（第14项）和年仓储总成本（第15项）等，都是由公式自动计算的；库存量（第4项）和月流量（第5项）则是从其他子模型中链接过来的数据。

	广州	苏州	北京	武汉	沈阳	西安	成都
1 仓库模型							
2							
4 库存量（m^3）	8,000						
5 月流量（m^3）	15,000						
6 折算托盘数	2,721						
7 货架层数	4	4	4	3	1	1	1
8 占地阴影面积（m^2）	680						
9 区域系数	3	3	3	2.8	2.5	2.5	2.5
10 仓库总面积需求	2,041	0	0	0	0	0	0
11 平均租金（元/m^2·月）	42	35	45	30	25	25	25
12 年仓库租金（元）	1,028,571	0	0	0	0	0	0
13 进出库费率（元/m^3）	22	20	24	18	20	20	20
14 年进出库费用（元）	3,960,000	0	0	0	0	0	0
15 年仓储总成本（元）	4,988,571	0	0	0	0	0	0

图 7-16　仓库面积推算 Excel 表格

仓库成本中的租金应该作为变动成本还是固定成本，在行业里是有争论的。将其视为变动成本的人认为，如果在该地区有足够的仓库提供者，且允许客户按照非固定面积去租赁，或者虽然租赁仓库时多存在必须按照固定面积进行租赁的情况，但企业可以在规划仓库需求后寻找并租赁大致能满足其需求的仓库，并接受规划和实际的误差。而视租金为固定成本的人则认为，从年度租赁的角度看，仓库租金与仓库面积的关系可表示为阶梯型的函数。

图 7-17 展示了阶梯型固定租金的建模示例。A18~B22 单元格区域表示在广州地区的潜在节点有 5 种针对不同仓库面积的年仓库租金，分别对应着 0 平方米，以及不超过 3,000 平方米、6,000 平方米、10,000 平方米和 15,000 平方米的情况。与图 7-16 相同的是，月流量（B5 单元格）与进出库费率（B13 单元格）影响着年进出库费用（B14 单元格）。两张表的不同之处在于年仓库租金部分，图 7-16 中的年仓库租金为仓库面积（B10 单元格）与平均租金（B11 单元格）的乘积，属于线性关系；图 7-17 中的年仓库租金则是根据推算的仓库面积（B10 单元格），在 A18~B22 单元格区域中查找到满足特定仓库面积的最小年仓库租金。如本例中满足广州 2,041 平方米的仓库面积需求的最小可供仓库面积为 3,000 平方米，对应的年仓库租金为 1,512,000 元，从而使得广州的年仓储总成本为 5,472,000 元，高于之前的 4,988,571 元。本例中，B22 单元格采用的查询公式

为 "=INDEX（B18:B22,MATCH（B10,A18:A22）+1）"。

在构建仓库模型时，管理者有时也需要要求仓库面积不小于某个值。这时，管理者就需要参考本章第 2 节中 "最小流量限制的混合整数规划" 的类似例子，去设置较为复杂的约束条件。

	A	B	C	D	E	F	G	H
1	仓库模型							
2								
3		广州	苏州	北京	武汉	沈阳	西安	成都
4	库存量（m³）	8,000						
5	月流量（m³）	15,000						
6	折算托盘数	2,721						
7	货架层数	4	4	4	3	1	1	1
8	占地阴影面积（m²）	680						
9	区域系数	3	3	3	2.8	2.5	2.5	2.5
10	仓库总面积需求	2,041	0	0	0	0	0	0
13	进出库费率（元/m³）	22	20	24	18	20	20	20
14	年进出库费用（元）	3,960,000	0	0	0	0	0	0
15	年仓储总成本（元）	4,988,571	0	0	0	0	0	0
16								
17	仓库面积选项（m²）	年仓库租金（元）						
18	0	0						
19	3,000	1,512,000						
20	6,000	3,024,000						
21	10,000	5,040,000						
22	15,000	7,560,000						
23	年仓库租金（元）	1,512,000						
24	年仓储总成本（元）	5,472,000						

图 7-17 阶梯型固定租金的建模示例

2. 运输模型

运输模型的输出——流量，将作为仓库模型的输入，影响着其中的进出库费用，而且流量要满足潜在节点的需求预测量。同时，流向潜在节点的货量也作为该点的库存模型输入。运输模型中的线路选择是物流网络规划中的灵魂，其除了要指向所选的潜在节点，还要满足由客户响应时间推演出的运输时间要求。运输模型可分解为配送运输模型和干线运输模型两部分。

1）配送运输模型

在这个子模型中，需要解决的问题包括配送线路选择和流量分配、总配送成本计算等。

（1）配送线路选择和流量分配

第一步，从各潜在节点到各客户聚类地点的所有线路中，那些能满足配送时间要求的线路，称为潜在线路。以本章第 3 节中的表 7-7 为例，我们可简单生成一个潜在配送线路表，如表 7-8 所示。表中标 1 和 0 的单元即为潜在线路，并需要管理者进行选择。此例中，假设 96 小时以内能送达的线路均为潜在线路。除了人工进行多种线路组合的方法，我们也可以借鉴混合整数规划的思路，设置 0-1 变量，并由计算机进行运算。需要指出的是，如果某一潜在节点所在的列中有一条线路被选择，则意味着该节点被选中；如果某一个潜在节点所在列中没有一条线路被选择，则意味着该节点未被选中。又如第 10 行浙江（客户聚类区域）在表中仅有一条线路为潜在线路（苏州 – 浙江线路），那么这条线路必须被选中，且对应的节点（如苏州）也必须被选中。同时，我们可以对变量区设置约束条件，如每一行只能有一个值为 1 的单元格存在（假设一个客户聚类区域只能由一个节点进行配送）。而如果一个客户聚类区域可以由多个节点进行配送，那么就需要设置约束条件为"每行至少有一个值为 1 的单元格"，即每行（客户聚类区域）的 B:H 列的合计值要大于等于 1。

表 7-8　潜在配送线路表

	A	B	C	D	E	F	G	H	I	J	K	L
1		广州	苏州	北京	武汉	沈阳	西安	成都	约束 1			年流量 / 吨
2	广东	1	0		0				1=1			12,000
3	江苏		1						1=1			9,800
4	北京		0	1	0			0	1=1			15,000
5	辽宁			1	0	0			1=1			6,700
6	陕西			0	1		0	0	1=1			4,500
7	四川				1		0	0	1=1			5,600
8	上海		1						1=1			18,000
9	吉林			1		0			1=1			4,000
10	浙江		1						1=1			6,900
11	……								1=1			

其中，I 列内容为变量行（B:H 列）的求和公式，显示的是受条件约束后的结果值"1"；K 列是手工输入的约束条件。

第二步，计算这些线路的年流量。如第 3 节所述，我们可事先收集各客户聚类区域的年流量，如表 7-8 中的 L 列所示。用每个变量分别乘以对应的年流量（空白单元格的值视为 0），即可得到分配到各线路的流量，如表 7-9 所示。实际上，该表的线路分配流量是根据表 7-10 中的变量选择自动计算出来的。表 7-9 的最后一行（此例中的第 25 行）为各选中节点的流量合计，即可输出给仓库和库存模型，做进一步的计算。

表 7-9　线路流量表

14		广州	苏州	北京	武汉	沈阳	西安	成都
15	广东	12,000	0	0	0	0	0	0
16	江苏	0	9,800	0	0	0	0	0
17	北京	0	0	15,000	0	0	0	0
18	辽宁	0	0	6,700	0	0	0	0
19	陕西	0	0	0	4,500	0	0	0
20	四川	0	0	0	5,600	0	0	0
21	上海	0	18,000	0	0	0	0	0
22	吉林	0	0	4,000	0	0	0	0
23	浙江	0	6,900	0	0	0	0	0
24	……							
25	节点流量	12,000	34,700	25,700	10,100	0	0	0

第三步，根据收集的运输成本数据构建线路运费表，如表 7-10 所示（表中数据是虚构的，单位为人民币 / 吨）。

表 7-10　线路运费表

14		广州	苏州	北京	武汉	沈阳	西安	成都
15	广东	60	400		380			
16	江苏		70					
17	北京		350	50	360			700
18	辽宁		300	600	70			
19	陕西			400	320		75	340
20	四川				370		380	80
21	上海		60					
22	吉林			500		290		
23	浙江		80					
24	……							

（2）总配送成本计算

根据前述线路流量表（见表7-9）和线路运费表（见表7-10），利用每条线路的流量分别乘以对应线路的费率，并求和即可得出总配送成本。

上面的例子仅作为示例，把客户聚类区域定义到省级是比较简单的，而实际工作中可能会遇到更复杂的情况。例如，可以将客户聚类区域定义到县级或更小的区域。不过，那样会极大地增加数据采集、模型构建和运算的难度，甚至随着区域和线路的增多，0-1变量的数目已经超出了Excel自带的规划求解软件包的容量。另外，本书的例子仅针对点对点的配送运输模式，如公路零担运输，而实际工作中也可能会涉及航空运输、快递、一车多点配送等模式，那就需要管理者构建更复杂的模型。

2）干线运输模型

根据表7-9中的线路流量数据和第3节所要求收集的干线运输成本数据，就可以很容易地构建并计算干线运输各线路的运费及其合计值，如表7-11所示。本例中假设仅有一个供应端（苏州工厂），因而比较简单。如果遇到多供应端的情况，管理者就需要参考本章第2节"线性规划"的内容，再构建额外的、更复杂的子模型。

表7-11　干线运输各线路的运费及其合计值

	A	B	C	D	E	F	G	H
1		广州	苏州	北京	武汉	沈阳	西安	成都
2	节点流量/吨	12,000	34,700	25,700	10,100	0	0	0
3	运费费率/元·吨$^{-1}$	320	0	280	250	600	600	750
4	线路运费/元	3,840,000	0	7,196,000	2,525,000	0	0	0
5	运费合计/元	13,561,000						

前面讲述的运输模型构建都是以重货为例，而实际工作中，管理者可根据企业的业务特点，采用体积或包裹件数等合适的货量单位。

3. 库存模型

根据运输模型输出的节点流量，管理者可建立节点的库存模型，如表7-12所示。由于本例中运输模型的节点流量为重量，而为了使库存模型最后的输出能直接作为仓库模型的输入，以便测算仓库面积，我们需要根据第3节讲述的产品基本信息，找到企业重货与抛货的转换比，如本例中为1：3.3。之后，把节点流量的重量数据转换为体积数据，如

表 7-12 中的第 2 行和第 3 行所示。

表 7-12　节点的库存模型

	A	B	C	D	E	F	G	H
1		广州	苏州	北京	武汉	沈阳	西安	成都
2	节点流量 / 吨	12,000	34,700	25,700	10,100	0	0	0
3	节点流量 / 立方米	39,600	114,510	84,810	33,330	0	0	0
4								
5	补货前置期 / 天	3	1	3	2	4	4	5
6	节点补货间隔 / 天	7	7	7	7	7	7	7
7	淡旺季系数	1.5	1.5	1.5	1.5	1.5	1.5	1.5
8								
9	节点周期库存 / 立方米	2,376	5,496	5,089	1,800	0	0	0
10	安全库存天数	10.5	9.4	10.5	10.0	11.0	11.0	11.5
11	节点安全库存 / 立方米	2,495	6,473	5,344	1,995	0	0	0
12	节点平均库存 / 立方米	3,683	9,221	7,888	2,895	0	0	0
13								
14	库存资金成本 / 元							

构建库存模型时，管理者需要事先确定从供应端（本例假设为苏州）到各节点的补货前置期，如表 7-12 中的第 5 行所示。同时，针对日后节点的补货模式，如决定采用定期补货模型，则管理者须确定节点补货间隔，如表 7-12 中的第 6 行所示；而如果采用的是再订货点补货模型，则无须确定节点补货间隔。有关库存设计更详细的知识，读者可参阅《计划管理》一书"库存管理"章节和其他专业书籍。

对于周期库存的测算，可采用如下公式。

周期库存 = 年流量 ÷ 年销售天数 × 淡旺季系数 ×（补货前置期 + 节点补货间隔）

其中，考虑到库存水平在一年中可能会受淡旺季影响，管理者需要确定淡旺季系数，即需要考虑库存在旺季的水平与年平均水平的比例，如表 7-12 中的第 7 行所示。另外，年销售天数为一年中实现销售的有效天数，本例假设为 250 天。

对于安全库存的测算，可采用如下公式。

安全库存 = 年流量 ÷ 年销售天数 × 淡旺季系数 × 安全库存天数

其中，管理者需要事先根据库存管理的知识，测算各节点的安全库存天数。管理者在设计安全库存时，需要考虑的参数包括补货前置期、补货周期、节点库存的服务水平、由预测误差带来的需求不确定性和补货前置期的波动。有时，出于业务的要求，各节点库存的服务水平有可能被设计为不同数值。

在规划层面，平均库存的测算，可采用如下公式。

$$平均库存 = 周期库存 \div 2 + 安全库存$$

最后，库存模型对总成本的影响将主要体现在持有成本中的库存资金成本上，因为持有成本中的另一项重要组成部分——仓库租金，会在仓库模型中被考虑。管理者在计算库存资金成本时，需要收集企业内部的资金成本率及库存价值。需要注意，在进行物流网络规划时，产品的库存价值应该选用库存成本的核算价值，而不应采用销售价格。有时，在进行物流网络规划时，管理者还需要测算单位体积或重量的产品混合价值系数，从而使得模型构建工作容易一些。

4. 子模型的集成

各子模型构建完成后，管理者就可把各子模型输出的成本信息汇总，进行总成本测算。如前例，我们可以对仓库成本、干线运输成本、配送运输成本和库存资金成本这 4 项成本求和。各子模型之间的关系及各子模型对物流网络总成本的影响如图 7-18 所示。

进行模型集成时，管理者要分别明确目标（多为计算物流网络总成本）、变量和约束条件。常见的变量包括配送运输模型中的线路选择变量（0-1 变量）、仓库模型中为满足最小面积要求而引入的辅助变量（二进制和流量）及干线运输模型中为满足最小流量要求而引入的辅助变量（二进制变量和流量）。约束条件则包括配送运输模型中要满足的客户聚类区域的需求、仓库模型中可能存在的仓库面积上限和上述辅助变量对应的约束条件。

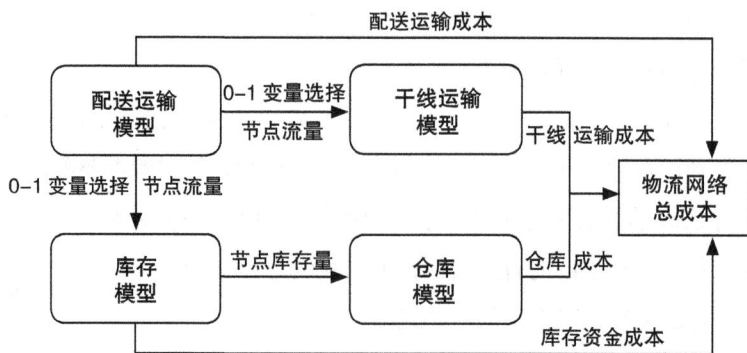

图 7-18　各子模型之间的关系及各子模型对物流网络总成本的影响

5. 规划工具

模型构建好后，管理者可通过不断尝试向各子模型输入数据，从而得出不同的方案。但很明显，这将会是一件非常无趣且耗时的工作。这时，管理者通常需要借助计算机软件作为规划工具，例如，基于 Excel 的软件包或者专业的规划软件。

Excel 中的规划求解软件包是微软公司的合作方美国的 Frontline Systems Inc. 公司开发并维护的标准版本软件。该标准版本软件能解决日常工作中的中小型问题，但遇到像物流网络规划这样的复杂问题，有时就无能为力了，有此需要的管理者可以购买升级版软件包。还有一种基于 Excel 的软件包——美国 Lindo Systems Inc. 公司开发的 What's the Best!（简称 WB），也提供有功能限制（可运算的变量和约束条件数量受限）免费版本和付费的升级版本。将其安装在 Excel 中后，相应界面如图 7-19 所示。使用这两种基于 Excel 的软件包，管理者能够根据业务特点，在 Excel 里构建模型，可视性和易操作性强。但是，这两种软件包对变量和约束条件的数量限制在 200×100。

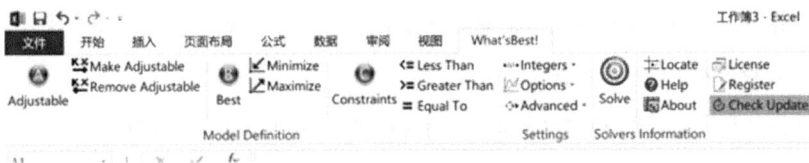

图 7-19　WB 菜单

行业里比较著名的其他规划工具，基本都是专业的软件系统，比如美国的 ILOG 和 Llamasoft Logic Tools 以及英国的 CAST。ILOG 曾经是麻省理工学院著名的供应链专家大卫·辛奇 - 利维的夫人，伊迪丝·辛奇 - 利维（Edith Simchi-Levi）所创立的优化软件公司的产品，该公司后来被 IBM 公司收购。而 CAST 软件的制造商如今也被大型软件公司 Llamasoft 收入旗下了。与基于 Excel 的软件包相比，这些规划工具的功能更加强大，但使用成本较高，包括购买或租用软件的费用，以及雇用或培训软件设计和操作人员的费用。

但是，不管采用什么规划工具，开展物流网络规划工作的关键挑战还是管理者对业务的理解和对模型的合理设计。而且，需求预测数据和成本数据的有效和可靠性，尤其重要，影响着物流网络规划的准确性。因此，如何收集和使用数据、如何设计模型的复杂程度、物流网络规划项目的时间和费用，这些问题的本身不也值得管理者先研究一番吗？

参考文献

［1］京东.2021年年度财务报告，香港联合交易所 [EB/OL]，2022.4.28.

［2］M. P. de Brito, R. Dekker, A Framework for Reverse Logistics, in R. Dekker, M. Fleischmann, K. Inderfurth, L.N. Van Wassenhove (Eds.), Reverse Logistics: Quantitative Models for Closed−Loop Supply Chain, Springer, Berlin, p1 - 27.

［3］R. Dekker, M. Fleischmann, K. Inderfurth, L.N. Van Wassenhove, Editors, Reverse Logistics: Quantitative Models for Closed−Loop Supply Chains, Springer−Verlag, 2004, p80−81.

［4］Amazon Global Fulfillment Center Network.

［5］巴罗.企业物流管理：供应链的规划、组织和控制［M］.王晓东，胡瑞娟等，译.北京：机械工业出版社，2002.

［6］Jeremy Shapiro, Modeling the Supply Chain, P84，Wadsworth Group, 2001.

［7］克里夫 T. 拉格斯代尔.电子表格建模与决策分析［M］.杜学孔，崔鑫生，译.北京：电子工业出版社，2006.

［8］辛奇－利维D，卡明斯基，辛奇－利维E.供应链设计与管理［M］.季建华，邵晓峰，译.3版.北京：中国人民大学出版社，2010.

［9］中共中央、国务院.国家综合立体交通网规划纲要［R/OL］，2021.2.24.

［10］SMC³公司官网.

第 8 章

物流绩效管理

物流管理系统是一个复杂的系统，不同组成部分之间既互相联系又互相矛盾，需要协同的同时又存在利益冲突。由于市场竞争的加强及世界经济一体化的发展趋势越发明显，作为"第三利润源泉"的物流管理也引起了企业更多的关注。此外，企业在完成了原始积累之后，也必然存在着规范内部管理体系的难题与挑战。而作为物流管理中较为关键的内容，绩效管理的效果如何具体反映在企业实施的战略性激励上，怎样构建合理的物流绩效评价体系受到越来越多的企业重视。所以，企业怎样科学、全面实施绩效管理，已变成当前迫切需要解决的问题。

本章目标

1. 掌握物流绩效管理与物流绩效评价指标体系的相关内容。

2. 掌握物流绩效管理流程。

3. 了解企业各项职能的物流绩效评价体系。

4. 掌握物流公司服务绩效评价的相关内容。

| 第 1 节 | 物流绩效管理概述

管理实践的发展促进了物流绩效管理的发展。物流绩效管理必须清楚需要分析什么、控制什么、考核什么以及如何考核等问题。

1. 物流绩效与物流绩效管理

1）物流绩效的概念

雷亚（Rhea）等学者将物流绩效界定为顾客对物流活动的满足程度，并指出企业在进行物流运输成本管理的同时，也必须同时做到让顾客满意，即实现在外部满足顾客需求，在内部对企业资源进行合理使用。这一概念也可基于现代物流的服务特性进行界定：即物流活动就是一种服务活动，而如何满足对方的需求则是评价企业物流绩效的一个准则。

约翰·门泽尔（John T.Mentzer）则从效力与效率的视角，对物流绩效问题做出了解释。他指出，任何绩效评估均与企业的战略目标有关。目标是效力和效率的结合，效力是指目标所达到的合理程度，效率则是指资源使用的合理程度。绩效是效力与效率之间关系的函数。从目前实践中对企业内部物流活动的绩效考评来看，主要的考评指标基本围绕效力与效率这两个方面。

加兰·乔（Garland Chow）等人则认为，物流绩效也可视为总体绩效中的有效部分，而物流绩效的高低反映了目标的完成程度。这些目标涉及成本效益、利润、社会责任、服务及时度、业务增长率、顾客满意度等方面。虽然这些目标并不能共同实现或可能出现局部矛盾，但企业需要在对这些目标的协调中获得最优解。

西奥多·斯坦科（Theodore P. Stank）等人从物流业务视角对物流绩效进行了定义，并指出物流企业的市场占有率与顾客满意度和配送服务质量的水平具有很重要的关联性。肖尼·维克里（Shawnee K. Vickery）等人也提出对物流服务水平从行为绩效和关系绩效两方面来考察。不过，由于这种定义仅针对物流服务的供应商，而不能将整个复杂的物流体系及其组成部分都考虑在其中，因此所描述的往往只是物流绩效的某个方面。

结合上述不同理论，本书选择从运输绩效、服务评估等方面，对物流绩效进行描述。物流绩效是企业通过配送控制、仓储管理、流动处理、服务考量、管理协同等行为产生并带来的利润，是结果绩效和流程绩效的结合，物流绩效的改善必须充分考虑环境的可持续改善。物流绩效包括以下 3 部分。

● 基础活动绩效，指在物流活动中的各项基本活动对企业的影响，包含信息、设备、人才、科技等带来的经济价值。

● 流程控制绩效，即企业是否实现了在成本、品质、仓储、客户服务等 4 方面的最优化契合。

● 最终结果绩效，指企业在物流活动管理过程中对物流管理系统所创造的经济价值做出评估，从而得出系统运行是否良好的结论。

2）物流绩效管理的概念

物流绩效管理是企业通过对物流项目的高效调控，使运输成本、管理效益和服务效率三者达到最佳均衡水平而实施的规划、决策与管理的过程，并对取得的成果加以评价的一种管控行为。物流绩效管理是绩效管理的一种具体应用，不仅具备绩效管理的一般性特征，而且具备可以区别于其他绩效管理的特征。企业在对物流绩效管理进行认知时应当注意以下若干方面。

（1）物流绩效管理的目标

物流绩效管理的总体目标是改善组织绩效，即寻找实现生产成本最低、投资最优化、物流服务质量改善的绩效点。

实现生产成本最低的重点是减少变动成本，这主要是指库存成本。采用合理的方法降低库存成本，能对物流绩效的提高产生关键性的作用。例如 JIT 模式的运用可帮助企业实现零库存目标，从而节约库存成本。

投资最优化是指使物流管理系统中的所有固定成本投入最少，因为这可以实现最高的投资收益率。在保证服务质量不变的前提下，企业可通过各种方式减少对物流系统硬件的投入。此时企业需遵循可持续发展原则，即既要照顾到当前，又要满足将来可能的发展要求。

市场竞争日趋激烈，消费者在挑选商品时除考量价格因素之外，交付及时率也越来越成为关键的考量因素与评价指标。因此，物流服务质量改善已经成为增强企业实力的最有效手段之一，涉及及时性、一致性、灵活性、可靠性等方面。物流服务质量改善的目标与条件将会影响物流成本与物流投入，三者间有着密切联系，即物流成本与物流投入需要符合物流服务质量改善的目标与条件。

（2）物流绩效管理的原则

物流绩效管理的原则解释了企业对物流活动实施管控的合理性，即通过对物流设施和物流项目所实施的综合优化，以实现物流管理系统的总体最优化。其具体表现为平衡服务价值与服务价格，使投资与产出之比更加科学合理，即在用最低的成本创造既定的服务价值的同时基于既定的服务成本提供最佳的服务。

物流绩效管理主要依存物流信息系统的数据。物流信息系统本身的概念及物流信息系统设计的核心都是基于效益背反的分析方法的。处理矛盾的主要办法就是通过均衡各种物流活动以实现经济价值总体最优。而一般最有效的经济方法就是寻找提供相应服务所需总成本最低的点位。

物流综合活动中的效益背反规律要求物流绩效管理系统要实现综合经济效益的最优化，做到在注意局部优化的同时保障总体平衡，使系统的整体造价最低。均衡的经营思想是物流绩效管理合理化的重要保障。

（3）物流绩效管理的内容

物流绩效的提高必须借助各种行之有效的物流管理活动，具体涉及以下方面。

● 人的管理，即对物流从业人员的推荐、培养工作。

● 物的管理，即对实体物料的管理。

● 财务管理，即对物流活动的成本与收益的管控。

● 资产管理，即调整设备资产配置，以合理利用设备并制订合理的更新规划。

● 信息管理，即对信息的及时抓取、处理与优化以提升物流网络的运营效能。

● 方法管理，即选用合理的经营管理方法与评价体系，适时对管理行为进行科学调控。

（4）物流绩效管理系统和物流绩效评价的概念

物流绩效管理系统是一个循环的管理系统，每经过一个循环的工作就应达成物流管理系统的各项目标。相对于结果来说，物流绩效管理系统更注重实现目标的过程，而不仅仅是在项目运行结束后进行绩效评价。

物流绩效管理系统通常并不只针对物流绩效进行评价。只有把评估的过程和物流绩效管理系统的其他环节（如计划、实施、反馈等）紧密结合，才能对物流绩效实施有效的监控与管理，进而达到物流绩效目标。物流绩效管理和物流绩效评价的不同之处主要在于以下几个方面。

● 物流绩效管理是一个比较全面的体系，物流绩效评价就是这个体系中的一部分。

● 物流绩效管理属于流程学，主要强调对物流过程的有效管理。物流绩效评价则是对物流活动的阶段性成果的总结。

● 物流绩效管理必须具备前瞻性，合理计划各种物流活动。而物流绩效评价主要是对过去物流活动的总结，是某种阶段性成果，不具有先进性、预估性。

● 物流绩效管理有完整的规划、监测与管理的技术手段与办法。而物流绩效评价是获得物流绩效信息的一种有效管理手段。

3）物流绩效管理的地位和作用

（1）物流绩效管理的地位

●物流绩效管理在企业物流管理工作中处于中心环节。物流中各职能活动的进行，与其最后达到的成果都是由物流绩效管理部门进行计划、管理、评估与改善的。

●物流绩效管理发挥着协调整合的功能。各个相对分散的物流运输环节通过现代物流绩效管理系统对其进行宏观计划和统筹管理，以实现整体最优化。

●物流绩效管理是物流配送策略的具体化。物流绩效管理把抽象的战略任务转变为具备操作性、可控性和可衡量的具体任务，大大增强了企业物流战略从宏观目标到微观战术的可实施性。

●物流绩效管理也将发挥标杆效应。企业利用物流绩效管理来发现与竞争者的差异及与利益关联方的需求的差距，加以改善，以提升竞争力。

（2）物流绩效管理的作用

●企业进行物流绩效管理可以协助企业进行快速反应。快速反应是一个企业有效满足客户需要的过程。物流绩效管理可帮助企业实现对物流运营过程的全面监控，有效处理物流过程中的缺陷与问题，有利于企业及团队极具效率地开展物流工作。

●企业进行物流绩效管理可以降低物流总成本。物流总成本和各功能要素成本之间相互关联，由于进行物流绩效管理可以揭示不合理的功能要素成本及其发展趋势，并可以通过调整物流绩效管理子体系之间的操作，引进最新的物流绩效管理技术，采用更高效的物流绩效管理手段，从而有效控制和降低物流总成本。

●企业进行物流绩效管理可以实现物流服务质量水平的整体提升。企业的战略目标要求企业或管理者尽量使产品或物流服务质量达到最佳性价比，而物流绩效管理正是通过有效监测和管控物流活动，明确物流活动所要遵循的品质标准，从而防止因物流活动的瑕疵或服务承诺未能落实而使企业或管理者的形象受损。

2. 物流绩效的行为管理：物流活动

作为物流绩效管理的行为控制对象的物流活动是一个与宏观、微观环境相结合的有机整体。物流活动体系通常是物流公司、企业物流、供应链物流及社会物流四大部门有机整合而形成的，4个部门间的关系如图8-1所示。

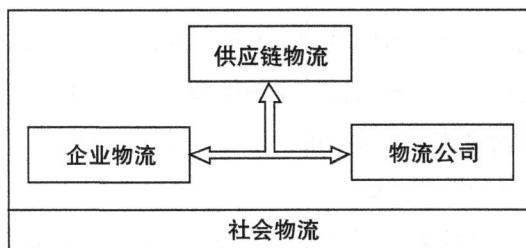

图 8-1　物流活动体系 4 个部门间的关系

1）企业物流活动

美国交通运输协会对企业物流活动的界定为：对原材料、半成品、产成品、服务及其有关信息从供给开始至消费结束的流动和贮存做出合理规划、执行和管理，并满足客户需求的运输活动。在现在的社会实践中，企业物流活动往往还包含返程、逆向物流等内容。

（1）工业企业物流

工业企业物流是以购进制造所需要的原材料为起点，再加工并制造出产品，进而将其提供给客户的全过程。工业企业物流系统是由配送、库存、运输、分销等子系统组成的复杂系统，主要包括产、供、运、销等活动。而工业企业物流管理就是对从原材料供应地到生产用户中间的货物流及其相应的信息流加以管理与控制。

（2）商业企业物流

商业企业物流是指产品在被加工制造出来之后，经过销售环节并进入最终消费环节的物流配送活动，即"公司发货—商业企业销售产品—最终消费行为"的物流配送活动。狭义上的商业企业物流，仅指企业产品进入最终消费环节的物流配送活动。商业企业物流具有使产品从实体制造到向最终消费者传递并实现整个产品流动过程的职能，如图 8-2 所示。

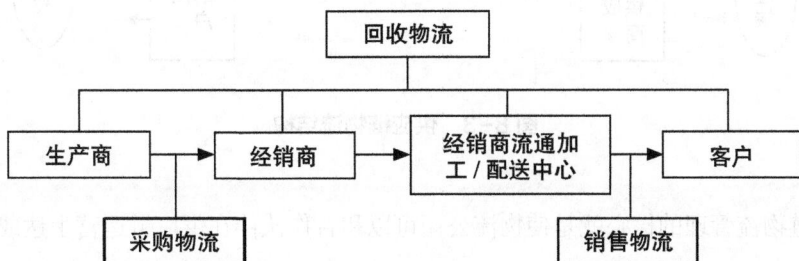

图 8-2　商业企业物流

2）物流公司活动

物流公司是在传统的企业物流的基础上发展而成的。当大批量的商品流通已经超出了企业自身的生产配送能力，无法再像在小规模商品生产时由企业自己来处理商品流通配送问题，且随着企业的物流服务部门的规模经济效应日渐萎缩，对物流配送服务有了更现实的要求时，专业物流公司应运而生，并得到了快速发展。

现代物流公司可以开展多项综合物流业务，为客户提供货物运输、物流代理、仓储、配送等综合物流服务，并且还可以针对客户的实际需要，为客户制定综合物流资源利用方案，为客户提供契约性的综合物流服务。

现代物流公司的管理是利用一定经营规模的物流集散、分拨网络，以及具有专业物流技能的人员和专业设备，形成完善的服务系统，准确高效地为客户提供高质量物流服务，同时降低物流总成本。

3）供应链物流活动

供应链物流活动是指物流产业参与者（基础设施、企业和供应商内部）间的物流服务、信息技术和资本流通，一般称之为三流：物流、信息流、资金流。供应链物流管理主要是指运用计算机等网络信息技术对整个供应链的商流、物流、信息流、资金流等加以策划、组织、协作和管理。供应链物流结构如图8-3所示。

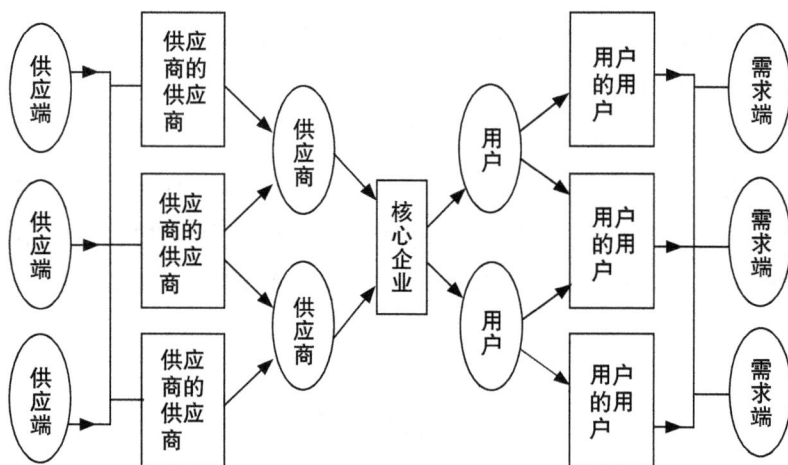

图8-3　供应链物流结构

供应链物流管理的核心就是使物流公司可以和合作伙伴在供应链运营上达成共识，实现供应链合作伙伴间的信息共享及供应链上各企业的协调运转，以获得整体最佳的业绩水平，实现供应链整体实力的提升，从而更好地应对现代社会供应链竞争的实际需求。供应链物流管理系统追求工作效率和整体管理系统成本的最优化，从而实现管理系统总成本最低。管理系统总成本不仅包含搬运和运输成本，还包含原材料、半成品和产成品等的仓储成本。

供应链物流管理系统不同于其他管理系统，主要表现在以下多个主要方面：第一，企业供应链中各个环节之间并非完全相互分离，而是连接成一个整体；第二，供应链物流管理必须从整体的角度考虑，它是整体的统筹管理，而不能拘泥于个别细节，不然很可能造成整体供应链管理策略的错误；第三，供应链物流管理的关键并不是单纯地降低运输成本或库存成本，而是通过管理方法对供应链中的所有成本加以优化。

4）社会物流活动

从不同的角度来看，社会物流活动会在其功能含义的诠释上有不同的侧重点：从功能视角看，社会物流活动包含完成所有物流基础作业所需要的物流配送、仓储、打包、搬运等基本功能；从消费者视角看，社会物流活动还包括消费者为达到各自目的而付费订购的商品运输或其他运输服务业务；从经济资源视角看，社会物流活动还意味直接或间接地为满足整个社会的物流活动需要而耗费的经济资源；从政策视角看，社会物流活动还包含政府基础设施投入、市场管理、政府规章制度的建设和健全等内容。

社会物流活动一般是指从宏观经济视角出发，区别于一般企业以微观物流管理视角运营的供应链物流运输系统，是立足于社会可持续发展和市场经济外部合理化的经济社会总体运输活动。社会物流活动不同于一般企业运输，它立足于处理交通、能源、社会资源配置、环境保护等社会问题，并协调了经济社会和企业活动间的相互关系。社会物流活动所面临的问题包括对货物运输和配送方式所带来的外部性影响，是宏观性物流问题，其应用领域也是整个社会经济运行的一大范畴。

各个发达国家（地区）都存在着不同的社会物流活动管理政策，社会物流管理体系也因此多种多样，并与各地的经济体制特点和政府职能性质及特点有关。因为，社会物流管理体系是整个社会经济运行体系的有机组成部分，而政府对社会经济进行调控与干预的各种措施、方式也直接影响整体社会物流绩效。

3. 物流绩效的结果管理：绩效评价体系

物流绩效的结果管理就是对物流绩效的结果进行评价，也是对各个物流活动及整个物流活动过程的结果的评价。一系列的指标和评价方式及绩效改善对策组成了物流绩效管理的主体内容，如图 8-4 所示。

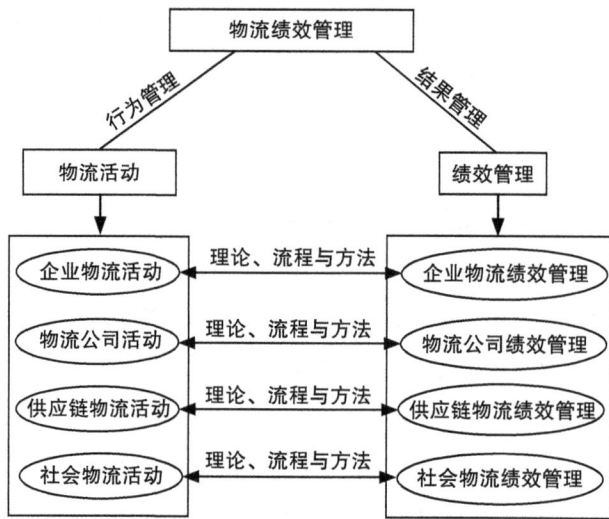

图 8-4　物流绩效管理的主体内容

|第 2 节| 物流绩效管理流程

物流绩效规划是整个物流绩效管理工作的第一步。这一阶段一般要求企业明确整个管理周期的物流绩效的总体目标，并确定达成此目标的具体措施和方法，以此为整个生命周期内的物流绩效管理指明方向。在企业经营管理的所有功能中，规划是第一要素，物流绩效规划是整体物流绩效管理工作过程中最关键的部分，也是物流绩效管理工作的基础。

1. 物流绩效规划

1）物流绩效规划的含义与特点

物流绩效规划的含义可从静态与动态两个方面来考虑。静态地看，物流绩效规划是指在某个物流绩效管理工作生命周期内，管理主体所希望达成的物流绩效总体目标及达成该总体目标的途径。动态地看，物流绩效规划则是指制定物流绩效目标与物流绩效管理工作实施路径之间的整体流程安排。

物流绩效规划具有以下两个方面的特点。一是严肃性。规划一旦出台，在条件不变的情形下就必须执行。二是灵活性。因为规划是在平衡内外部环境变化的基础上提出的，如果内部环境出现了很大变动或需要调整规划以适应新的外部环境时，规划就应该是灵活的。

物流绩效规划是物流绩效管理过程中最为关键的环节，它的作用一般表现在如下几个层面。

第一，物流绩效规划能帮助物流管理团队中的不同团队成员明确发展方向，是团队成员之间相互配合的重要前提。团队内每个成员都知道绩效目标是什么，以及为达到该目标需要做出多少贡献及努力，才能相互配合并朝着目标共同努力。这样可以提升团队的总体绩效，保证绩效目标的达成。

第二，物流绩效规划制定的目标要便于管理人员对物流绩效项目的管理。目标是进行管理的准则，管理人员在物流绩效项目的执行过程中应当根据目标要求的技术与条件，核对具体项目的成果与目标是否相符。常见的目标定位为 SMART 原则，物流绩效项目的执行一旦与目标出现差异，管理人员就需要采取措施减少差异。没有目标，管理人员将不能进行有效的物流绩效管理。

第三，将物流绩效规划建立在对未来预期的基础上，可降低不确定性所造成的冲击与负面影响。物流绩效规划的制定必须基于历史和现状信息对未来变革的预估，并制定出适当的应对计划与措施。这样可以尽量减少未来变革对企业的危害，甚至使企业因为有合理的规划而把握住变革带来的机会。

第四，物流绩效规划能够提高效率，减少资源浪费。物流绩效规划的提出应从大局考虑，统筹各子系统的任务与活动，以减少未来活动中的无效重复、等待、冲突及实现各种资源耗费与效能的降低。由此可见，有效的物流绩效规划有助于改善物流绩效。

2）物流绩效规划的内容

一般物流绩效规划主要包含物流绩效目标及其分类两个方面。

（1）物流绩效目标

物流绩效目标，即物流绩效管理参与者在某个物流绩效管理阶段内经过努力所希望达到的结果。绩效目标与绩效标准是相伴共存的，缺乏标准的目标是没有可控性的，标准也是一种评价绩效目标实现状况的客观依据。企业物流绩效标准是一个定量的客观数据。它的建立一般会参考企业历史的绩效数据、企业未来绩效数据的可能变化范围，亦可参考外界数据，如物流行业标准管理中标准的选择或外部标杆企业的相关数据。社会物流绩效标准的编制也是根据行业的历史数据及其他横向比较数据进行的，因为社会物流绩效标准比较复杂，所以会包含大量复杂的社会统计分析工作。

（2）物流绩效目标的分类

按评价方法不同，物流绩效目标可分成定量目标和定性目标。按定性方法进行评价的目标称为定性目标，定量目标则便于衡量、比较、分析和检查目标实现状况。物流绩效目标中有不少的定量目标，如财务管理目标、物流管理目标、经营层面的存货周转和服务客户完成目标、售后服务层面的顾客满意目标等。虽然定量目标有很多优点，但有些关键目标并不能完全定量评价，如在一年内全部应用运输管理系统、5年内实现无人仓储等，它们的定性目标可作出适量调整。

按绩效总体属性，物流绩效目标可以分为总体目标与子目标。总体目标是由总任务确定的主体所要完成或取得的总体成绩，子目标则由总任务划分出的需要实现的具体任务确定，是为总体目标服务的。

按绩效目标的实现周期不同，物流绩效目标可以分为长期目标和短期目标。短期目标明确而具体，很容易实现和评价。但如果市场本身正处在上升期则适宜制定更短期的目标，而如果市场步入成长期，则可预见性更强，可以制定更长期的目标。总体而言，目标的时间跨度也可能很大。所以长期目标与短期目标是相对的，在一般情况下，年度内的所有目标都算是短期目标。

按组织主体的经营管理角度不同，物流绩效目标可分为战略目标、战术目标和作业目标。战略目标是指物流绩效管理的总体目标，往往是指3年、5年，甚至更长时间内的总体目标，是最高阶段的物流绩效目标。制定战术目标是达成战略目标的主要手段，战略目标需要逐步细化为具体的战术目标才能执行，因此战术目标所涵盖的时间长度相对较短，适用范围也比较狭窄。作业目标则是最基本的支持性目标，是处于操作层次的、常规性的目标。战略目标的执行者是管理人员，战术目标的执行者是中层的管理人员，而作业目标的执行者是具体操作者。

物流绩效目标，特别是企业配送和供应链物流绩效目标，通常可根据战略、战术和作业目标对应分为3个层次：结果层、流程层和操作层，如图8-5所示。

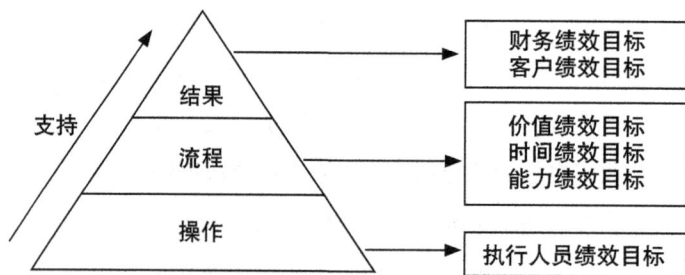

图 8-5　物流绩效目标层次

2. 物流绩效实施

1) 物流绩效实施的重点

物流绩效的有效实施需要 3 方面的支撑与保证,即信息传递、有效沟通与流程控制,图 8-6 展示了物流绩效实施路线图。

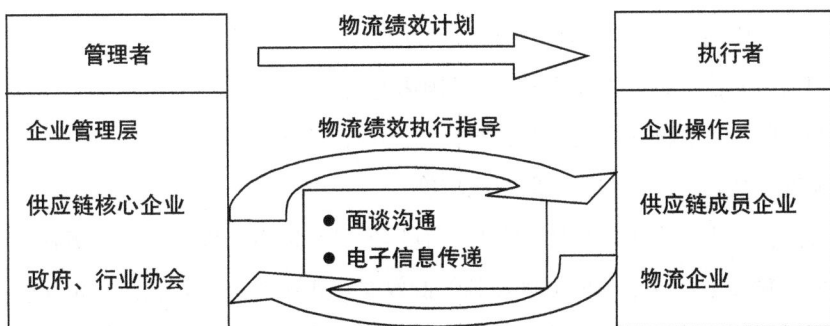

图 8-6 物流绩效实施路线图

（1）信息传递

在物流绩效管理工作中,管理人员要实现最高效的管理就需要了解企业物流绩效的实际现状,从而采用最迅捷的、最合理的方法获取各类物流绩效的相关资讯。此外,管理人员还必须学会从客户那里掌握企业物流绩效的执行状况。

物流工作中会有大量的物流数据产生,而绩效管理也需要依赖足够多的物流数据。表面上看起来杂乱无章的物流数据,通过清洗与整合,就能够成为企业开展物流绩效管理工作所需要的数据,这些数据涉及财务相关的成本、负债、客户信息等。因为它们都是通过对原始数据的汇集产生的,因此原始数据的可得性、信息加工是否可以自动化和智能化都是物流绩效管理是否可以有效进行的基础。

（2）有效沟通

尽管信息已经可以利用现代网络甚至爬虫等技术手段来获取,分析信息通常是实时的、易用的,但是因为物流信息系统中传递的往往是单向的信息报告,所以管理人员还必须与相关工作人员做好有效沟通,以及时回应、引导和纠偏。

物流绩效能实现自上而下的信息传达,使得各级业务计划执行者都可以更准确地掌握物流绩效目标信息,为执行者实施计划起到传递信息与协调作用,并做好物流绩效管理的准备工作,这对物流绩效能够被成功实施是十分关键的。一般情况下,计划的传达通过面谈的方式完成。因为面谈往往可以实现充分的交流，执行者存有什么问题与疑虑都能够当场与管理人员沟通。随着通信技术的进步，面谈有了更多种形式，计算机和互联网能够让面谈超越空间限制，实现异地交流。

（3）流程控制

管理人员需要在实现物流绩效目标的过程中，对物流绩效的具体实施情况做出实时监控，即进行同步管理控制。在物流绩效管理过程中进行监控，有利于管理人员在错误出现之前及时发现和解决。

物流绩效的中期监控一般涉及以下几个方面。

● 管理人员向执行者就工作方式做出明确指示。

● 掌握国际、行业物流绩效数据，掌握物流绩效实施动态。

● 发现物流绩效偏差，立即采取纠正措施。

在传统的模式下，为了实现同步监控，管理人员必须亲临现场，督促实施。但是时间限制和数据传输缓慢造成了同期流程控制的低效率。如今随着计算机技术和互联网技术的发展，数据可以更有效地传递，管理人员已经能够更快速地了解更多的物流绩效数据，并能突破空间限制，可见物流绩效管理已经越来越离不开现代信息技术。

2）社会物流绩效实施

政府部门及物流行业协会都是社会物流的主要经营者，要确保自己拟定的物流绩效（物流发展计划、发展目标、发展纲要等）可以在计划的时间内完成，就必须通过各种办法来制定物流绩效。政府部门和物流行业协会通常不能直接干涉企业的经营行为，但可以通过影响企业的外部环境来影响企业的行为，常见的方法如下。

（1）政策措施引导

政府部门及物流行业协会通过出台有关政策、措施来指导社会物流行业朝着有效实现社会目标的方向发展，如政府部门为鼓励物流行业的发展出台快递公司的所得税优惠政策等。如果某一区域的社会物流业过于发达或是经济朝向不好的方向发展，地方政府部门也会出台一些抑制政策来矫正。而为了确保政策的贯彻执行，就必须有一个能顺畅传达信息的渠道及完善的回应制度。

（2）制度环境引导

制度环境引导是指构建有利于目标达成的制度环境。政府部门通过健全法律，制定若干规范性文件来保障社会经济秩序，给物流公司提供支持性的发展环境，这是引导物流公司的加大投入，推动物流公司发展壮大的关键因素，也是政府部门的重要职责所在。

（3）高效的政府服务

高效的政府服务是指改善政府部门的工作流程，给物流公司带来方便。政府部门必须扮演好社会各界（企业和个人）的服务者的角色，为物流公司提供方便快捷的公共服务，以减少物流公司不必要的开支。

（4）政府投资

社会物流主要依赖大量的基建工程项目：铁道、公路、水运网络，以及海港、机场。这些公共设施的建造基本都依赖政府投入，或者政府积极带动民间投资，比如社会建设投融资。

3. 物流绩效评价

1）物流绩效评价内容

物流绩效评价是采取科学的手段，选择合理的指标，经过定量与定性的研究，对某一时间内的物流绩效进行真实可靠的全面评价。物流绩效评价分为以下 6 个方面。

（1）评价目标

物流绩效评价目标根据评价对象的差异而略有不同。评价的侧重点不一样，目标的选择标准有所差异，考核指标的建立也就不同，而考核指标对整体物流绩效评价有着引导意义。

（2）评价对象

物流绩效评价一般有两类对象：一是组织绩效，二是人员绩效。物流绩效评价不同于普通的对人力资本的绩效评价，并不是单纯的公司绩效，其评价对象应包括整个社会物流的总体绩效、整个供应链中的整体物流配送绩效，以及整个公司内部的物流运输绩效。物流绩效评价必须着眼社会物流活动的收益与效率，要突破物流组织管理的边界。

（3）评价主体

评价主体是指直接参与物流绩效评价工作的团队或个人。评价主体既可以是工作团队内的主体，也可以是外界的主体，如消费者、厂商或专门的第三方机构。根据不同的综合评价目标而有不同的综合评价主体。为了能进行高水准的综合评价，企业通常需要聘请外部的专业人士开展综合评价工作，例如许多企业委托专门的咨询公司对企业的物流绩效做出综合评价。

（4）评价指标

评价目标决定了评价指标体系的选取，策略导向与财务导向的物流绩效评价需要采取不同的评价指标体系。物流绩效评价系统必须考察评价指标之间的联系，从而形成评价指标体系。建立物流绩效评价系统有许多办法，如关键绩效指标（KPI）法、平衡计分卡（BSC）法等。

（5）评价标准

评价标准是一种用来确定评价对象绩效好坏的准则，可分成绝对标准和相对标准。绝对标准又可分成内部导向标准和外部导向标准。内部导向标准是指标准来自组织内部，并根据组织以往的业绩来决定。而外部导向标准是指以组织外部的利益主体的业绩为标准。

（6）评价方法

评价方法是指利用评价指标和标准进行评价的程序和方法。因为物流绩效评价是一种综合性的评价，所以常应用综合评价法、层次分析法（AHP）、模糊评价法（FCA）、数据包络分析法（DEA）等。

2）物流绩效评价的步骤

物流绩效评价主要包括下列 4 个步骤。

（1）明确评价目标，选定评价主体与评价对象

进行物流绩效评价时必须首先确定评价的目标。物流绩效评价的具体目标是达到战略目标和业绩标准，因此进行物流绩效评价时必须根据不同的评价内容确定具体的标准。物流绩效评价主体（评价的实施者）可按照需求，选用企业内部或外部的考评专家。考评专家可以是为了物流管理而专门设立的内部物流绩效评价小组成员，也可以是企业委托的专门物流绩效评价组织，如专业顾问事务所等。对于经常性的管理层绩效评价，通常可以选用企业内部的管理人员。但综合性的评价则必须从企业全局的视角来展开，如供应链企业就可以选用专门从事供应链绩效评价业务的组织来评价供应链的整体绩效。

（2）选择评价方法，构建评价指标体系

无论是综合性的评价还是阶段性的评价，都必须有具体的评价方法与评价指标。物流绩效评价主体必须按照不同的评价目标和评价对象构建物流绩效评价指标体系，再根据评价指标体系的内在联系构建指标框架，选定评价方法。

（3）收集物流绩效信息

企业在实施物流绩效的同时应开展员工工作信息收集工作，这涉及信息系统的内部档案文件、企业与员工之间的交往记录、向顾客反映的企业信息及顾客调查资料等，而这些信息都是评价物流绩效时的可用信息。在开展期末综合性的物流绩效评价工作时，企业还必须积极获取其他专业物流绩效评价体系所要求的会计信息，如企业本期的综合财务报告等。这也是企业物流绩效管理期限通常和会计核算期限保持一致的主要原因。

（4）形成物流绩效判断

评价主体根据设计好的企业物流绩效评价系统，对所获取的信息进行分类处理，并统计各种指标，以了解实际物流绩效水平，再与物流绩效目标相对比，就能评价企业物流绩效的实际状况。

4. 物流绩效反馈

1）物流绩效反馈的含义

（1）反馈

反馈是系统论与控制论中的一个重要概念，是一个控制过程的主要部分。反馈理论最初主要运用在理工领域中，如对信息的反映等，后来逐步应用到管理学领域，并作为控制系统理论的主要内容。监测也是管理系统的主要职能之一，分为事前监测、事中监测和事后控制。其中，事前监测叫作前馈，而事后监控则为反馈。在反馈中所产生的误差，是指现实状况与期望之间的差异，即结果与目标之间的差异。

根据反馈效应，反馈可分为正反馈和负反馈。所谓正反馈，是指一旦计划被恰当地实施，执行结果被反馈给管理主体之后，便能够继续发挥计划的优点，从而促使计划良好地实施。所谓负反馈，是指反映的结论背离或减弱了系统现有的工作状况。一般来说，负反馈比较受管理主体的注意，管理主体相应的操作称为"纠偏"。反馈能够保证管理系统的运行保持在标准范围之内。如果管理系统的工作脱离了标准范围，管理主体便通过纠偏使系统重回正轨。

（2）物流绩效反馈

物流绩效反馈是指把整个物流系统的绩效结果反馈给管理系统从而提升、稳固管理系统的运行效率。物流系统的绩效构成往往是很复杂的，因此利用物流绩效评价系统就能够得出相对清晰的绩效评价报告。把实际物流绩效结果与物流绩效目标之间的差值反馈给管理系统，不但能让管理系统的成员全面掌握物流绩效结果，同时能为管理层提供在下一阶段进行改进的关键决策信号。

物流绩效反馈过程包括 4 个阶段：接受反馈、对反馈内容进行处理、应用反馈及最终改善行为和提升绩效，如图 8-7 所示。

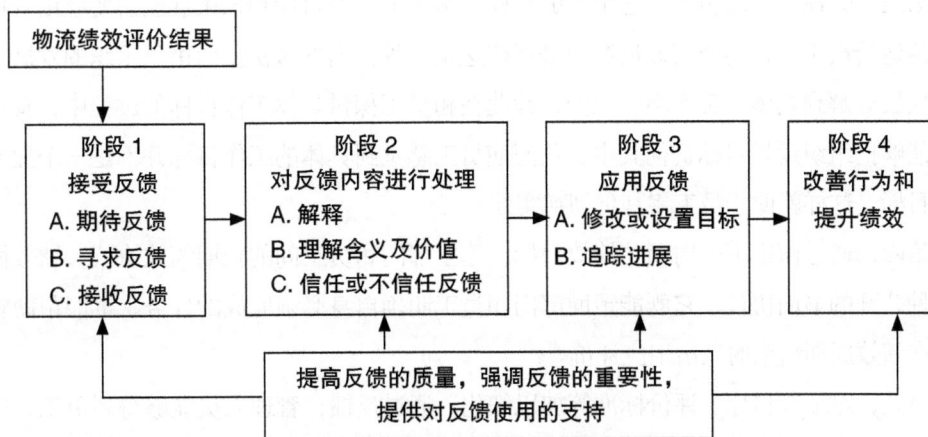

图 8-7 物流绩效反馈过程

物流绩效反馈会被传递给所有需求相应信息的主体（组织、管理者、员工），但这些主体通常都不会消极地等待或被动接收反馈。在一种充满了绩效管理气氛的情境中，被反馈者会积极寻求反馈。而当反馈者已经接收了反馈，就必须对其做出适当处理，以适当的方式正确理解反馈内容，并表示对反馈的认同或不认同等。反馈者应该能够使被反馈者了解并认同反馈内容，因为这样的回应才是可行的，后续的改善工作才能够结合反馈进行。而基于物流绩效反馈，管理系统也会重新制订计划或调整现有的工作计划、改变计划实施方法、跟踪改善计划实施过程，以期绩效的进一步提升。良好的员工反馈的结果还会导致员工精神状况有所改善和绩效有所提升。

2）物流绩效反馈的目的

在商业企业或物流公司里，通常先由管理人员制订物流绩效规划，然后把责任和目标层层分解，最后的执行者便是每一个部门或员工，而物流绩效反馈也来自每一个部门或员工。

企业的物流绩效反馈的目的在于使各个部门和员工认识自己的绩效和绩效目标的偏差（超出或不足），促使部门和员工改善行为和操作模式，从而达到良好的绩效结果，最后使物流系统总体的绩效得到提升。具体来说包括以下5个方面。

第一，让员工知道自身在本绩效期内能否实现绩效目标，以及行为方法是否合格，管理人员和员工双方能就此达成对评价结果的一致性意见。但对于同样的情况和结论，不同的人可能有不同的意见。管理人员无法认同的做法，有时员工们却觉得很正常而且是必然的。物流绩效反馈的目的就在于使员工对一个做法或结论取得一致的认知。

第二，研究绩效不合格的原因，并提出针对性的绩效改善计划。管理人员应采取不同方法，力求找出部门绩效及员工绩效不合格的原因。当确定了有关问题的原因并取得一致认同后，管理人员就应该对怎样改善绩效结果进行研究，也就是建立绩效改善计划。

第三，管理人员向员工传达组织的目标。组织的远景目标和未来展望需要经由管理人员来传达给员工，在物流绩效反馈中进行传达是一种恰当的做法。而由于组织的发展战略是要层层分解到具体的工作岗位上的，因此在和员工探讨具体工作目标的过程中，管理人员就能够把组织远景目标贯彻其中，从而使员工感觉到具体的工作目标并不是一个虚无的远景目标，这样就便于员工将其贯彻到实处。

第四，通过商定下一周期的绩效目标，建立部门和员工间的长期绩效协议。绩效协议是一种公开的书面协议，它既能帮助部门和员工明确自身必须完成的任务，也能帮助管理人员在绩效周期结束时做出相应评价。

第五，对绩效目标、评价标准等加以细化。通过反馈，管理人员能够得到员工管理体系具体运作状况的信息，但这些信息有可能是管理人员无法控制的，因此反馈有助于管理人员调整并重新规划下阶段的绩效目标与评价标准。

3）物流绩效反馈的实施

在企业内，由管理人员直接向员工做出物流绩效反馈，反馈的渠道与方法主要为面谈与即时的线上交流沟通。因此，物流绩效反馈也需要由管理人员与部门／员工进行双向交流，但并不能单纯地采用文字形式进行通知。信息技术的应用能够使这一沟通需求通过互联网得到满足，突破了空间的限制，使物流绩效反馈能够在异地实现。但是，不管采用何种方法，管理人员都需要特别关注以下 5 个问题。

第一，进行物流绩效反馈前应让各个部门／员工对自己的绩效结果做出判断，反思自己在物流绩效管理系统中的作用，从而引导其找出自身的缺陷与不足。

第二，促进部门和员工参与物流绩效反馈。当各职能岗位的员工积极参与物流绩效反馈时，员工一般就会对这一管控流程表示满意。引导员工参与的方式有很多种，包括让员工提出关于物流绩效评价的意见和参加关于绩效评价方案的研讨等。一项调查表明，参与物流绩效反馈可以使各部门和员工对上级监督者的信心增强，同时有利于反映各部门和员工对物流绩效反馈活动的满意程度。

第三，物流绩效反馈的关键就是寻找问题。物流绩效反馈不能追求责任承担或进行批评指导，否则会增强被反馈者的抵触情绪，不利于物流绩效的提升。想要提升不足的绩效，管理人员首先应该尽力寻找导致绩效不足的实际因素，进而就如何解决这种问题与被反馈者取得共识。

第四，反馈应尽量具体定量。企业应当根据物流项目的实际流程或物流绩效事实做出反馈，避免空泛描述。模棱两可的反馈非但起不了激励的作用，还有可能带来运营效果的抑制作用。

第五，提出具体的物流绩效改进计划，并明确审查实现物流绩效目标的期限。制订物流绩效改进计划的意义不可被过度夸大，只是一种对绩效的合理刺激条件而已。分析指出，物流绩效目标的制定可以激发员工提高物流绩效的动机与信心。不过，除制定物流绩效目标之外，管理人员还需要明确对实现物流绩效目标的状况做出审查的具体期限。

|第3节| 物流活动绩效评价指标体系

选取并制定合理的评价指标体系是实现物流绩效评价的根本与前提条件，也是物流绩效管理的重要方法。

1. 运输绩效评价指标体系

运输绩效可以通过运输量、运输质量、运输效率及运输成本与效益来判断，如表 8-1 所示。

表 8-1　运输绩效评价指标体系

一级指标	二级指标	三级指标
运输绩效	运输量	货物运输量
	运输质量	安全性指标
		直达性指标
		可靠性指标
		一票运输率指标
		意见处理率指标
		客户满意率指标
	运输效率	时间利用率指标
		里程利用率指标
		载重量利用率指标
	运输成本与效益	单位运输费用指标
		燃料消耗指标
		运输费用效益指标
		单车（船）经济收益指标
		社会效益指标

1）运输量

运输量指标分为以实物量为计算单位的指标和以实际金额为计算单位的指标。即要么计算商品运输的总重量，要么计算商品运输的总价值。实践中，还应该对运输体积、载重量和运输安全风险加以综合评定。

2）运输质量

运输质量指标包含安全性指标、直达性指标、可靠性指标、一票运输率指标、意见处理率指标和客户满意率指标。

（1）安全性指标

安全性指标包含了货物损失率、交通事故频率和安全行车间隔运营里程数等指标。

货运流程中的货物损失率有两种表示方法。第一种方法是将货物损失总值和所运送商品的总值加以对比，该种方法主要应用于货主企业的货物损失绩效考核。另一种方法是用货物损失赔偿数额和货物经营收入数额的比值来反映，此方法更适用于物流公司为货主企业提供运送业务时的货运安全绩效考核。

交通事故频率是指单位行程内出现车辆安全事故的频率，实践中通常只统计大型交通事故和特别重大事故。安全行车间隔运营里程数则是指在一般每两次车辆交通事故期间汽车安全运行的里程数，而这个数值是交通事故频率的倒数，反映了安全质控上的事故频率。

（2）直达性指标

针对某些交通运输方式（如铁路运输、航空运输等）无法直接把商品运至最终目的地的现象，货主企业可以应用直达性指标来评价物流公司提供多式联运物流业务的能力水平。直达性指标有助于评价往返于机场、铁路端点车站、海港间的交通运输，尤其是在评价对外交通运输和厂内交通运输的连接上更有意义。相应计算公式为：直达性 = 直达票号数 ÷ 同期票号数 ×100%。

（3）可靠性指标

正点运率是评价企业交通运输可靠性的主要指标，它体现了交通运输管理工作的整体质量，并能够促使企业有效运用现代化的运输管理信息技术，有效进行交通运输调度管理工作，从而提高商品流转的及时性。分析正点运率的时候，企业应该考虑引发问题的多种因素，排除非可控原因后，制订相关改善计划，才会更具现实意义。

（4）一票运输率指标

所谓的一票运输物流是指货主企业在一次购票（办理托运手续）后，由物流公司全程管理，进行货物中转直至把货物运到最终目的地的物流业务。一票运输率能体现统一配送或统一服务程度的高低。一票运输率指标和直达性指标的差异在于：前者可以出现中转运输方式，但必须体现全程的控制能力。

（5）意见处理率指标

意见处理率指标是指企业已经处理的意见数和客户所提意见数之间的比值，既体现了企业对客户信息的及时处理能力，也体现了客户对运输服务好坏的评价和企业补救能力的高低。已处理意见是指在客户针对运输质量问题提出的意见后，由企业给予有效查处或给予客户必要的物质及精神赔偿，以达到令客户满意效果的行动。实践中强调该项指标的意义在于促进企业针对客户意见进行改善而不是仅仅知晓客户意见。

（6）客户满意率指标

客户满意率指标是对企业物流服务的总体评价指标，用感到满意的客户数和被调查的客户数的比值来描述。所谓的感到满意的客户是指在对客户进行的满意性调查过程中，相关调查问卷反映出的对物流业务达到满意程度或以上档次的客户。实践中，企业常遇到的问题是选取客户形式和提问方式不足，从而会导致客户满意度指标的失真。

3）运输效率

交通运输效率指标主要有时间利用率指标、里程利用率指标、载重利用率指标。

（1）时间利用率指标

时间利用率指标分为机动车辆工作率和机动车辆完好率。机动车辆工作率指在规定时间内正常运营的机动车辆的天数（时数）中实际工作天数（时数）所占的比例。机动车辆完好率是指在规定时间内正常运营的机动车辆的天数（时数）中，机动车辆技术状况良好的天数（时数）所占的比例。企业在使用该指标时应综合考虑里程利用率和载重利用率指标，排除空驶、迂回等不当运输原因。

（2）里程利用率指标

里程利用率是指在一定时间内机动车辆的行驶里程中载重运行里程所占的比例，体现了机动车辆的实载与空载程度，也可用于评估交通部门管理人员的计划调度水平。

（3）载重利用率指标

载重利用率指标是衡量机动车辆载货利用使用情况的指标，分为吨位利用率和实载利用率。实践中，这一指标在对运输效率的评价中应用较多，往往和企业的积载配重能力、计划整合能力相关。

4）运输成本与效益

（1）单位运输费用指标

单位运输费用可以用来描述交通运输作业的经济效益水平及技术管理水平，通常用单位运输费用与同期的货物运输周转量的比率来说明。单位运输费用主要包括油料费用、各种材料费用、养路费用、人工费用、设备维修费用、折旧费用及其他费用。货物运输周转量是指车辆运输作业的总工作量。这一指标体现了车辆的运输能力，因而是大多数企业首先考虑的指标。

（2）燃料消耗指标

燃料消耗指标主要包括单位实际油耗、燃料耗费定额比，反映了运输活动中燃料耗费的状况，有助于促进企业强化对燃料耗费的管控。

（3）运输费用效益指标

运输费用效益代表每单位运费支出额所产生的总利润额。基于我国交通运输现状，这一指标对于企业选择合理运输途径，避免无效费用的过多产生具有现实意义。实践中，企业对这一指标的评价还应考虑到路政、交通情况的不同，并结合历史数据，对不同线路给予一定的浮动余地。

（4）单车（船）经济收益指标

单车（船）经济收益表示单车（船）从营业收入中扣减成本后的净利润。计算公式为：单车（船）经济收益 = 单车（船）的营业总收入 − 单车（船）成本。上式的计算结果若为正值，则表示车辆运营盈利，计算结果若为负数，则表示车辆运营亏损。

（5）社会效益指标

社会效益指标主要体现为交通运输活动对环境的污染程度及对城市的危害情况等，可以用专业性的环境评价指标对物流活动做出社会效益评价，也可以用定性的环境指标体系加以评价。对于企业具体的物流活动的评价，评价人员可以考虑其在物流活动中使用的洁净燃料车辆状况，在货运时间内如何考虑避开城市的交通高峰，以及在物流活动中减少周边污染状况的效果等，具体可参见 ISO 14000 环境管理标准、ESG 评价标准等标准中的要求。

2. 仓储绩效评价指标体系

仓储绩效主要从仓储质量、仓储效率、仓储效益等角度进行评价，如表 8-2 所示。

表 8-2　仓储绩效评价指标体系

一级指标	二级指标	三级指标
仓储绩效	仓储质量	收发货错误率
		账货相符率
		货物损耗率
		平均保管损失
		货物及时验收率
		设备完好率

一级指标	二级指标	三级指标
仓储绩效	仓储效率	仓库利用率
		设备利用率
		劳动生产率
		资金使用效率
		平均收发货时间
		库存周转率
	仓储效益	平均储存费用
		单位进出库成本
		资金利润率
		收入利润率
		人均利润率
		每吨保管货物利润率
	仓储安全	事故的大小和频次

1）仓储质量

仓储质量指标实际上是反映仓库运营管理水平的技术指标，既可作为质量标准，也可作为提出质量改善方案的基础。

（1）收发货错误率

收发货错误率指企业在某一时期内错误收发货物的数量占总收发货物的数量的比率。它是仓储管理系统的一个质量指标，用于判断收发货物的真实性，并确定货物服务的质量。事实上，收发货错误率不仅与员工的责任心有关，更与收发货流程衔接、区域布置和面积划分、交接风险点确定、三核对验收做法等管理流程相关，企业应在收集数据的基础上展开针对性改善。

（2）账货相符率

账货相符率就是在货物盘点时，库存商品管理账簿上的商品存放总量和对应库存实际总量之间的符合程度。企业在对库存商品实施盘点时，一般要逐笔将商品存放总量和对应库存实际总量进行核实。通过盘点，企业能够确定账货相符率，而企业在实践中的重心在于分析账货不相符的原因和制定后期调整措施。这方面的知识点在本书第2章已有论述。

（3）货物损耗率

货物损耗率主要体现商品管理和维护的实际状况。这个指标用于考察约束仓库管理方，特别是可用于规范第三方仓库的实物操作。企业可只规定破包数在多少之下，也可以规定相应比值。这个指标在理论上相对重要，实际操作时会有职能、团组中成员的互相推诿情况出现，因此一般建议应用此指标对运行小组或类似团队进行考察。

（4）平均保管损失

核算平均保管损失，有助于企业追溯产生损失的原因，合理核算绩效考核责任，从而减少经营风险。实际运作中，企业需要考虑具体的货种、储存的条件与维护措施，以使这个指标趋于合理化。

（5）货物及时验收率

货物及时验收率体现的是现场作业衔接的效率。从仓库接到 ASN 开始到指定相应场地的安排接收计划的实施，考核的团队的运行效率。其公式为：货物及时收验率 = 期内及时验收笔数 ÷ 期内收货笔数 × 100%。

（6）设备完好率

设备完好率是指达到良好状况的设备占所有设备的比例。好的设备标准包含以下 3 方面：第一，设备的各项机械性能完好；第二，装置运行情况正常，零配件完好，磨损腐蚀范围不超出工艺要求的界限，测量仪器仪表和润滑系统工作正常；第三，原材料和燃料的损耗情况正常。该项指标现今多和全面生产维护（TPM）相结合，部分企业还会运行相关自动电子监控系统来保障这一指标的优良。

2）仓储效率

仓储效率表现为在仓库运作过程中，仓储效益和各种物流资源投入之间的对比效果。仓库的基本功能是存放和管理商品，所以，它的经济成效就体现在存放了多少品质良好的商品。仓库运作时所用的物流资源分为两种：一种是库存设施，包括库房、货架等；另一种是一定数量的仓库管理人员。显然，利用同样的仓库来实现的库存目标越大，则仓储效率越高。评价仓储效率的指标大致有以下 6 个。

（1）仓库利用率

仓库利用率是体现仓储效率的主要指标之一，具体包括仓库建筑面积使用率和库房容量使用率。对仓库建筑面积，企业更多会依靠合理规划布局来提升其利用率。对于库房容量，企业则会更多使用匹配的货架和装卸设备来提升使用效率。实践中，展棚等临时性设施也会被加入使用。在涉及集装箱货运仓储时，以箱代库也是常见的操作手段。

（2）设备利用率

设备利用率包括设备利用效率和设备时间利用率两方面，其计算公式为：设备利用效率 = 报告期设备的真实负荷量 ÷ 报告期设备的额定负荷量 × 100%；设备时间利用率 = 报告期设备的实际操作工时 ÷ 报告期设备的额定工时 × 100%。对于多台设备的计算结果，企业可以进行加权平均。一般在考虑这一指标的时候，除了考虑设备自身的使用和维护外，很多时候设备利用效率的低下往往和设备的兼容性相关，这方面的改进通常可以使这一指标有较大程度优化。

（3）劳动生产率

劳动生产率指标涉及仓库实际业务操作人员，通常用货物收发数量与实际出勤工时的比值来表示。但具体如何计算，则应根据现场情况而定。比如需要监控第三方物流仓库的运行效率并以此付费的，计算方式可以修正为货物收发行数除以实际出勤工时。由于不同企业、不同仓库的运作流程和储运货物不一样，不存在标准的劳动生产率，因此劳动生产率指标应该被视为长期的趋势指标。

（4）资金使用效率

资金使用效率一般用单位商品对固定资产的平均占有量或单位商品对资金的平均占有量来表示。其计算公式为：单位商品对固定资产的平均占有量 = 报告期固定资产占有资金 ÷ 报告期一般商品储备量 ×100%；单位商品对资金的平均占有量 = 报告期资金平均占有额 ÷ 报告期平均商品储备量 ×100%。报告期企业固定资产和流动资产的日均占有量（取期初数和期末数的平均值）可以参考企业的资产负债表。

（5）平均收发货时间

平均收发货时间是指在库房内收发各种商品所一般使用的时限效率。其公式方法为：平均收发货时间 = 收发货物时间总数 ÷ 收货的笔数 ×100%。

（6）库存周转率

库存周转率是指在某个时间内出库日均总金额（总量）与该期间平均库存金额（或库存量）之间的比值。其公式为：库存周转率 = 某时期的出库总金额（量）÷ 某时期的平均库存金额（平均库存量）×100%；平均库存金额（量）=[期初仓库数金额（量）+ 期末仓库数金额（量）]÷2。这一指标的重要性在于，当我们明确知晓项目的盈利情况下，能够提高盈利水平的方式只有两种：增加投入和提高效率。因此研究提高库存周转率有非常现实的意义，可以有效降低库存水平、提高盈利能力。

3）仓储效益

仓储效益主要是指有关仓储的成本核算和经济效益，能够全面体现仓储的经济效益水平。常见的仓储效益指标如下。

- 平均储存费用。
- 单位进出库成本。
- 资金利用率。
- 收入利润率。

● 人均利润率。

● 每吨保管货物利润率。

4）仓储安全

仓库安全指标体现的是仓库生产与工作的安全程度，可以用出现的各类事件的规模与频次来描述，主要有人身伤亡事故、库房失火、爆炸、被盗事件、设备破坏事件等五大类。这类指标通常不需要统计，只能按照损失的程度来将发生的事件区分为各个级别，以方便考核。

3. 配送绩效评价指标体系

配送绩效可从配送质量、配送效率、配送成本和服务质量等方面加以综合评估。大部分的配送绩效评价指标类似于运输绩效和仓储绩效的评价指标。但配送绩效评价指标体系强调的是客户满意度，这也是企业在设计配送绩效评价指标体系时要重点考虑的。配送绩效评价指标体系如表 8-3 所示。

表 8-3　配送绩效评价指标体系

一级指标	二级指标	三级指标
配送绩效	配送质量	准时配送率
		损失率
		货损货差率
		事故频率
		安全行车间隔里程
		车辆完好率
		车辆利用率
	配送效率	车辆满载率
		总运力贡献率
	配送成本	平均配送费用
		吨千米成本
		平均装卸成本
		平均流通加工成本

一级指标	二级指标	三级指标
配送绩效	服务质量	指定时间
		配送系统的灵活性
		配送系统的纠错能力
		提供信息
		进货条件
		配送服务后的支持

1）配送质量

配送质量是指物流配送在运营、作业、调配及售后服务等各种活动中的完善程度，以及能否满足客户的不同需求。其特点主要表现在确保客户商品的品质、全面合理地使用物流配送网络资源、确保配送时间及地点的准确等方面。

2）配送效率

配送效率是指如何利用尽可能少的物流资源，把商品及时地运到指定位置。在考虑配送效率时，我们也要关注长期库存，有时我们为了提高效率，储备了过多的长期库存，表面上看效率提高了，但实际在整个物流体系中依然较低。

3）配送成本

配送成本是指一段时期内完成相应配送任务所需投入的资源，通常和企业的战略目标相关，如采用即时反应还是延时反应战略，就会对配送的作业规划、车辆安排、线路走向和配送效率带来影响。企业在研究这一指标的同时往往应参考后期客户维护和自身管理优化两条线路的结合。

4）服务质量

服务质量评价可总结为两个"保证"。一是保证运输效率，即在客户要求的时间内将商品配送至要求的地方。二是保证运输质量，即在物流配送全过程中确保客户商品的品质与安全。服务质量通常具体由客户满意度来体现。企业在评价这一指标时要关注质量差距，即理解客户和企业对质量标准的不同认知对指标体现的损益。

4. 逆向物流绩效评价指标体系

逆向物流绩效主要从财务指标、经营指标、环保指标、客户指标等4个方面进行评价，如表8-4所示。

表 8-4　逆向物流绩效评价指标体系

一级指标	二级指标	三级指标
逆向物流绩效	财务指标	重获价值
		初期投资成本
		回收成本
	经营指标	信息技术利用
		产品回收能力
		具体物流活动评价
	环保指标	再循环材料利用率
		废弃物处理率
	客户指标	客户满意度

1）财务指标

（1）重获价值

成功的逆向物流可以使企业通过对商品或零部件的再利用和原产品的再循环来重获价值。

（2）初期投资成本

初期投资成本主要包含建设回收处理中心的成本、对原物流中心进行改造或建设的成本、建设逆向物流中心有关设施的配套成本。

（3）回收成本

需要实施逆向回流的企业大多存在废弃物的采集、分析甄别、再加工、销毁、再物流等环节，企业应尽可能减少回收成本。此外，企业也可通过分析回收成本和销售收入的比率来考虑将回收环节纳入逆向物流的相对价值。

2）经营指标

（1）信息技术利用

企业在实施逆向物流中所遇到的主要问题就是产品数据信息系统的不完善，数据很难做到从"摇篮"到"摇篮"的全程控制，所以关注专项数据的透明性、共享性，维护为逆向物流客户服务的产品数据信息系统是必须的。

（2）产品回收能力

企业可以培养更多的诸如修复、再生产、拆装配件、再循环等资源回收与处理方式的能力，进而减少资源浪费，并获取尽可能多的潜在经济意义与生态意义。

（3）具体物流活动评价

逆向物流包括搬运、仓储、流动加工、物流配送等多种物流活动，因而企业能够从物流活动的角度用一定的指标体系对逆向物流绩效加以评价，如物流指标包括运输能力、物流车辆满载量、在途停留时间、运送准确率等。

3）环保指标

（1）再循环材料利用率

逆向物流的核心概念就是提高企业对资源的再利用率，企业应对利用过的资源等进行再加工、再处理，使之再次具有使用价值，从而产生相应的效益。

（2）废弃物处理率

逆向物流的另一项主要效益就是环境效益，企业应通过对垃圾、废弃物的回收处置，将其对环境的损害减至最低。

4）客户指标

逆向物流要把顾客考虑进去，在回收产品中所耗费的时间、精力少，资金成本较低时，此产品回收的门槛就相对降低，流程上也就相对易于运行。更重要的是随着企业社会责任理念的推行，从企业到消费者都认可承担社会责任有利于提升企业的商誉及品牌形象，也有利于社会观念的进一步改善和市场的扩张。

| 第4节 | 物流公司服务绩效评价

在激烈的市场竞争中，当许多物流公司的商品或服务项目在价值、品质等方面越来越趋同时，差异化的物流服务将给物流公司提供特殊的市场竞争优势。服务质量既是物流公司的主要输出，更是物流公司活动的主要目的。为了企业物流的成果与战略，服务质量成为评价物流公司服务绩效的关键。

1. 物流客户服务的要素

从业务流程出发，物流客户服务要素包括交易前要素、交易中要素和交易后要素，如图 8-8 所示。

```
                    ┌──────────┴──────────┐
        ┌───────────┤                     ├───────────┐
```

交易前要素	交易中要素	交易后要素
1. 书面的政策声明 2. 客户接受政策声明 3. 组织结构 4. 系统柔性 5. 管理服务	1. 缺货水平 2. 订货信息 3. 订货周期要素 4. 加急发货 5. 转运 6. 系统准确性 7. 订货方便性 8. 商品替代性	1. 设备安装、质量保证、变更、修理和零配件 2. 商品跟踪 3. 客户索赔、投诉和退货 4. 临时性的商品替代

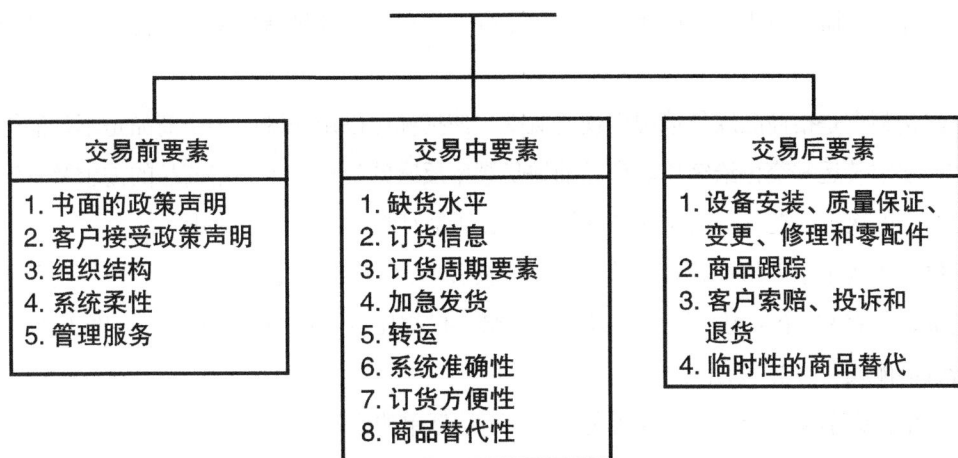

图 8-8　物流客户服务要素

1）交易前要素

交易前要素是企业在商品销售之前为客户开展各项业务的所有基本要素，即建立并宣传服务政策，健全服务机构功能，使其可以根据客户的需要提供不同种类的服务。此外，交易前要素还包括对销售的商品增加价值的管理咨询与服务，如存货管理、订货政策等方面的管理咨询与服务。

2）交易中要素

交易中要素是指企业在提供商品或者服务时，其服务质量和客户利益有着直接的关联。交易中要素是企业建立长期服务目标的重要依据，所以，其对客户满意度具有很大影响，内容主要涉及库存水平、订单信息、订货期限、敏捷交付、物流运输、信息系统可靠性、订货方便性及其商品替代性等。

3）交易后要素

交易后要素是指商品销售和运输后，企业为满足客户需求而进行的各项业务的所有要素，如设备安装、质量保证、售后保养与维修、零部件提供、商品跟踪、解决客户抱怨与退货等。

2. 物流客户服务绩效评价

物流客户服务绩效评价包括服务的可得性、服务的有效性和服务的可靠性 3 个方面。

1）服务可得性

服务可得性是指在客户要求商品或服务时，物流公司所具备的库存备货能力或供给专项服务能力。服务可得性可以用 3 种绩效指标加以反映，即缺货频率、供需比例和订单完成率。

缺货频率是指商品缺货情况出现的概率。该指标可以用来说明一个商品是不是能够及时按照要求装运并交付给客户。商品的缺货频率反映的是对一个特定商品的需求及其满足其可得性的次数。把各种商品的缺货频率汇总便是对服务可得性的反映。

供需比例用于度量资源短缺的严重程度及影响大小。比如，如果某个客户订购了 100 个商品，共有 90 个可得，供需比例就是 90%。供需比例一般用来计量对特定客户或任何消费者群体或业务群体的供给绩效。

订单完成率是衡量物流服务商完成客户下达订单的比例。

2）服务有效性

服务有效性主要通过速度、一致性、灵活性以及故障与修复四大方面来体现。

（1）速度

速度是指从物流公司受理订单到将商品实际送达客户处的时间间隔，有些行业称之为前置期，度量单位可为天。现实中因为物流服务体系的设计差异，不同物流公司的服务的速度会有较大差异。

（2）一致性

尽管服务的速度至关重要，但一线物流管理人员其实更注重服务的一致性。一致性是指物流公司提供服务的实际质量和预先承诺的服务质量的相同程度，通常表示为百分数。

（3）灵活性

灵活性是指物流公司满足特殊的业务需要的能力，及其对客户特定的或不确定需求的响应时间。特定需求常包含更改订单地址、新商品引进、供货搁置、商品回收、客户的特别定制等。灵活性通常描述为对特定需求的响应时间。

（4）故障与恢复

不管物流公司的物流服务能力多强，故障的出现似乎是不可能完全避免的。该指标反映的是物流公司解决物流运输系统故障的能力。衡量单位是遭受故障后反应的恢复速度。

3）服务可靠性

服务可靠性是指按照客户订单的要求，参照约定的提前期，安全地把货品送到客户指定的地点。对于客户而言，在很多情形下可靠性比提前期更关键。因为一旦提前期是稳定的，客户就可以把其库存调至较低水平，也不需要增加安全库存来减少因需求波动带来的可能缺货现象。

（1）提前期

提前期的稳定性对客户的库存管理水平以及缺货损失都有影响，因此稳定的提前期能够减少客户所面对的不确定性，可使客户的库存、缺货、订购管理以及整个供应链制造规划的总成本最低。物流公司如能给客户承诺稳定的提前期（可能少许偏差），将会为自己打造明显的竞争优势。

（2）安全交货

安全交货是物流体系的终极目的。一旦货品损坏或流失，客户非但无法及时利用这种货品，还会增加仓储、制造和营销成本。收到损坏货品意味着客户无法对损坏货品进行制造或营销，这也大大增加了缺货风险。为防止这些状况发生，客户将不得不增加安全库存。因此，不安全交货使客户增加了库存成本，这对采取准时制生产方式的企业而言是绝对不能接受的。此外，不安全交货还可能会使客户向承运人索赔或向销售商退货。

（3）正确供货

物流可靠性也涉及货品供应。客户接受的货品与所订货品不同时，其将承担失销或停工待料的风险。管理中有两个层面涉及供货，包括订单传递与订单挑选。对于订单传递，采用电子数据交换的方式能够降低出错概率。货品识别清楚、正确、完整，可以降低订单挑选过程中的误差。此外，电子数据交换和条形码等技术也能加快货物周转，降低成本，并提升整个物流体系的服务质量。

3. 物流客户服务督查

物流客户服务督查常用于衡量一家企业的服务质量、评价服务策略变化的效果。物流客户服务督查一般分为外部客户服务督查、内部客户服务督查。

1）外部客户服务督查

外部客户服务督查的首要工作就是确定客户认为关键的服务要求，确定客户怎样感知市场中服务商所提供的服务。

外部客户服务督查的流程如下。

一方面，确定对客户来说最关键的客户服务变量。督查人员通过与客户的讨论确定变量列表，并将营销组合中的重要要素，如品质、定价、折扣、广告等纳入变量列表。在使用企业以外的市场研究公司替代企业市场部门开展研究时，督查人员可能需要识别研究的赞助者是否会直接影响研究的结论。此外，客户服务变量是根据所调查的行业定制的。

另一方面，督查人员在设计调查问卷时，应在一个有效的样本中收集反馈信息，并可以采用 7 级量表表达客户所赋予每个变量的重要程度。督查人员应利用调查问卷来评价主要服务商在各种变量上的绩效，给主要的服务商设定竞争性的绩效评级，以比较客户对服务商绩效的印象。表 8-5 列出了调查问卷示例。

表 8-5　调查问卷示例

等级	变量描述	总体重要性		经销商对物流服务商的评价					
				服务商 1		服务商 2		服务商 2	
		均值	标准差	均值	标准差	均值	标准差	均值	标准差
1	服务商满足承诺的交付日期的能力	6.4	0.8	5.9	1.0	4.1	1.6	4.7	1.6
2	订单履行的准确率	6.4	0.8	5.6	1.1	4.7	1.4	5.0	1.3
3	运输延误的提前通知	6.0	0.9	4.6	1.9	3.0	1.6	3.7	1.7
4	订单的完整性	6.0	1.0	5.5	1.2	4.3	1.2	4.7	1.3

要判断什么变量有提高市场份额或增加盈利的机会，就应组合运用重要性指标与业绩指标。表 8-5 中还包括了客户（经销商）对被调查的企业以及竞争者的经营绩效的评价，让各服务商从客户的视角认识到了各自的相对竞争地位。对管理人员而言，关键的工作是确定排名最前的物流服务商是采取哪种服务方法给客户形成良好印象的。

2）内部客户服务督查

内部客户服务督查的主要目的就是认识企业管理方式和客户期待间的矛盾，并检查客户的印象。内部客户服务督查要求对企业所实行的管理惯例加以检验，为评价客户战略变革的影响提供支持。内部客户服务督查需要解决以下问题。

●目前企业管理层是怎么评价客户服务的？

●评价指标的单位是什么？

●客户服务绩效标准或目标是什么？

●客户服务目前达到了什么水平？

●这些指标都是如何在企业的信息流和订单管理过程中被获取的？

●企业的每个职能领域如何感受客户服务？

●在信息和控制方面，这些职能之间是什么关系？

信息系统在很大意义上决定着企业内部客户服务的复杂性。内部客户服务督查必须既要衡量从客户到企业的数据流，也要衡量企业内部的数据流，同时检验客户的评价与反馈体系。内部客户服务督查既需要让企业高级管理人员清楚地掌握企业和客户间的关系，也需要明确他们需要掌握的信息，如客户接触的主要部门、客户接触这些部门的时间、这些部门对客户咨询做出反馈的效率等。

4. 物流公司服务战略绩效评价

现今，物流公司战略绩效评价中已经普遍应用平衡记分卡考核体系，并在此基础上对物流公司的服务战略绩效加以管理。平衡记分卡围绕物流公司的愿景，针对以下 4 个方面展开评价。

1）财务绩效评价指标体系

财务绩效评价指标是物流公司服务战略绩效评价的核心技术指标。财务绩效评价指标体系揭示了物流公司的服务战略及其实施对收益的影响。物流公司的主要财务目标包括利润的增加、股东价值的实现和提升。物流公司的总体服务发展策略应当立足于发展长远获利能力，而长远获利能力应从物流公司取得的成功与发展历程等方面来评价。

2）客户层面绩效评价指标体系

物流公司的服务运作不仅是为获得财务上的直接利润，还是为兼顾企业的战略发展和维护。客户层面的绩效评价是对物流公司所赖以生存的内外部资源的开发与使用方面的整体绩效进行评价，具体来说，是指对物流公司进行客户产品开发的绩效以及在客户方面的盈利能力的衡量。其评价重点有两个方面：一是客户对物流服务的满意度，二是物流公司的运营活动对客户开发的数量与品质的评估。

3）内部业务绩效评价指标体系

内部流程控制是物流公司赖以生存的关键手段，即物流公司拥有的内部经营实力，包括服务产品特征、业务流程、文化与品牌等。物流公司的内部业务绩效源于其核心竞争能力，以及如何保证长期的市场领先地位、技术应用与运营策略、市场营销策略等。物流公司必须明确自身具备什么优点，如优质的产品和服务、良好的区位、出色的物流管理等，这些也是物流公司内部业务绩效评价指标体系中最能体现其行业地位和公司特征的内容。

4）创新与学习能力绩效评价指标体系

尽管客户层面和内部业务层面的绩效评价都着眼于物流公司的发展战略，但通常都把评价角度置于物流公司现有的服务能力之上。平衡记分卡则强调了物流公司要具备创新和学习能力。所以无论是管理人员还是基层工作人员都需要持续地学习，持续地引进最新的物流产品和服务，从而使企业快速高效地占领市场。持续地学习和创新将会持续为客户创造更高价值含量、更符合需求的产品，从而降低经营成本，提升企业整体运营绩效，进一步提高市场占有率，挖掘新增附加值的机遇，进而提高企业品牌价值。

参考文献

［1］王玲.物流绩效管理［M］.北京：高等教育出版社，2011.

［2］张京敏.物流运作管理［M］.北京：中国财富出版社，2015.

［3］颜世富.绩效管理［M］.北京：机械工业出版社，2006.

［4］霍佳震.物流绩效管理［M］.北京：清华大学出版社，2009.

［5］汝宜红，宋伯慧.配送管理［M］.2版.北京：机械工业出版社，2010.

供应链管理专家（SCMP）
职业水平认证项目介绍

SCMP

SUPPLY CHAIN MANAGEMENT PROFESSIONALS

一、项目背景

中国物流与采购联合会（以下简称"中物联"），是国务院政府机构改革过程中，经国务院批准设立的中国唯一一家物流与采购行业综合性社团组织。

供应链管理专家（SCMP）认证项目由中物联组织近 40 位国内顶级专家精心开发——历时 10 年打磨、历经两次改版，是国内唯一拥有自主知识产权的、符合中国供应链发展实际的供应链管理职业认证项目。该项目立足供应链管理职业教育，努力贯彻《国务院办公厅关于积极推进供应链创新与应用的指导意见》关于供应链人才培养的部署，坚持可持续更新和专业化方向、与国际接轨的原则，为广大企业的采购、物流、运营、计划等与供应链相关岗位的人员提供一套权威的认证知识体系。

二、项目价值

1. 对个人而言

（1）系统化学习、梳理和掌握最前沿的供应链管理发展趋势。

（2）熟练运用供应链专业知识，为企业创造更多价值，获得更多成就和认可。

（3）取得 SCMP 证书，是职业能力的重要体现，为职业发展提供更加广阔的空间。

2. 对企业而言

（1）快速多变的外部环境给企业带来巨大挑战，推进 SCMP 认证和贯彻企业供应链愿景和战略，将给企业带来"事半功倍"的效果。

（2）众多供应链试点项目和标杆企业，都开始运用或部署 SCMP 认证，赋能企业供应链实践，为企业发展培养和储备供应链专业人才，提升企业竞争力和抵御风险的能力。

三、适合对象

（1）供应链总监、经理、主管。

（2）采购、项目管理、材料管理、运营管理、供应商质量保证、财务、计划等岗位专业人士。

（3）物流和其他岗位具有一定经验的相关专业人士。

四、知识体系

新版供应链管理专家（SCMP）知识体系采用 6+1 模式，包含 3 册必修教材（《供应链运作》《供应链规划》《供应链领导力》）、3 册选修教材（《物流管理》《计划管理》《采购管理》）、1 册术语集（《供应链术语》）。

供应链运作	1. 供应链管理概述 2. 客户需求管理与交付 3. 库存管理基础 4. 物流管理	5. 生产运作 6. 服务运作 7. 采购运作 8. 质量管理	物流管理	1. 运输管理 2. 仓储管理 3. 逆向物流 4. 物流服务	5. 物流设施与设备 6. 物流信息系统与技术 7. 物流网络规划 8. 物流绩效
供应链规划	1. 供应链环境、战略和价值 2. 供应链设计 3. 供应链集成和优化 4. 供应链成本管理	5. 供应链财务分析及工具 6. 数字化供应链技术和应用 7. 供应链项目管理 8. 供应链管理创新	计划管理	1. 计划概述 2. 预测与需求计划 3. 综合供应计划 4. 销售与运营计划 5. 主计划、物料计划及排程	6. 供应能力计划与管理 7. 库存管理 8. 计划信息系统 9. 计划绩效
供应链领导力	1. 供应链管理领导力概述 2. 组织和供应链的战略与目标 3. 组织结构规划与重组 4. 人力资源管理与员工激励	5. 伙伴关系管理 6. 沟通与协同 7. 供应链组织绩效管理 8. 社会责任、道德和合规管理 9. 供应链风险管理	采购管理	1. 采购需求 2. 品类管理 3. 寻源管理 4. 全球采购 5. 间接采购	6. 数字化采购 7. 采购谈判 8. 合同管理 9. 采购与供应商绩效管理

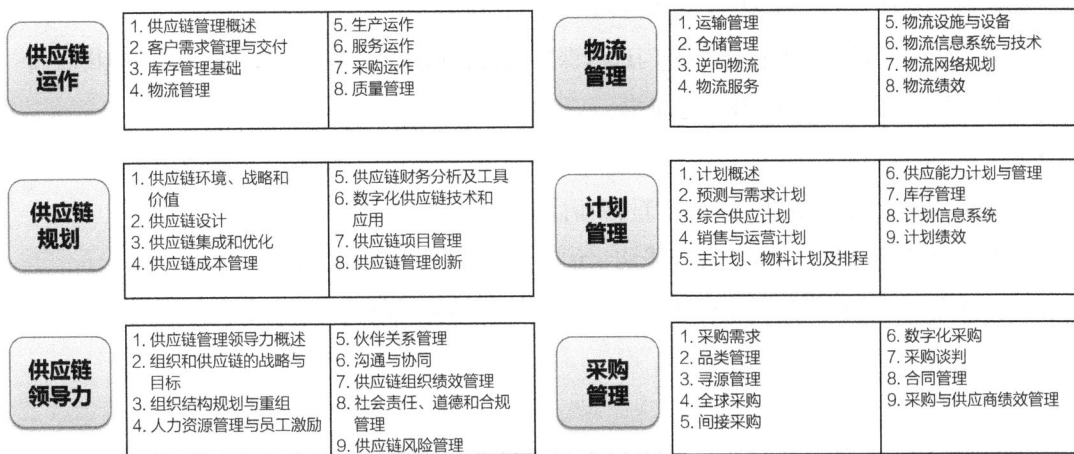

知识体系框架

五、认证流程

供应链管理专家（SCMP）知识体系自 2024 年起将采用"3（3 门必修课）+X（自选 1 门选修课）"的认证思路，认证流程大体分为 3 个环节：培训—考试—认证及再认证。

1. 培训

（1）3+X：学员可以在选择 3 门必修课的基础上，任选 1 门选修课进行学习，也可以 3 门选修课都学习。每门课程培训时长为两天。

（2）培训有线上、线下两种模式可选，由中物联授权的培训机构负责组织。

（3）培训讲师均为经过中物联培训并授权的资深供应链管理培训专家。

2. 考试

（1）中物联在全国范围内统一确定考试时间（每年 3 月、7 月、11 月），统一组织考试。

（2）考试的形式是机考。考生参加考试必须有在中物联购买教材的记录。考生可自行决定每次报考科目数量。

（3）每个科目的考试皆为 100 道单项选择题，60 分为通过。

（4）每个科目的考试时间为 120 分钟。

（5）考试未通过的科目可以申请补考，单科成绩保留两年。

3. 认证及再认证

（1）认证层次

● 两年内通过 3 门必修课和 1 门选修课考试并且通过认证的考生，将获得由中物联颁发的供应链管理专家（SCMP）相关选修方向的证书。

●两年内通过3门必修课和3门选修课考试并且通过认证的考生，将获得由中物联颁发的供应链管理专家（SCMP）总证书。

（2）认证条件

考生须满足以下条件中的一项方可申请认证：

●具有3年及以上全职物流、采购、运输、供应链等方面的工作经验。

●拥有大学本科学历，全职从事物流、采购、运输、供应链等相关工作1年及以上。

证书样本

（3）再认证条件

本职业认证非终身制，每次认证的有效期为4年。申请再认证需要按规定提交在4年内接受不低于60个学时的供应链管理领域继续教育（含在线）证明或其他有效证明文件。

详情请查询中物联采购服务网或通过以下方式

田老师：010-83775665

崔老师：010-83775730

微信：CFLP_SCM

邮箱：jyrz@chinascm.org.cn

地址：北京市丰台区丽泽路16号院2号楼铭丰大厦1212室